佛教醫學

張金鐘／著

根除身病、心苦與死亡的無上醫學

〔自序〕

緣起

我 16 歲瀕臨死亡，從此不停的尋找良醫良藥，拼命閱讀各宗教書籍，拜訪大師、高人、隱士，尋找治病及解脫生死之道。17 歲在佛前發誓：如果我的病可以好起來的話，今生要弘揚佛法。

41 歲踏入癌症領域，寫下人生目標：「我要為癌症病人，找到世界第一的癌症療法與產品。」不久我們在台北成立關懷協會，展開世界第一癌症療法的探索。歷經無數挫敗，就在萬念俱灰之時，靜心瀏覽佛經，赫然發現，原來佛法就是一門醫學。原來「佛教醫學」就是世界第一的癌症療法，也是無上的治病及解脫生死之道。

接著透過大藏經搜尋工具，日以繼夜不停地搜尋和編寫，突破一個又一個關卡，10 多年來費盡心力，隱沒 2500 多年的「佛教醫學①」終於呈現世人眼前。

〔註解〕①佛教醫學：佛教，指佛陀的教育。佛教醫學定義為以「佛說的一切經典」，作為指導及依歸的醫學。

◎佛教醫學必將帶來「醫學革命」，因為它擁有世間最強大的力量，能夠根除身病、心苦與死亡。以下用四個角度說明：

角度一：重大突破

1.本書領先全球，找到「癌症的成因」、「癌症的病因」與「救療一切病人的方法」。

2.本書找到「佛教現代化」的答案。因為佛教醫學就是回歸「佛說的一切經典」的佛法；是跟醫學、科學互相呼應的佛法；是最切合現代人日常需求的佛法；是化解傳統佛教弊端的佛法。

角度二：佛教醫學 3 大特色

1.佛教醫學是「純正的佛法」

本書採用「四依止」最高標準編寫：

（1）依法，不依人：本書精選 200 多部佛經，700 多個句子、段落組成佛教醫學。書中不夾雜外道義，且避開傳統宗派思維。

（2）依義，不依語：依全部佛經的道理作解釋，不斷章取義，不以偏概全。

（3）依智，不依識：依理智、證據來編寫，不依個人感情、愛好編寫。

（4）依了義經，不依不了義經：包含五乘並以成佛為目的才是了義經，否則即是不了義經。

2.佛教醫學是「實證醫學」

本書依據佛經之意，整合佛法與世間醫學，以及大量的病人證據、科學研究、醫護經驗、修行經驗等眾多可靠訊息，交叉比對互相印證編寫而成，是故佛教醫學，是歷史驗證下的「實證醫學」。

3.佛教醫學是「宇宙的自然法則，及無上真理」

「真理」指與事實一致，且能夠證實的道理。佛法不僅是真理而且是「永恆真理」。所謂「永恆真理」指宇宙中的一切眾生與萬

物，都在這個規律之下運作的道理。換句話說，永恆眞理就是宇宙的自然法則。佛法不僅是「永恆眞理」而且是「無上眞理」。所謂「無上眞理」譬如，佛法能解開「身、心、世界」與「生、老、病、死、苦」的根本、起源之眞相，而且站在眞理最高峰。因此佛法可以跟醫學、科學、哲學、信仰各領域中，最如理的部分互通與契合，而且能夠作爲它們的指引明燈。

角度三：佛教醫學的理論基礎

1.身、心、世界整體醫學

釋迦牟尼佛說，我是大醫王①。我說的法，是一門根除生老病死苦，乃至成佛的無上醫學②。佛又說，世間醫學能治「身病」；佛法能治「心病」以及淨化「世界」③。因此佛教醫學就是世間醫學與佛法互攝互補的身、心、世界整體醫學。

〔註解〕①如佛在《雜阿含經》說：「如來應等正覺爲大醫王……於生根本知對治如實知，於老病死憂悲惱苦根本對治如實知，是故如來應等正覺名大醫王。」②如佛在《生經》說：「佛……爲無上醫，常以法藥，療諸心病。」在《醫喻經》說：「汝等當知，如世良醫，知病識藥……如來……亦復如是……爲眾生說，而令斷除生法、苦本。生法斷故，而老病死憂悲苦惱，諸苦永滅。」③如佛在《奈女耆婆經》說：「佛告耆婆，汝宿命時，與我約誓，俱當救護天下人病。我治內病（心病），汝治外病（身病）。」在《大乘本生心地觀經》說：「心清淨故世界清淨，心雜穢故世界雜穢。我佛法中以心爲主，一切諸法無不由心。」

2.生死輪迴的起因與對治

（1）起因：佛說，眾生本來成佛①，因爲「心病②」才會出生於「穢土③」世界，導致生老病死苦的輪迴。

（2）**對治**：靠自力斷除心病，或仗佛力往生「淨土④」，才能解脫輪迴得到永恆安樂；持續修行，最後滅盡心病，就跟釋迦牟尼佛一樣擁有無上的智慧、神通、辯才、快樂⑤。另外佛誓言，一切眾生只要聽聞佛法，遲早都會滅盡心病而成佛⑥。

〔註解〕①如佛在《圓覺經》說：「眾生本來成佛……如銷金鑛，金非銷有……不應說言本非成就，如來圓覺亦復如是。」在《大般涅槃經》說：「得心病……故輪迴。」②心病：又稱心垢、煩惱、客塵。心病無量，以「貪瞋痴、我執、無明」三項作為代表。③穢土：又稱五濁惡世。穢土指我們居住的世界。出生穢土便有生死輪迴。如佛在《悲華經》說：「墮在黑闇五濁惡世，厚重貪欲、瞋恚、愚癡。」在《別譯雜阿含經》說：「一切眾生皆為無明之所覆蓋……生死長途流轉無窮。」④淨土：又稱佛國淨土、極樂世界。淨土指佛菩薩居住的世界。佛為度化眾生，而創造淨土世界。如佛在《大乘悲分陀利經》說：「莊嚴佛土為度眾生。」⑤如佛在《梵摩渝經》說：「心垢已除……無所不知……得一切智，尊號為佛也。」在《大莊嚴論經》說：「涅槃第一樂。」⑥如佛在《妙法蓮華經》說：「若有聞法者，無一不成佛，諸佛本誓願。」

3.佛教醫學的功能、目標與目的

每個人追求佛法的動機不同，而佛法能滿足眾生欲望，然後引導使其獲得無上智慧而成佛。如佛在《華嚴經》說：「五欲無倫匹……但為引眾生，後令入佛智。」

因此佛教醫學的功能、目標與目的，可劃分為五大類：
（1）治病、防病。
（2）救苦救難、所求如願、化解心苦、改善命運、保佑平安。
（3）修練無上氣功。
（4）身、心、世界真相；人生的意義與目的。
（5）生天、解脫，乃至成佛。

角度四：佛教醫學是人類救星

從整部大藏經來看「淨土是一切法門共同的歸宿①」而往生淨土乃人生中最重要的大事②。因此本書把一切佛法融合成為「往生淨土的五個條件」，它簡單易行，人人做得到。只要具備「往生淨土的五個條件」臨命終時，就能「活著③」往生淨土得到永恆安樂，之後在淨土修行直到成佛。總之，只要依照書中佛經說的去做，就能往生淨土，解脫生老病死苦，因此佛教醫學就是人類救星④。

〔註解〕①如佛在《勝天王般若經》說：「修諸禪定……以是因緣生淨佛國。」在《隨轉宣說諸法經》說：「世尊說法教化三乘眾生……一一修學已得到彼岸，生諸佛國。」②因為最重要，所以佛說假使世界充滿大火，你也必須穿越大火，前往了解而往生淨土。如佛在《無量壽經》說：「設滿世界火，必過要聞法，會當成佛道，廣濟生死流。」③往生者臨命終時（尚未斷氣），佛菩薩便出現迎接，往生者馬上進入不死的智慧境界，往生淨土後，便知道過去與未來所發生的一切事情，故說是「活著」往生。如佛在《華嚴經》說：「令一切眾生得一切命，永入不死智慧境界」在《過度人道經》說：「若其人壽欲終時，我即與諸菩薩阿羅漢，共飛行迎之。即來生我國……悉皆洞視徹聽，見知八方上下去來現在之事……自知前世所從來生億萬劫時，宿命善惡存亡，現在却知無極。」④如佛在《大莊嚴論經》說：「唯佛救世間」在《雜阿含經》說：「世尊為大師，無上救世間……慧光照一切……度生死彼岸。」

〔其他說明〕

1.任何信仰都可以學習佛教醫學，因為佛是大醫王，以平等心救護一切眾生。如佛在《心地觀經》說：「大醫王，平等救護眾生。」

2.本書由佛經組成，由於佛智深廣微妙，初學者「至少要讀三遍」才能真正理解。另外編者也在 YouTube 講解佛教醫學，並在影片末，提供免費贈送本書的訊息，歡迎您前來索書。

3.讀者若發現本書有錯誤、偏差或須改善之處，請提供建議，作為下次改版參考，感謝您的法布施。

4. 本書的完成，首先感謝佛菩薩護佑，以及眾多人的因緣所成就，這些人都是護持佛法的功德主，這一切佛悉知悉見。願以此功德，迴向法界一切眾生，平等施一切，同發菩提心，往生佛國淨土。

目錄

第1章　引言

一、一切眾生皆被「三支毒箭」射中

　　例如癌患身中「三支毒箭」：第一支毒箭「身病」，癌症病情複雜，治療不易；第二支毒箭「心苦」，病人心中有無限的痛苦、恐懼與憂鬱；第三支毒箭，接近「死亡」，約有 50％病人活不過五年。衛福部統計，五年整體癌存活率 50.88％（追蹤至 2017 年）。不僅癌患，全人類遲早都將被「三支毒箭」射中，因此人們希望找到一個能夠同時解決「身病、心苦與死亡」的醫學。

二、世間醫學（生物醫學模式）的局限與無奈

　　1977 年美國恩格爾（Engel）醫師發表：「人是生理的、心理的、社會的三種屬性的統一體。」並主張，治病必須採用「生理、心理、社會醫學模式」，這主張提出之後，立刻獲得全球醫界廣泛認同。

　　然而時至今日，無論現代醫學、傳統醫學、自然療法等全都停留在「生物醫學模式」的範疇。也就是說，世間醫學的理念與目的，只專注在處理「生理」疾病，對於引發疾病的「心理」、「社會」問題，則無法有效處理和治療。例如：

　　（一）不知道癌症的成因、癌症的病因，與斷除方法。因此癌症只能治標，不能治本。結果就是，病輕的有救，病重的只能暫時

控制。

　　（二）恐懼和憂鬱是癌症惡化的主因，但醫藥無法使人不恐懼、不憂鬱。

　　（三）醫學只講生理、解剖上「看得見」的原因，對於看不見的病態心理、行為，乃至於鬼魅作祟病全都無法治療。

　　（四）診斷錯誤、醫療疏失，任何醫療行為，不可能做到零風險，當傷害造成已經來不及。

　　（五）無論醫術多麼高明，總有治不好的病，病人終究難逃一死，死亡是世間醫學無法跨越的界限。

三、佛教醫學（身、心、世界醫學模式）才是完整醫學

　　本書依據佛經之意，整合佛法與世間醫學，成為全球醫界夢寐以求的「生理、心理、社會醫學模式」，佛教稱之為「身、心、世界醫學模式①」。這種醫學模式，能夠解開「身、心、世界」與「生、老、病、死、苦」的根本、起源之真相。因為知道一切真相，所以能夠圓滿的解決一切問題②。

　　〔註解〕①身、心、世界醫學模式：醫學模式，又叫醫學觀，指醫學的基本觀點與目的。譬如醫藥能治「身」病；聞思修佛法能除「心」病；利他行善能淨化「世界」，「世界」因自己變得更美好，自己也會獲得身心健康的回報。②如佛在《雜阿含經》說：「如來應等正覺為大醫王，於生根本知對治如實知，於老、病、死、憂、悲、惱、苦根本對治如實知，是故如來應等正覺名大醫王。」

　　以下分五個類別，說明如何解決人生疾苦？

21

（一）治病、防病

1.治病：以癌症為例。本書已經找到「癌症的成因、癌症的病因，以及斷除方法」。由於佛法救療對象包含一切病人，所以本書適用一切病人。即使無藥可救，被醫生放棄，佛教醫學亦能救治，因為一切病都是「身、心、世界」架構下的產物①，只要天天聞思修佛法，病人的「心」與「世界」就能得到醫治，疾病的架構便遭受破壞，病情自然緩解，往健康方向前進。最重要的是，臨命終時，能夠「活著」往生淨土得到永恆安樂。

〔指引〕請看，第4章人生疾苦生起的因緣：癌症的成因。第5章佛教醫學，如何救療一切病人？

〔註解〕①如佛在《菩薩瓔珞經》說：「生老病死痛，五陰為禍原。」五陰指的就是身、心、世界。

2.防病：「聞思修①」佛法，從思想深處改造內心，將不好的欲望、行為割捨，回歸自然的生活方式，加上佛菩薩護佑，因此能降低疾病與意外的發生機率。如佛在《法句譬喻經》說：「唯有經戒多聞慧義，以此明道療治心病，拔除憂愛愚痴貢高。制伏剛強豪富貪欲。積德學慧，乃可得除，長獲安隱。」

〔註解〕①聞思修：「聞」聽聞佛法，「思」思惟佛理，「修」依法修行。

（二）救苦救難、所求如願、化解心苦、改善命運、保佑平安

世間的信仰和鬼神法術，也能救苦救難、所求如願、化解心苦、保佑平安，甚至來世成為神仙。但世間信仰無法根除心病得到

永恆安樂。因此若要得永恆安樂，應捨離世間信仰，專心修學佛法。

1.救苦救難、所求如願：佛法可以救苦救難，滿足一切所求（求財、求子、求姻緣、求金榜題名）。譬如修觀音或地藏或藥師法門，都可以救苦救難、所求如願。如佛在《觀世音菩薩普門品》說：「眾生被困厄，無量苦逼身；觀音妙智力，能救世間苦。」在《大悲心陀羅尼經》說：「誦持大悲神咒者，於現在生中一切所求若不果遂者，不得為大悲心陀羅尼也，唯除不善除不至誠。」

2.化解心苦：聞思修佛法能夠，找到生命的意義與目的，因而能夠忍受苦痛，最終轉煩惱成菩提。

3.改善命運：業，是命運的主人①。聞思修佛法，能斷惡行善，逐漸改掉壞命運，創造好命運。而改善命運方法，以發菩提心，弘揚和護持真佛法（純正的佛法）的②功德最大③。

〔註解〕①如佛在《大莊嚴論經》：「一切皆由業，布施得財富，持戒生天上……定慧得解脫……是故應修業，以求諸吉果。」②世上充斥假佛法、相似佛法，故強調弘護真佛法（純正的佛法）。③弘護真佛法功德最大。如佛在《大乘大集地藏十輪 經》說：「七寶滿贍部，奉施佛及僧，彼所獲福聚，不如護佛法。……解阿羅漢縛，種種修供養，不障我正法，其福勝於彼。千俱胝劫中，智者勤修定，所生勝覺慧，不如護我法。」

4.保佑平安：譬如每天念 100 聲佛或菩薩名號，可以保佑平安好運，避免意外、災禍或外靈附身的機率。如佛在《觀世音菩薩普門品》說：「若觀世音菩薩，有如是等大威神力，多所饒益，是故眾生，常應心念……於苦惱死厄。能為作依怙。」

〔指引〕如何操作？請參考，第 5 章佛教醫學，如何救療一切病人？

（三）修練無上氣功

世間的氣功和靜坐，都能產生氣功，以達治病、強身、修心養性，甚至來世成為神仙的目的。但世間修練無法消滅心病。因此若欲解脫生死，應轉淡或捨離，以免耽誤生死大事。

◎修持佛法是無上氣功。例如念佛是無上氣功，3 點說明：

（1）中醫學說：專注、精神內守，人類與生俱來的真氣（氣功）就會開始運作，產生防治疾病的作用。如《黃帝內經》說：「恬淡虛無，真氣從之；精神內守，病安從來？」

（2）念佛跟氣功一樣，專注、精神內守，身體就會進入「氣功狀態」，帶動氣血循環，幫助身體恢復健康。換句話說，專心念佛就是在修練無上氣功。

（3）兩個例子說明念佛是無上氣功：一、一位醫師請教廣欽老和尚：如何打坐才能打通氣脈？老和尚回答：「不必打氣脈，一心念佛，證念佛三昧所有氣脈自然全部打通。」二、專念阿彌陀佛的具行法師圓寂時，引發三昧真火把自己給火化了。

〔指引〕詳情請看，第 5 章 ❺啟動「四大能量」身體進行自我修復。

（四）身、心、世界真相；生命的意義與目的

1.身、心、世界眞相：本書以完整的理證、事證，說明身、心、世界的根本、起源之眞相。

2.生命的意義與目的：人爲何要活著？只有明白身、心、世界之眞相，才能找到生命的意義與目的；找到生命的出路與歸宿。

〔指引〕從第 3 章、第 4 章開始看，直到看完整本書。

（五）生天、解脫，乃至成佛

學佛的眞正目的，是爲了消滅心病，得到解脫，乃至成佛。

1.生天

行善、持戒①或修地藏法門②，來世能夠生天享福。天人（又稱神仙）壽命極長，享受各種快樂。然其心病仍在，因此天人多半福報享盡又墮輪迴③，其中亦有繼續修行而解脫者。例如修地藏法門生忉利天者，或生彌勒菩薩之兜率天宮者，將來亦能證道解脫或往生淨土。總之，生天雖非理想選擇，卻比人間勝妙許多。

〔註解〕①如佛在《雜阿含經》說：「修善業…當生天上……三十三天上，五欲樂悉備。百種諸音樂，常以自歡娛……諸天玉女眾，晝夜侍左右。」在《大正句王經》說：「持戒、修善及行惠施。命終之後得生天上，壽命長遠常處快樂。」②如佛在《地藏經》說：「若未來世，有善男子善女人聞是菩薩名字，或讚歎，或瞻禮，或稱名，或供養，乃至彩畫刻鏤塑漆形像，是人當得百返生於三十三天（忉利天），永不墮惡道。」③如佛在《大乘理趣波羅蜜多經》說：「觀彼諸天，壽命長遠無諸苦惱，將命終時五衰相現：一者頭上花鬘悉皆萎悴。二者天衣塵垢所著。三者腋下自然汗出。四者兩目

數多眴動。五者不樂本居。」

2.解脫，是首要目的

解脫分淨土解脫與穢土解脫兩種。靠自力於穢土（我們居住的世界）解脫難；仗佛力往生淨土（佛菩薩居住的世界）解脫易。所以無論修小乘（自稱原始佛教）、禪宗、密宗都應兼修淨土法門。因為只要具備「往生淨土的五個條件」就能達成解脫目的，而不一定要追求穢土解脫，但是功夫到了自然水到渠成。聖嚴法師說：淨土是一切法門共同的歸宿，修淨土法門，依彌陀願力求生西方淨土，是最可靠最安全的。密宗法王晉美彭措說：我所有的弟子都要修持往生極樂世界的法。換個角度來看，修淨土最好也能再修小乘、禪宗或密宗，因為它們獨特的修行環境和方法，有助於增長戒定慧而老實念佛。

（1）淨土解脫

只要具足「往生淨土的五個條件」臨命終時，就能仰仗佛力「活著」往生淨土成為不退轉菩薩。因為淨土就是禪定世界，一旦往生便入正定，永斷心病得到永恆安樂，且會持續進步，直到滅盡心病圓滿成佛。

〔指引〕修行方法。請看，第 5 章「往生淨土的五個條件」。第 6 章 解脫、成佛的核心觀念。第 8 章 淨土法門。第 9 章 「活著」往生真善美的淨土世界。

（2）穢土解脫

阿羅漢、辟支佛都是在穢土人間，靠著自己力量證道解脫的聖者。佛說，雖然他們心病已除，但心病的習氣還在，所以智慧仍不如佛。如佛在《四十二章經》說：「阿羅漢者，能飛行變化，曠劫壽命……證阿羅漢，愛欲斷者，如四肢斷，不復用之。」在《無上依經》說：「諸阿羅漢及辟支佛、自在菩薩，不得至見煩惱垢濁習氣臭

穢，究竟滅盡大淨波羅蜜。因無明住地起輕相惑，有虛妄行未滅除故，不得至見無作無行極寂大我波羅蜜。」

〔指引〕修行方法。請看，第 6 章 解脫、成佛的核心觀念。第 7 章 禪定法門。

3.成佛，是最終目的

修滅盡心病圓滿成佛是修行的最終目的。佛的福德、智慧圓滿，擁有無上的智慧、神通、快樂、辯才，因此有能力廣度一切眾生。但成佛必須累劫修福德、智慧，所以是長期目標。如佛在《雜阿含經》說：「經歷阿僧祇劫，修諸苦行，不顧勞體，積德成佛。」

第 2 章　佛教醫學是「實證醫學」

眞理必須擁有大量的證據，且能夠證實的理論。佛教醫學就是，事證與理證圓滿的眞理。

一、我親見的兩位聖僧

以下兩位進禪定成就的聖僧，就是佛法的見證人。

（一）廣欽老和尚

廣老 42 歲於泉州市清源山半山岩壁石洞中，坐禪念佛，吃完所帶米糧改以野果爲食，山中常有猴、虎出沒，後來便發生老虎皈依、猴子獻果的奇事。如佛在《大乘隨轉宣說諸法經》說：「入深山人所不到……精持結夏修習禪觀遵佛禁制。然於此中多諸走獸，虎狼師子野干飛禽皆來親近，銜華獻果種種供養。」廣老入定後全身不動，連鼻息都沒有了，入定持續四個月，上山砍柴的樵夫便以爲他往生了，便趕緊到寺廟通報，寺裡便準備柴火打算將他火化，住持爲愼重起見，聘請弘一大師前來鑑定生死。弘一大師在廣老旁觀察一番，讚歎說：「此種定境，古來大德亦少有。」經弘一大師三彈指，廣老才從定境中出來。

廣老 7 歲素食，36 歲立志不倒單（靜坐不躺著睡覺）時間長達 60 年，50 歲後只吃水果，活到 94 歲沒有生病，臨走前生死自在的說（台語）：「無來，無去，無代誌！」他老人家自己說，在佛法上得

益的是念「阿彌陀佛」，他常告誡來訪者，要念阿彌陀佛。

有一個弟子請問老和尚說：「師父，聽說您有神通，沒有的話，為什麼您會事先知道好多東西？到底您是否有神通？老和尚回答說：「我有吃，就有通（大便有通暢）。」

我年輕時幾次拜見廣欽老和尚，見他總是坐在藤椅上。1985.06.22 我到六龜妙通寺拜見廣欽老和尚（左圖）。老和尚一生一生憑著持戒苦行，隨緣自在，圓滿戒定慧三無漏學，成為台灣最知名的高僧。老和尚 1986.02.13（94 歲）圓寂。來源：https://www.wikiwand.com/zh-hk/%E9%87%8B%E5%BB%A3%E6%AC%BD

（二）救世師父

◎禪定成就者，通常具有神通

我父親承攬苑裡農會的碾米機械工程，1978.09.29 我們來到苑裡農會安裝工程，農會旁邊就是大興善寺，寺裡住持人稱「救世師父」。我詢問幾位常來寺裡的阿婆得知，許多醫生治不好的疑難重症都讓師父給醫好了。我當時精氣被鬼魅奪走，晚上幾乎無法睡覺，每天宛如活在地獄裡，我四處尋找高人，今日遇見高僧自然滿心期待，為此我每天早晨四點就在寺廟門口外面虔誠念佛，希望救世師父（如圖）能救我。

苑裡靠海，海風會突然變冷，每當我感到寒冷，便有尼師（師父弟子）出現說：「師父請你到客堂裡面念佛」。45 天工程期間，我被請到客堂念佛共五次，第四次才驚覺原來師父有神通（師父弟子都是 20 多歲尼師，她們 3 點多做早課，此時寺門是關的），因為我蹲坐在寺門外圍牆下念佛，寺裡看不到外面的我，很巧合每次都是在我感到寒冷時，師父弟子就馬上出現，請我到裡面念佛。

◎修行成就者，必有慈悲心

我們工程結束大夥打包完成，正準備回家，一位寺裡義工匆忙跑過來跟我說：「師父說，寺裡不缺錢，你生病比較需要用到錢，這是你捐的錢，師父請你帶回去。師父還交代，你要孝順父母，將來修行的路才會比較平順！」這番話讓我好感動！我之前兩次暗中捐款，一次放入引磬、一次放到牆角，總共新台幣 525 元。依照寺規，發現有人捐錢，師父弟子便會請你收回去。我捐款沒人看到，卻在 20 幾天後，師父將捐錢全數退還給我，師父的慈悲令人感動。師父的加持與佛茶雖然沒有讓我恢復健康，但「我的道心被師父的言行激勵而更加堅定」我發誓今生一定要修持佛法，要從事慈善、教育、文化工作，要在今生了脫生死。救世師父送我一串念珠，要我念阿彌陀佛。

師父禁語為患者治病祈福，全賴手勢、表情和眼神，再藉由弟子居中翻譯，師父以手比劃，用念力為病患「加持」，再請病人服用加持過的佛茶。師父度眾的心行如同大悲觀世音菩薩。大悲心乃修佛道所必備，一個修行人沒有大悲心，就不可能成就佛道。如佛在《華嚴經‧普賢行願品》說：「菩薩因於眾生而起大悲，因於大悲生菩提心，因菩提心成等正覺。」

◎不是苦行，是樂行

救世師父禁語、禁足、不倒單、不食人間煙火……修諸苦行，如果你認爲她日子過得很辛苦，那你就錯了。其實禪定到某個層次身心便安然愉悅，這份愉悅還超過人間五欲之樂。如佛在《月燈三昧經》說：「禪定相應十種利益：滅除諸苦惱……身心恒清涼……獲得過人喜。」「獲得過人喜」即獲得超越凡人的喜樂。我常觀察師父的神情與笑容，常被她的安祥、自在所感動，我確信救世師父時時刻刻都是安詳快樂的。

◎入正定者，捨離五欲

佛經上常說：「財、色、名、食、睡，地獄五條根」證道聖人都是捨離五欲，自奉儉約的人。祖源禪師在「萬法歸心錄」說：「財色名食睡，地獄五條根，五欲不空，生死不息。」如佛在《月燈三昧經》說：「禪定相應十種利益：遠離渴愛欲……心不雜欲染。」在《雜阿含經》說：「於色生厭、離欲、滅盡，不起諸漏，心正解脫，是名比丘見法涅槃；如是受、想、行、識，於識生厭、離欲、滅盡，不起諸漏，心正解脫，是名比丘見法涅槃。」

1.財：師父不接受供養，寺裡也沒有功德箱。信眾會趁沒人看到，偷偷把錢放在某個角落，寺裡就靠這些錢過日子，這種布施叫「不住相布施」。如佛在《金剛經》說：「應無所住行於布施……若菩薩不住相布施，其福德不可思量。」大興善寺常年布施吃平安麵、吃湯圓；常普度鬼神，不僅結人緣也結鬼神緣。寺裡有多餘金錢，並沒有拿來改善寺廟設施，而是以隱名氏方式捐出去。

2.色：「色」是指一切物質、色相。師父不論寒暑，身穿縫縫補補百衲衣。大興善寺陳舊、簡樸到極點，全寺十多名尼師，沒有自己房間，入夜之後就在白天信眾往來的穿堂，以木板或榻榻米鋪地爲床。

3.名：如果您問師父「法名」師父便微笑以手勢（小指）說自己非常渺小，實在沒有能供人留傳知曉之處。因為人們不知其名，所以就直接稱呼為「救世師父」。師父拒絕拍照、錄音，假使您偷拍、偷錄，師父有他心通，一定會在人叢中找到你，並拿一捲全新底片或錄音帶，懇求和你交換回來（如果不這麼做，經媒體宣傳，寺方就無法修行，也會讓不信者毀謗）。無論是大小人物，師父都平等對待，她常以微笑、手勢稱讚您是最尊貴的；倘若你禮拜她，她馬上反過來禮拜你，並向佛菩薩禮拜懺悔，指所有功德都來自佛菩薩。

4.食：救世師父，每星期僅食少量水果，1971 年後每天只喝自己加持的大悲水維生。問：不吃食物怎能存活？答：少數修道人能夠做到，例如①蜜勒日巴尊者在《密勒日巴尊者傳》說：「人聲犬吠渺寂處，靜居必得智慧見；非物自身三昧食，定樂必能除飢渴。」得到三昧行者，能夠長期無飲食，以定力維持生命。②2015 年尚存活人間的印度 83 歲瑜珈大師雅尼（Prahlad Jani）過去 70 年來都不曾進食甚至飲水。③請看此書《不吃的人們》。

5.睡：20 餘年「不倒單」以打坐代替睡眠。佛說，比丘們，睡眠是愚痴地過活、是虛度生命，沒有利益、沒有福報的表現。如佛在《雜阿含經》說：「諸比丘！睡眠者是愚痴活、是痴命，無利、無福。」另外，禪定成就者，氣脈通暢，身上有「拙火」即使寒冬師父也是坐在冰冷地板上。密勒日巴尊者也是一樣，靠拙火禪定在雪山修行，衣衫襤褸卻不畏寒冷。

◎入正定者，降伏瞋心

「涅槃」是佛教修行目的，涅槃原意為火熄了，意思指貪、瞋、痴的火熄滅了。熄滅貪瞋痴火而後能入正定，故即使再碰到逆緣也不會起瞋火。例如師父的神奇醫療，口耳相傳，樹大招風，當時有某位道場住持，對於她造成縣內其他寺院香火大減，氣得前往

當眾斥喝。當時救世師父立刻跪倒在地，向這位住持表達懺悔、尋求原諒，這名憤怒的住持，當場無言以對，因此救世師父往後行事更加低調。

◎禪定成就者，生死自在

我 1978 年認識救世師父，便聽師父弟子說：「師父說，她在別的世界另有因緣，必須盡快離開這個世界。」是否因為這樣，師父才不吃食物，希望早日結束生命？佛說，證悟真理的聖人，即使面臨極苦、重病或死亡，也是安住禪定不起煩惱；但凡人面臨極苦、重病或死亡，必然會向外求醫、求神、問吉凶、求脫苦、求福、求壽。如佛在《中阿含經》說：「若見諦人，捨離此內，從外求尊、求福田者，終無是處；若凡夫人，捨離此內，從外求尊、求福田者，必有是處。若見諦人，生極苦甚重苦……乃至斷命，捨離此內，更從外求……終無是處。若凡夫人……從外求……令脫我苦……必有是處。」

◎戒定慧成就，會有舍利子

1985 年 2 月 22 日師父入定，到 3 月 3 日當天向寺中弟子表示即將入滅，終於在下午七時圓寂，世壽 56 歲。師父遺體火化後留下五彩舍利子，大者近兩千顆，小者無數。舍利，就是戒定慧薰修而成，這是佛門證道的證物。如佛在《金光明經》說：「汝等今可禮是舍利，此舍利者是戒定慧之所薰修，甚難可得最上福田。」

另外對舍利子恭敬禮拜，它會自行增生，一粒生兩粒，兩粒生四粒，還會長大，如同有生命的物質。

◎結語

佛教追求的永世安樂，便是建立在無上的智慧、神通、慈悲、快樂之上，如果修道終點不是這樣，那又何必修道？兩位聖僧都是近代真人真事，歡迎讀者前往聖僧道場了解，那裡有許多認識聖僧的人，可為您現身說法。雖然一般人無法像聖僧那樣苦行成就，但

是我們可以修持淨土法門，同樣可以脫離輪迴，得到無比的智慧、神通、快樂、辯才。

二、念佛、菩薩聖號，癌症奇蹟痊癒案例

Google 搜尋〔 〕內關鍵字

佛菩薩是大醫王。努力聞思修佛法，就能得到佛菩薩護佑。若壽命未盡，則卻病延年；若壽命已盡，則「活著」往生佛國淨土。

〔邯鄲奇人韓仲英：雙腎爛掉，念佛長出兩顆新腎〕
〔念佛癒胃癌 多活十七年〕
〔不知不覺爸爸的直腸癌好了〕
〔患癌身心俱苦，念佛起死回生〕
〔賣漁具女子身患七八種癌症，每天拜佛一千次終得救〕
〔彌陀餵我吃藥 夢中吐出癌瘤〕
〔仁煥法師：我的十年癌症〕仁煥法師本來是一位醫生。身上有九顆腫瘤念佛痊癒。
〔虔心念佛，腫瘤消失〕老中醫，肺長了個腫瘤，大約 4.5*4.9 大小。
〔一句「阿彌陀佛」念到底，腫瘤在短短的 6 天內消失了〕
〔腫瘤腹部一半大！母親狂發願念經「癌末嬰 1 年奇蹟康復」〕
〔勸轉念佛 癒食道癌〕
〔勤念彌陀能除病苦〕
〔佛本醫王能治絕症〕
〔念佛奇蹟治癌症-新加坡李木源居士〕
〔一位晚期骨癌患者在南山寺奇跡康復重生〕
〔孤獨高中生篤信佛法感得母親晚期癌症痊癒〕

〔震撼：念佛念大悲咒一個多月竟治癒癌症！〕

〔省長祕書晚期癌症，每天拜佛 1800 治癒〕

〔患骨癌的念佛老人摔一跤後癌症神奇痊癒！〕

〔骨癌晚期靠念佛痊癒的感悟：生死苦海，念佛第一〕

〔念佛三個月，骨癌痊癒〕

〔彌陀救度見聞紀實：念佛兩月，癌症痊癒〕

〔每天送藥的阿彌陀佛〕肺癌轉骨癌四期。

〔等待往生的骨癌晚期患者誦《地藏王菩薩本願經》後神奇康復〕

〔我與「佛母大孔雀明王」的奧妙因緣〕第三期大腸癌，手術、化療+修持「佛母大孔雀明王咒」癌細胞完全消失。

〔彌陀「激光」治癒癌症〕子宮頸癌。

〔見證奇跡：72 小時 念佛重生〕

〔觀世音菩薩救晚期腸癌病人的真人真事〕

〔觀世音菩薩告訴我：37 天後你的癌症就能痊癒！〕

〔初期癌症誦咒而癒 文/徐味勤〕

〔虔誦觀世音菩薩聖號的感應事蹟——癌症病患求佛得救〕

〔觀世音菩薩讓身患癌症的媽媽脫胎換骨重獲新生〕

〔癌症患者重生的奇蹟-葉敏〕。

〔肺部癌症指標恢復正常！腫瘤縮小了（觀世音菩薩救了我——一個肺癌患者）〕

〔觀世音菩薩夜夢中治癒癌症，並尋聲救難，百求百應〕

〔蔡永銘（攝護腺癌）-實現對菩薩承諾的勇者〕（台灣癌症基金會第九屆抗癌鬥士代表故事）

〔菩薩化身為白衣老人送藥，晚期癌症瞬間痊癒〕

〔觀音救苦顯威靈：死而復生傳奇聞〕

〔觀世音菩薩心靈法門現身說法-骨癌/化療〕

〔癌症療癒奇跡〕作者簡介：錢蔭森，台大電機系畢業交大電

子研究所碩士。

〔骨癌挫敗女強人—拜藥師經癌症消〕體證法師。

〔誦念藥師法門鼻癌得癒〕作者：淨觀法師。

〔肺癌患者：集千峰之翠綠〕作者歐芙伶。

〔80歲老太太背《藥師經》除腫瘤〕

〔誦念藥師咒救回腦癌金孫〕

〔虔誦「藥師琉璃光佛」聖號，胃癌消失〕

〔藥師佛大威神・救治血癌健康〕

〔念藥師琉璃光佛癌症痊癒〕

〔靈妙大威神力 醫我骨髓內無法可醫的毒瘤〕

〔虔誠祈求，懺悔業障，子宮癌不藥而癒〕

〔藥師法門祛腫瘤〕

〔勤持藥師如來名號，腦瘤消失〕

〔至心持佛號，癌症消失〕

〔念誦助印藥師經感應〕印覺海。

〔301醫院專家驚呆，念地藏經打破賁門癌術後存活三年的記錄〕

〔一位癌症病人念《地藏王菩薩本願經》治癒的親身經歷〕

〔地藏菩薩大威神力——治好了我父親的癌症〕

〔我與地藏王菩薩神奇的感應（一個癌症患者的故事）〕

〔真誠讀誦地藏經，創造醫療奇蹟〕

〔神奇的《地藏王菩薩本願經》！疑似腫瘤一夜之間乾癟〕

〔感恩地藏菩薩神力加持，母親癌病康復了！我修《地藏王菩薩本願經》的真實感應〕

〔誦地藏經之感應〕比丘 近上。

〔誦地藏經治好了我的癌症〕

〔親人居士齊誦地藏經~ 骨癌末期病患 奇蹟康復的真人真事〕

〔癌症竟無恙 緣誦地藏經〕

三、「活著」往生淨土案例

Google 搜尋〔〕內關鍵字

〔林看治老居士往生記〕我的啓蒙老師，預知時至，滿面笑容，安詳往生。

〔現代人面瘡【江翠裳居士】往生見聞記〕

〔念佛往生是眞的，94 歲母親對我們說：「阿彌陀佛」來了，來接我了〕

〔姐姐活著往生了西方極樂世界〕

〔念佛人是活著往生的---佛祥往生紀〕

〔一位預知時至、活著往生的老居士〕

〔海賢老和尙生平修行事蹟〕112歲還能爬樹，身無病苦，預知時至，自在往生。

〔宜蘭有一位老菩薩，每天都念佛十萬聲，念佛念到經書自動翻頁〕

〔李慶和居士 坐著往生 安祥往生實錄〕

〔具行大師修行略傳〕跏趺端坐，面帶微笑，發三昧眞火，往生淨土。

〔身出三昧眞火自化的古月禪師〕

〔陳居士三昧眞火自己火化〕

〔女眾居士念佛半年，預知時至，異香滿室打坐往生〕

〔陳永成先生 站蓮花往生示現記〕

〔小狗念佛兩週 往生轉變金色身〕

〔伯父往生記〕伯父自在往生，使我最終心甘情願地成爲了一名僧侶。

〔八歲孩童念佛往生〕患白血病。

〔好一朵金蓮花 我的菩薩媽媽往生紀實〕

〔姑婆往生記〕

〔懷念妙境長老〕完整牙舍利，以及各種七彩舍利子。

四、證道者的傳奇事蹟

Google 搜尋〔〕內關鍵字

〔預知死期、還能延壽 8 年 廣欽法師夜不倒單 50 年〕
〔因海老和尚〕老和尚足踏水上渡江 懸空行進 鞋不著地
〔密勒日巴尊者傳〕譯者：張澄基教授
〔阿姜曼正傳〕
〔虛雲老和尚的神奇故事〕清末高僧 120 歲〔台灣肉身菩薩報
導〕
〔西藏高僧寺內神祕虹化 震撼世界〕
〔六祖慧能大師 肉身千年不化〕
〔憨山德清大師圓寂 400 年肉身不壞〕
〔蒂帕嬤（DipaMa）女居士〕能分身、能穿牆、能預知！
〔地藏菩薩讓我時來運轉，驚喜不斷〕
〔高僧圓寂！百天後開棺 信徒目睹神跡〕
〔比丘尼專持大悲咒、往生咒的奇異傳奇〕

五、古代眾多名醫都是佛弟子

　　古代眾多名醫身爲佛弟子，顯示佛法是值得信賴的醫學眞理。例如：⑴東方醫聖耆婆，爲佛陀時代名醫。⑵中國神醫華陀。⑶藥王孫思邈（宣化上人說華陀、孫思邈均爲佛弟子）。⑷佛圖澄大師，被後趙皇帝尊爲國師。⑸竺法調法師，印度東來比丘，精通醫術頗負盛名。⑹單道開法師，秦公石韜患眼疾，因其治療而痊癒。⑺竺法曠法師，東晉中葉疫病流行，竺法曠遊行各村落爲患者療疾。⑻訶羅揭法師，晉武帝大康九年，洛陽城瘟疫流行，患者不斷死亡，病人經訶羅揭醫治，十之八九均得痊癒。⑼法喜法師，唐朝雍州津

梁寺僧，親自處理汙穢不堪病人，並以佛法安慰病人，甚獲時人敬重。

六、世界著名學者對佛教之評論

（節錄）來源網路、世界新聞社

＊孫中山先生說：佛教乃救世之仁，佛學是哲學之母，研究佛學可補科學之偏；佛教是造成民族和維持民族一種最雄大之自然力！

＊英國羅素博士（Dr. Bertrand Russell）說：各宗教中，我所贊成的是佛教。

＊英國鮑樂登博士（Dr. Bernard L. Broughton）說：佛教爲今日人類之救星！現今研究佛學者漸多，實因佛學高出一切宗教。雖科學哲學長足進步，然其發明之最如理處，要亦和佛法可通。況佛法有最甚深處，最廣大處，最眞實合用處，決非現世之一切學術宗教所可企及！

＊美國女佛徒會創立者薩拉乃夫人（Mrs. Miriam M. Salanave）說：佛教在今日，正與科學同樣地嶄新而適用。何以故，因爲佛法是以顚撲不破的眞如之理爲基礎故。

＊美國佛徒會會長喬治萬雷氏（George S. Varey）說：現在世界是亟需救濟，但只有從佛的光明和佛的聖法，人們才可以得到眞正的救濟。

＊英國大菩提會長包樂登氏牛津大學法學士（Mr. Beqnard L. Broughton）說：佛教所說業因果報，理最圓滿，由此起信。……但直心信佛所說，依教奉行，不受一切異說惑亂，必能自己找著出路。……現在祇有佛法可以救世界。

＊英國瑙曼裴乃斯教授（Prof. Norman Baynes）說：佛教是醫治摩登病的聖藥。在我們這個苦痛疲憊的歐洲，我們斷然需要佛教的教訓。

＊德國哲學家尼采說：「佛教是歷史上唯一真正實證的宗教。」

＊愛因斯坦（Albert Einstein）說：如果有一個能夠應付現代科學需求，又能與科學相依共存的宗教，那必定是佛教。人生最後的領域，最後只能在佛教中找到答案，我不是一名宗教徒，但如果是的話，我願成為一名佛教徒。

七、宗教信仰對病人健康之影響

（一）國外研究摘要

1.杜克大學醫學中心哈樂德‧科尼格（Dr. Harold Koenig）博士調查研究結果顯示；信仰主流宗教不僅有益健康，還能造福下一代。但對於「非主流教派」情況則相反，統計數字顯示其教徒的平均壽命在美國幾乎是最低的。

2.大量醫學研究證明，宗教信仰可以促進身心健康、戰勝疾病、減少慢性病、憂鬱焦慮症的風險。

3.癌症病人在治療期間 91%伴隨疲憊、47%合併憂鬱與焦慮症、50%失眠，這些症狀持續會影響治療成效，且可能引發併發症，還會讓病人失去信心，甚至產生輕生念頭。

4.參與宗教活動，可使病人身心放鬆，從病苦中找到生命的意義。參與頻率（虔誠度）越高的人，越能獲得人際關係、情感支持、健康資訊，甚至得到生活上的照顧。獲得社會支持比無宗教信仰患者高出 14 倍。

5.越接近死亡，病人的恐懼越加深，宗教信仰可幫助病人降低死亡恐懼，並有尊嚴的面對死亡。
以上可知宗教信仰對維護健康是多麼的重大與深遠。

（二）國內研究摘要

國立臺北護理健康大學中西醫結合護理研究所《宗教信仰對癌症病人健康影響之初探》蔡岱蓉碩士論文，本研究收集 202 位癌症病人資料，研究結果顯示，宗教信仰對癌症病人健康的影響，摘要如下：

1.宗教信仰給癌症病人帶來希望、讓病人更有信心恢復健康、以正向的態度面對疾病相關的壓力、有勇氣面對癌症發展的不確定性，並願意積極接受治療。

2.曾經有過神蹟體驗者，對健康的影響大於未曾有神蹟體驗者，造成此結果的原因，可能是因為有過神蹟的親身體驗，讓他對自己的信仰更具信心及堅定不疑，因而有更大的影響。

3.病人提到醫護人員應該關心與尊重他的宗教信仰，並應多與病人互相討論分享其宗教信仰議題。

　　4.佛教及西方宗教者對健康的影響高於道教、民間信仰及一貫道等。

第3章 生命的本源：生老病死苦生起的因緣

　　生命的本源爲世俗用語；生老病死苦生起的因緣爲佛教用語。一般人認爲生命是直線的，有一個起點，有一個終點。但佛說，生命過去無始，未來無終。今日死，明日將以不同形體重返世間。因爲眞我（又稱眞心、佛性、如來藏、阿賴耶識）無生死。死亡就像脫掉破爛的衣服，換上一件新衣裳。生命也好像時鐘，從零點走到12點，沒有起點也沒有終點。佛用十二因緣來說明，生老病死苦生起的因緣。也說明生從何處來，死往何處去。說明前世、今世、來世三世的因果關係。佛說十二因緣非常深奧，一切修行人、神仙、天魔，都難以知道或觀察到，唯佛能完全了知。如佛在《摩訶摩耶經》說：「一切生死源本。無明緣行……生緣老死憂悲苦惱。」在《大緣方便經》說：「此十二因緣難見難知，諸天、魔、梵、沙門、婆羅門、未見緣者，若欲思量觀察分別其義者，則皆荒迷，無能見者。」

　　佛說，生命是緣起而有。生命不會憑空產生，也不會憑空消失。生命的產生，必有前後因果關聯，這個關聯，稱爲「十二因緣」。

　　「十二因緣」是自然界最基本的規律和眞理。佛當年禪坐，先回溯生命的起因，這方法又稱逆觀十二因緣，然後再順觀十二因緣。所以我們也追隨佛的腳步，先逆觀十二因緣，再順觀十二因緣：

一、《長阿含經》闡述，生命的本源

《長阿含經‧大緣方便經》：「阿難！我今語汝老死有緣，若有問言：何等是老死緣？應答彼言：生是老死緣！若復問言：誰是生緣？應答彼言：有是生緣。若復問言：誰是有緣？應答彼言：取是有緣。若復問言：誰是取緣？應答彼言：愛是取緣。若復問言：誰是愛緣？應答彼言：受是愛緣。若復問言：誰是受緣？應答彼言：觸是受緣。若復問言：誰為觸緣？應答彼言：六入是觸緣。若復問言：誰為六入緣？應答彼言：名色是六入緣。若復問言：誰為名色緣？應答彼言：識是名色緣。若復問言：誰為識緣？應答彼言：行是識緣。若復問言：誰為行緣？應答彼言：痴①是行緣。阿難！如是緣痴有行，緣行有識，緣識有名色，緣名色有六入，緣六入有觸，緣觸有受，緣受有愛，緣愛有取，緣取有有，緣有有生，緣生有老、死、憂、悲、苦惱，大患所集，是為此大苦因緣。」

〔淺釋〕逆觀十二因緣

佛告訴阿難尊者：人為什麼會﹝老死﹞？﹝生﹞是老死的原因。因為有出生，所以會老死。什麼是﹝生﹞的原因？﹝有﹞三界生死輪迴，是出生的原因。有，指造業因得生死輪迴果報，故有生。什麼是﹝有﹞生死輪迴的原因？﹝取﹞是有的原因。因為執著五欲（財色名食睡、色聲香味觸）所以造業，招感生死輪迴。什麼是﹝取﹞的原因？﹝愛﹞是執取的原因。因為貪愛，所以想執取為己有。什麼是貪﹝愛﹞的原因？﹝受﹞是貪愛的原因。因為對外境產生樂受，所以激發貪愛欲求。什麼是﹝受﹞的原因？﹝觸﹞是受的原因。因為根（六入）、境（外境）、識（六識）三者和合，所以產生心理感受。什麼是﹝觸﹞的原因？﹝六入﹞是觸的原因。因為外境（色聲香味觸法）靠六入（眼耳鼻舌身意）感官的媒介作用，才會產生觸覺（見聞嗅味覺思）。什麼是﹝六入﹞的原因？﹝名色﹞是六入的原因。名色指母胎內之胚胎。因為有胚胎，所以會長出六入（眼耳鼻舌身意）。什麼是﹝名色﹞的原因？﹝識﹞是名色的原

因。因爲識與受精卵結合，所以產生胚胎生命。什麼是〔識〕的原因？〔行〕是識的原因。因爲身行（身體的造作）、語行（言語的造作）、意行（意念的造作），所以身體死後，識就會去投胎。什麼是〔行〕的原因？〔無明〕是行的原因。因爲無智迷惑，才會造作身語意行。

順觀十二因緣：如上所述，眾生因爲〔無明〕無智，而造作各種〔行〕爲。行爲記憶在〔識〕中，身體毀壞，〔識〕帶著過去的無明、行的種子，進入母胎受孕成爲〔名色〕胚胎。胚胎長出〔六入〕眼耳鼻舌身意，出生後六入接〔觸〕外境，產生種種感〔受〕，因感受而生起憎恨與〔愛〕欲，愛欲增長，便想要執著〔取〕爲已用，因此造作身口意行爲，造業便〔有〕三界生死輪迴，生命結束，再度投胎，誕〔生〕爲新生命。有肉體生命就有〔老死〕憂、悲、惱、苦等大苦聚集。十二因緣就在說明生老病死憂悲惱苦，永不止息的原因與條件。

〔註解〕①痴：痴與無明同義，多數經典翻譯爲「無明」。

二、《華嚴經》闡述，生命的本源

《華嚴經》：「此菩薩摩訶薩……觀世間生滅，作是念：世間受生，皆由著我，若離此著，則無生處。復作是念：凡夫無智，執著於我，常求有無，不正思惟，起於妄行，行於邪道。罪行、福行、不動行，積集增長。於諸行中，植心種子，有漏有取。復起後有，生及老死。

〔淺釋〕正在修學第六地的這位大菩薩，觀察世間眾生的生滅現象，他這樣想：世界上的生物爲什麼會有生死輪迴呢？因爲他們

執著「我」的緣故，假如能夠破除「我執」就能脫離生死輪迴。菩薩又這樣想：因為凡夫沒有智慧｛無明｝，不了解生命的真相，執著這個身體是「我」，凡事以自「我」為中心，因為「我執」而向外追求。因為思想不正，行為不正，常走在偏差的道路上，有時造惡｛行｝，有時造善｛行｝，有時造非惡非善｛行｝。如此持續造業，累積成長。由於眾多善惡｛行｝為，在自己的心田（阿賴耶識）成為種子，及對世間產生甚深的渴愛與執著，生命結束後，又再投胎為下一世的生命體，而有生老病死憂悲惱苦。（參考宣化上人講記）

〔註解〕①我執：對我、人、眾生、壽命四相的執著。如佛在《金剛經》說：「著我、人、眾生、壽者。」

所謂業為田，識為種，無明闇覆，愛水為潤，我慢溉灌。見網增長，生名色芽。名色增長生五根。諸根相對生觸。觸對生受。受後希求生愛。愛增長生取。取增長生有。有生已，於諸趣①中起五蘊身名②生。生已，衰變為老。終歿為死。於老死時，生諸熱惱。因熱惱故，憂愁悲歡眾苦皆集。

所以說，善惡｛行｝為，好比一塊田地，阿賴耶｛識｝好比是種子，｛無明｝覆蓋在種子上面，用貪愛的水滋潤種子，用我慢灌溉田地，邪見的網罩著，以幫助它生長，種子終於長出了｛名色｝的幼苗。｛名色｝指具備身心機能的胚胎。胚胎發育，長出眼、耳、鼻、舌、身五根（加意根為六根）又稱｛六入｝。胎兒出生後與外境接｛觸｝。也就是，根（眼耳鼻舌身意六根）、境（色聲香味觸法六境）、識（眼識耳識鼻識舌識身識意識六識）三者和合生｛觸｝。因為觸覺而產生樂｛受｝，因樂｛受｝而產生希望欲求就是｛愛｝，｛愛｝的增長產生執著求｛取｝的心。執｛取｝心增強便付諸行動。一旦行動就招感後｛有｝也就是來世的輪迴。來世又在六道中轉世投胎出｛生｝具備五蘊身心的生命。出｛生｝後就會生病、衰老、最後又歸於｛老死｝。當｛老死｝降臨，就會產生強烈的

煩惱。導致恐懼、憂鬱、愁苦、悲哀、歎息說不盡的痛苦全都聚集
在一起。

　　〔註解〕①諸趣：天、阿修羅、人、動物、鬼道、地獄等六
道。②五蘊身名：五蘊身心。由五蘊色、受、想、行、識構成的身
心，即不停的貪愛、妄想、抓取、積聚的生命體。

　　此因緣故集③，無有集者。任運而滅，亦無滅者。菩薩如是隨
順觀察緣起之相。佛子！此菩薩摩訶薩復作是念：於第一義諦不
了，故名無明。所作業果是行。行依止初心是識。與識共生四取蘊
爲名色。名色增長爲六處。根境識三事和合是觸。觸共生有受。於
受染著是愛。愛增長是取。取所起有漏業④爲有。從業起蘊爲生。
蘊熟爲老。蘊壞爲死。死時離別，愚迷貪戀，心胸煩悶爲愁。涕泗
咨嗟爲歎。在五根爲苦。在意地爲憂。憂苦轉多爲惱。如是但有苦
樹增長。無我無我所，無作無受者。復作是念：若有作者，則有作
事。若無作者，亦無作事。第一義中俱不可得。

　　以上的所說就是導致生老病死憂悲惱苦的根本原因。事實上，
這裡面沒有人去操控它，一切只是因緣聚合而生，因緣消散而滅。
佛弟子們！這位大菩薩又這樣思惟：凡夫不了解宇宙人生的眞理，
所以成爲〔無明〕狀態。因爲〔無明〕迷惑而造身語意〔行〕爲。
善惡〔行〕爲，儲存在阿賴耶〔識〕中，成爲投胎的種子。與阿賴
耶〔識〕同時共生的四取蘊：色蘊、受蘊、想蘊、行蘊叫〔名色〕。
〔名色〕由心識與物質組成的胚胎。〔名色〕長出眼、耳、鼻、舌、
身、意〔六入〕又稱六根或六處。根境識三者合起來發生的作用，
就是〔觸〕，有〔觸〕覺，就有感〔受〕，好的感受就在心中生起
〔愛〕欲，〔愛〕欲增長，就生起執著〔取〕爲己有的心，由於執
〔取〕心，而造下善惡諸業（行爲），一造業便會產生後〔有〕也就
是招感來世的投胎。投胎後便出〔生〕爲下一世的五蘊身心。身體
成熟以後就會慢慢衰老，生病治不好就會死〔老死〕。面對死亡的離

別、無知、迷惑、貪戀、煩悶就是憂愁，眼淚鼻涕齊流，唉聲歎氣叫做歎。老病死讓五根（眼耳鼻舌身）遭受痛苦，心感受憂苦，憂苦過多便引發各種身心疾病，於是發生大苦聚集。這樣的生命現象，就像「一株苦樹，長出苦果，日日增長」，其中沒有不變的我，或我所擁有而不消失的東西。菩薩又這樣想：這裡面沒有外力去操作它，或幕後控制者，因此從最高眞理的角度來看，這一切都是虛假的、錯誤的。

〔註解〕③集：苦的原因。因迷惑而造業，因業而招「集」苦報。④有漏業：「漏」是漏失。無論善業、惡業，果報受完就沒了。一切都會漏失掉的。

佛子！此菩薩摩訶薩復作是念：三界所有，唯是一心。如來於此分別演說十二有支，皆依一心，如是而立。何以故？隨事貪欲，與心共生。心是識。事是行。於行迷惑是無明。與無明及心共生是名色。名色增長是六處。六處三分合爲觸。觸共生是受。受無厭足是愛。愛攝不捨是取。彼諸有支生是有。有所起名生。生熟爲老。老壞爲死。

這位大菩薩，又這樣想：欲界、色界、無色界三界裡所有的一切，都是自己的這一念「心（造業）」所創造出來的。佛說十二因緣，也是依著這一念「心」而說。因爲眾生所認知的世界，也是建立在一念「心」之上。這是什麼緣故呢？因爲眾生的所作所爲，都是隨著貪欲而進行，貪欲又與「心」共生。「心」念一動就收藏在阿賴耶〔識〕中，所作所爲（造業）叫〔行〕，在〔行〕動上迷惑，行事顛倒就是〔無明〕。〔無明〕煩惱又與〔識〕共生，投胎後成爲〔名色〕也就是胚胎。胚胎發育長出六處，又稱六根、〔六入〕。六根、六境、六識三者結合就生〔觸〕。因爲〔觸〕覺，而生出感〔受〕，對於樂〔受〕貪求不滿足，就生〔愛〕欲。〔愛〕欲無法割捨，就想盡辦法把它攫〔取〕過來爲己享用。於是造作各

種身語意業，有了業因，就有來世輪迴的果報，稱爲〔有〕。憑著輪迴的業〔有〕，招感來世受〔生〕，出〔生〕之後，一天一天的長大，成熟變老，老了變壞，身壞命終，稱爲〔老死〕。

佛子！此中無明有二種業⑤：一令眾生迷於所緣。二與行作生起因。行亦有二種業：一能生未來報。二與識作生起因。識亦有二種業：一令諸有相續。二與名色作生起因。名色亦有二種業：一互相助成。二與六處作生起因。六處亦有二種業：一各取自境界。二與觸作生起因。觸亦有二種業：一能觸所緣。二與受作生起因。受亦有二種業：一能領受愛憎等事。二與愛作生起因。愛亦有二種業：一染著可愛事。二與取作生起因。取亦有二種業：一令諸煩惱相續。二與有作生起因。有亦有二種業：一能令於餘趣中生。二與生作生起因。生亦有二種業。一能起諸蘊。二與老作生起因。老亦有二種業：一令諸根變異。二與死作生起因。死亦有二種業：一能壞諸行。二不覺知，故相續不絕。

佛弟子們！在十二因緣中〔無明〕有兩種作用：一使眾生心智迷惑於外境。二盲目追求外境，成爲〔行〕生起的原因。〔行〕也有兩種作用：一行（業）能生出未來世之果報。二行（業）會收藏在〔識〕中，成爲〔識〕投生的原因。〔識〕也有兩種作用：一識能進入母胎受生，令諸有（三界）輪迴不斷。二識爲〔名色〕胚胎生命的起因，因識與受精卵結合才會產生〔名色〕。〔名色〕也有兩種作用：一名（心理現象）與色（生理現象）兩者相輔相成。二名色（胚胎）爲〔六入〕（眼耳鼻舌身意）生起的因。〔六入〕也有兩種作用：一眼見色、耳聞聲、鼻嗅香、舌嘗味、身接觸，意對法。二眼耳鼻舌身意，是〔觸〕覺生起的因緣。〔觸〕也有兩種作用：一能〔觸〕知所緣境（色、聲、香、味、觸、法）。二觸成爲感〔受〕生起的因。〔受〕也有兩種作用：一可以感〔受〕愛恨諸事。二成爲貪〔愛〕生起的種子。〔愛〕也有兩種作用：一沾染可愛之事，執著不離。二愛成爲〔取〕爲己有生起的因。〔取〕也有兩種作用：一直想

執取為己有，煩惱就會持續不斷。二取成為造下業〔有〕招感輪迴生起的因。〔有〕也有兩種作用：一能令眾生在六道中出生。二成為來世出〔生〕的原因。〔生〕也有兩種作用：能生起五蘊身心。五蘊是指不斷攀緣、追求、妄想、積聚的生命形態。二生為〔老〕生起的原因。〔老〕也有兩種作用：一能使令諸根（眼耳鼻舌身意）衰壞。二成為〔死〕生起的原因。〔死〕也有兩種作用：一能破壞身口意的行為造作。二喪失前世記憶，導致生死不絕。

三、十二因緣，解釋名詞

1.無明：指心的無智、無知、愚昧、盲目，為一切煩惱的總稱。無明為生死輪迴的根本。無明者不明事理、盲目迷信，不知身心世界真相。不知道因果報應真相。不知解脫生死之道。由於無明迷惑，衍生我執、貪瞋痴等一切心病、惡法。如佛在《雜阿含經》說：「諸惡不善法，比丘，一切皆以無明為根本。」在《雜阿含經》說：「眾生無明所蓋，愛繫其首，長道驅馳，生死輪迴。」在《大乘理趣六波羅蜜多經》說：「無明顛倒生死源。」在《大乘舍黎娑擔摩經》說：「無明乃生於行，乃至生老死憂悲苦惱……由無智故作如是等種種之想，是故說名無明。由無明故。即生貪慾瞋恚無明緣行。……眾苦集聚逼切身心，處大黑闇名為無明。……以邪見為正見。以是無智，故名無明。」在《坐禪三昧經》說：「云何無明。答曰。無明名一切不知。此中無明能造，後世有。」

2.行：由無明迷惑，身語意造作諸業，招感來世果報，稱為行。行指身口意三業：身行（身體的造作）、語行（語言、文字的造作）、意行（意念的造作）。眾生所做的一切善惡業因、煩惱種子，全都收藏在阿賴耶識中，生命結束，阿賴耶識帶著業因種子，投生到下一世。

　　3.識：阿賴耶識帶著前世的善惡業及煩惱，進入母胎成爲一個新生命。阿賴耶識又稱神識、業識、藏識、第八識，它是生命的主人，爲生死之所依，如佛在《出曜經》說：「眾生流轉迴趣五道①，亦由神識②遷轉不停，是故說以盡生死本也。」在《解深密經》說：「吾當爲汝說心、意、識，祕密之義，廣慧當知，於六趣生死……名阿賴耶識。」阿賴耶識好像一位畫家，能依據過去世的善惡業，繪畫出今生的天、人、動物、鬼、地獄等各類生命形態，及壽命長短、健康狀況、富貴貧窮、相貌美醜、音聲好壞等各種樣貌。如佛在《優婆塞戒經》說：「一切摸畫無勝於意，意畫煩惱，煩惱畫業，業則畫身。貪因緣故，色聲妙好威儀詳序。瞋因緣故，色聲麤惡威儀卒暴。如瞋痴亦如是。無量世界一百三十六地獄處，無量畜生無量餓鬼皆因業，作人天亦爾。」

　　阿賴耶識長期被五欲薰染，被善惡業綑綁，因此輪迴不止。但它永恆常駐，無始無終，無形無相，非語言所能形容，這個恆常不變的心意識，迷時叫阿賴耶識，悟時叫佛性、如來藏、眞如、眞我、自性、清淨心，等多種名稱，如佛在《密嚴經》說：「阿賴耶識，從無始來爲戲論薰習，諸業所繫，輪迴不已……常住無終始，離四句言說。佛說，如來藏……世間阿賴耶，如金與指環，展轉無差別。」在《大般涅槃經》說：「何者是我？若法是實、是眞、是常、是主、是依、性不變易，是名爲我……佛言，善男子，我者即是如來藏義，一切眾生悉有佛性，即是我義。如是我義，從本已來常爲無量煩惱所覆，是故眾生不能得見。」

　　〔註解〕①五道：天、人、動物、鬼、地獄五道，再加阿修羅爲六道。因阿修羅分布在天、人、鬼、動物四道中，並沒有單獨的阿修羅道，因此有時六道講五道。其中天、阿修羅、人屬於較高層次，稱三善道；畜生、餓鬼、地獄的眾生屬於低級層次，稱三惡道。②神識：眾生的心識，也就是阿賴耶識。

4.**名色**：父母行房，阿賴耶識進入父母受精卵中，成為具有身心意識的胚胎，稱為名色。名指心識（初投胎之神識），色指形體（父母受精卵形成之胚胎）。名色由五蘊（色受想行識）因緣和合而成。五蘊身心具備貪愛、妄想、執著、積聚的功能。因此從受生那一刻起，生命就種下痛苦的因種，如佛在《佛開解梵志阿經》說：「心識為行，行受名色。但因緣寄託，生母腹中。」在《漸備一切智德經》說：「從於父母所生之身亦復如是……受想行識，說之為名，名色五陰①，剎那受身已經諸苦。」

〔註解〕①五陰：色、受、想、行、識五陰，新譯為五蘊。

5.**六入**：名色長出眼、耳、鼻、舌、身、意六種感覺器官，又稱六入、六根、六處。六入歸於一「心」，一「心」統攝八識：(1)眼識(2)耳識(3)鼻識(4)舌識(5)身識(6)意識(7)末那識(8)阿賴耶識，如佛在《愣伽經》說：「心意及意識，為諸相故說……心能積集業，意能廣積集；了別故名識，對現境說五。」

6.**觸**：胎兒出生後，感官與外境接「觸」。根（眼耳鼻舌身意六根，又稱六入）、境（色聲香味觸法六境，因能染污心識，又稱六塵）、識（眼識、耳識、鼻識、舌識、身識、意識等六識）三者和合產生見、聞、嗅、味、覺、思的心理作用，稱觸。例如眼睛、光線、眼識三者接觸而生眼觸。

7.**受**：由於接觸外境，便生苦受、樂受、不苦不樂受等無量的感受，如佛在《長阿含經》說：「緣受有愛，此為何義？若使一切眾生無有樂受、苦受、不苦不樂受者。寧有愛不？答曰，無也。」

8.**愛**：由於樂受，才對外境產生愛欲。愛欲使人盲目、貪求、造一切惡業，如佛在《四十二章經》說：「使人愚蔽者，愛與欲也。」在《大緣方便經》說：「阿難！當知因愛有求，因求有利，因

利有用，因用有欲，因欲有著，因著有嫉，因嫉有守，因守有護。阿難！由有護故，有刀杖、諍訟、作無數惡。」

9.取：執著拿取的意思。愛欲增長，便生起執取追求的心，致引發身語意行動。取有四義：（1）欲取，對五欲（財色名食睡）六塵（色聲香味觸法）生起執著。（2）我取，對所愛的事物，生起我執。（3）見取，謬解真理，如我見、邊見。（4）戒取，執著與解脫無關的戒律。如佛在《雜阿含經》說：「取者，四取，謂欲取、我取、見取、戒取。」在《過去現在因果經》說：「因於欲有、色有、無色有業生。又觀三有業從何而生？即知三有業從四取生。又觀四取從何而生？即知四取從愛而生。」

10.有：造業後便招來生死輪迴。因為愛取而付諸行動，而招引來世生死輪迴果報，果報不失，所以稱為「有」。「有」指三有：一欲有，欲界天、人、修羅、畜生、餓鬼、地獄之生死。二色有，色界四禪諸天之生死。三無色有，無色界四空諸天之生死，如佛在《大緣方便經》說：「緣有有生，此為何義？若使一切眾生無有欲有、色無色有者，寧有生不？答曰：無也。阿難！我以此緣，知生由有，緣有有生。」在《佛本行集經》說：「諸眾生輩，為有所纏，精勤造業，得於是形，身為大患。處處念著，所生邪意，即常增長，如所增長，即成此有，以有著故，於諸世間，有諸眾生。」

11.生：由於輪迴果報，死後又再投胎出「生」為五蘊身心。一旦出生，就會不停的攀緣、抓取物質世界裡的一切。眾生心就像猴子一樣，不停的抓取，丟掉一個又拿起一個，無法停止下來，如佛在《大般涅槃經》說：「眾生心性猶如獼猴，獼猴之性捨一取一，眾生心性亦復如是，取著色聲香味觸法無暫住時。」

12.**老死**：既然出生，就有老病死憂悲惱苦的到來，如佛在《無常經》說：「生者皆歸死」。身壞命終，阿賴耶識又帶著無明、行，展開另一期的生死輪迴。

四、十二因緣與三世因果表解

1.十二因緣說明前世、今世、來世三世的因果關係：「無明」和「行」屬於過去世。「識」為跨越三世的真我。「名色」到「有」屬於現在世。「生」和「老死」屬於未來世。「老死」以後又再繼續來世投生的循環。

2.十二因緣也可用惑、業、苦三道的連鎖反應來說明。即「由惑造業，由業受苦，由苦復起惑」。惑：過去世的「無明」，與現在世的「愛」和「取」。業：過去世的「行」，現在世的「有」。苦：現在世的「識」、「名色」、「六入」、「觸」、「受」，未來世的「生」和「老死」。十二因緣與三世因果的關係列表如下：

十二因緣與三世因果	過去世	二因	無明	惑
			行	業
	現在世	五果	識	苦
			名色	
			六入	
			觸	
			受	
		三因	愛	惑
			取	
			有	業
	未來世	二果	生	苦
			老死	

```
                    ┌ 1   無明   （貪瞋痴等煩惱）──────（惑）
        ┌過去二因──┤
        │           └ 2   行     （造作諸業）────────（業）
        │           ┌ 3   識     （業識投胎）────────（苦）
        │           │ 4   名色   （但有胎形六根未具）──（苦）
        │ 現在五果──┤ 5   六入   （長成眼等六根人形）──（苦）
十二因緣 │           │ 6   觸     （出胎與外境接觸）────（苦）
  與   ──┤           └ 7   受     （與外境接觸生苦樂感受）─（苦）
三世因果 │           ┌ 8   愛     （對境生愛欲）──────（惑）
        │ 現在三因──┤ 9   取     （追求造作）────────（惑）
        │           └ 10  有     （成業因能招未來果報）──（業）
        └未來二果──┌ 11  生     （再受未來五蘊身）────（苦）
                    └ 12  老死   （未來之身又漸老而死）──（苦）
```

55

五、波斯匿王，請佛證明「人死後，此心不滅」

你相信在我們死後心意識還會繼續存在嗎？如果生命最終會歸零，那人爲什麼還要努力？這問題 2500 年前，釋迦牟尼佛與波斯匿王，有精彩對話，記載在《楞嚴經》中：

〔經文〕《楞嚴經》：「時波斯匿王，起立白佛。我昔未承諸佛誨敕，見迦旃延、毗羅胝子①。咸言此身死後斷滅②，名爲涅槃。我雖値佛，今猶狐疑。云何發揮證知此心，不生滅地？今此大眾，諸有漏者③，咸皆願聞。

〔淺釋〕參考淨界法師演講

波斯匿王，站起來問佛：過去我還沒有親近佛以前，曾經親近過兩位大師，他們都說人死如燈滅。雖然我現在親近佛，也聽聞佛法，但是心中還是有疑問。請問佛，如何證明我們的心不會消滅，人死後尚有來生？希望佛能夠爲我們解說，今天還沒有證道的與會大眾，都希望了解這個眞相。

〔註解〕①迦旃延、毗羅胝子：六師外道中的兩位老師，他們都是斷滅論者。②死後斷滅：人死後完全斷滅、空無。③有漏者：還沒有成就聖道的凡夫。

佛告大王，汝身現在。今復問汝，汝此肉身，爲同金剛常住不朽①，爲復變壞？世尊，我今此身，終從變滅。佛言大王：汝未曾滅，云何知滅？世尊，我此無常變壞之身雖未曾滅，我觀現前，念念遷謝，新新不住。如火成灰，漸漸銷殞，殞亡不息。決知此身，當從滅盡。佛言：如是。

佛告訴大王，你就依據自己的身體狀況，來說明生命現象。佛問大王：「你認爲生命是永生不朽，還是會變化、消滅呢？」波斯匿

王回答：「以我理解，我終究會變化、消滅。」佛說：「大王你沒還有死亡，怎麼會知道，人死後會完全消滅呢？」波斯匿王回答：「世尊啊，我這個無常變化的身體，雖然還沒有死亡，但我可以用理性觀察，我的身體會不斷的變化，不停的新陳代謝。就好像一支香火，會慢慢的燃燒，灰燼漸漸落下，最後便會全部消滅。所以我可以確定，我的身體總有一天會死亡，而且完全消滅窮盡。」佛說：「是的，大王你觀察身體的變化是正確的。」

〔註解〕①金剛：金剛石。比喻爲堅固不壞的物質。

　　大王，汝今生齡，已從衰老，顏貌何如童子之時。世尊，我昔孩孺，膚腠潤澤。年至長成，血氣充滿。而今頹齡。迫於衰耄①，形色枯悴，精神昏昧，髮白面皺，逮將不久，如何見比充盛之時。佛言大王。汝之形容，應不頓朽。王言世尊。變化密移，我誠不覺。寒暑遷流，漸至於此。何以故。我年二十，雖號年少顏貌已老初十歲時。三十之年，又衰二十。於今六十，又過於二，觀五十時，宛然強壯。世尊，我見密移。雖此殂落。其間流易，且限十年。若復令我微細思惟，其變寧唯一紀②二紀，實爲年變。豈唯年變。亦兼月化。何直月化。兼又日遷。沉思諦觀，刹那③刹那，念念之間，不得停住。故知我身，終從變滅。

　　佛說：「大王，你的身體已經衰老，現在的外貌跟小時候相比，有什麼不同呢？」

　　波斯匿王回答：「我小時候的皮膚豐潤光澤，長大之後血氣充滿身體強壯。如今到現在這個衰老年齡，外表乾枯憔悴，精神昏昧，頭髮白了，臉上有許多皺紋，我想再活也沒有多久了。所以我現在的身體狀況，怎麼能夠跟年輕的時候相比呢！」

　　佛說：「大王，你的外表應該不是突然衰老的吧？」

　　波斯匿王回答：「是的，我身體悄悄的變化，完全感覺不出來。就這樣一年一年過去，慢慢的就到了現在。爲何如此？我回憶 20 歲

時雖然年少，但容貌已經比 10 歲時老了，30 歲又比 20 歲更老。現在 62 歲，50 歲時身體也比現在強壯。世尊，我看到每隔 10 年身體悄悄變化。如果讓我更細微思考，身體每一年都在變化，不只每一年，每一個月都在變化，也不只每一個月，每一天都在變化。乃至於心靜下來的時候，觀察到我的身體都是剎那剎那、念念之間不停的變化。所以我知道，總有一天，我終究會死亡、滅盡。」

〔註解〕①衰耄：泛指老年。耄，八九十歲的年紀。②紀：古代以十二年為一紀。③剎那：譯一念。經上說，一彈指之間，即已含有六十個剎那了。

佛告大王。汝見變化，遷改不停，悟知汝滅。亦於滅時，汝知身中有不滅耶？波斯匿王。合掌白佛。我實不知。佛言，我今示汝不生滅性①。

佛告訴大王：「你觀察自己的身體不停變化，知道身體終將毀滅。但是你知道在毀滅的身體中，還有一個「不滅」的東西嗎？」波斯匿王回答：「我不知道。」
佛說：「我現在要揭示一個真相：在我們身體中有一個不生不滅的本性。」

〔註解〕①性：天賦的本質和作用。

大王，汝年幾時，見恒河水。王言：我生三歲，慈母攜我，謁耆婆天，經過此流，爾時即知是恒河水。佛言大王。如汝所說，二十之時，衰於十歲，乃至六十，日月歲時，念念遷變。則汝三歲見此河時，至年十三，其水①，云何？王言：如三歲時，宛然無異。乃至於今，年六十二，亦無有異。

佛問：「大王，你幾歲看見恆河水？」

　　波斯匿王回憶說：「我三歲時，母親帶我去拜見耆婆天神，經過恆河時，母親就告訴我那是恆河，所以三歲時，就知道恆河水了。」

　　佛接著說：「大王，正如你所說，你的身體一直在變化，年復一年乃至分分秒秒，身體都在變化。那麼你三歲時看到的恆河水，過了十年，恆河水的水性，有沒有變化？」

　　波斯匿王回答說：「我三歲看恆河水，十三歲看恆河水，乃至於現在看到恆河水，水的本性都沒有變化。」

　　〔註解〕①水：指恆河水的本質、濕性。水雖會污濁變化，但是水的本質作用永遠不變。

　　佛言：汝今自傷髮白面皺。其面必定皺於童年。則汝今時，觀此恒河，與昔童時，觀河之見①，有童耄不。王言：不也，世尊。佛言大王。汝面雖皺，而此見精②，性未曾皺。皺者為變。不皺非變。變者受滅。彼不變者，元無生滅③。

　　佛說：「你現在感傷自己髮白面皺，臉上皺紋肯定比小時候多。但是你看見恆河，那個『能見的本性』有沒有年少、年老的差別呢？」

　　波斯匿王回答說：「沒有，世尊。我『能見的本性』沒有差別。」

　　佛說：「大王！你現在臉皮雖然變皺了，但是你『能見的本性』始終沒變。所以說會變皺的，屬於變化；不會變皺的，屬於沒變化。會變化的東西，就會消滅；沒有變化的東西就不會消滅。那個沒變化的見性（真心），原本就沒有生滅。」

　　〔註解〕①見：「見聞嗅嚐覺知」是心的作用。②見精：見精就是見性。心表現在眼睛叫「見性」，表現在耳朵叫「聞性」。如佛在《楞嚴經》說：「燈能顯色，如是見者，是眼非燈；眼能顯色，如是

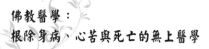

見性，是心非眼。」③元無生滅：自然存在，本無生滅。

云何於中受汝生死？而猶引彼末伽黎①等，都言此身死後全滅。王聞是言。信知身後捨生趣生。與諸大眾，踊躍歡喜，得未曾有。」

佛說：既然身體滅後，還有一個不滅的見性。那麼外道說「我們的生命死後就全部消滅了」這種話怎能相信？也就是說：我們死後，身體雖然會消滅。但那個了知萬物的「心」卻常住不滅，繼續迎向來生。波斯匿王跟大眾聽到這個答案後，確信人死後還有來世，內心雀躍萬分，感到前所未有的快樂！【延伸閱讀】淨界法師《大佛頂首楞嚴經》講記。

〔註解〕①末伽黎：六師外道之一。六師外道有三個老師末伽黎、迦旃延、毗羅胝子等，都認為人死後全滅。

六、死亡到投胎的中間站 — 中陰身

人死後，阿賴耶識（又稱心、神識、魂靈）會產生一個化身，稱中陰身，一般人叫靈魂。一般人死後皆有中陰身。但有三種人未經中陰身即能轉世投胎：1.發願往生淨土者，臨命終時，佛菩薩接引往生淨土。2.大善人，死後瞬間轉生天堂。3.大惡人，命終直入地獄。

中陰身特質

世親菩薩在俱舍論說，中陰身有五個名字，分別是：一「意生身」，由意識幻化而來。二「求生」經常尋察投生之處。三「食香」，依喜愛的氣味來維持身體。四「中有」，死後到下一期生命開

始之前的化身。五「起」，自然生起，不藉父母之緣。如佛在《雜阿含經》說：「世尊告四大天王，即此巴連弗邑國中，當有大商主，名曰須陀那，中陰①眾生來入母胎。彼眾生入母胎時，令母質直柔和，無諸邪想，諸根寂靜。」

〔註解〕①中陰：中陰身又名中有、中蘊。即人死了，尚未投胎之前的化身。

〔實例〕大甲溪石岡水壩下方 200 公尺豐榮水利碑，以前每年常有許多泳客在此溺斃，依習俗會在屍體上覆蓋白布。2010.11.16 我到那兒，一位老太太告訴我：我經常看到好多穿白衣的鬼魂在溪裡玩耍，袘們在那裡等待「抓交替」。我問：袘們死後與生前長相有何不同？老太太說：我看到他們的鬼魂，都比生前還年輕一些。」

期待超度

死後的中陰身進入陰間受審，審定之後，隨業轉世投胎。但在還沒決定之前，亡者期盼親屬於 49 日內廣造眾善，親屬如能為亡者廣修聖因，便能幫助亡者，脫離惡道轉生善道，如佛在《地藏菩薩本願經》說：「是諸眾生所造惡業……審定之後據業受生……在七七日內念念之間，望諸骨肉眷屬與造福力救拔，過是日後隨業受報。」

隨業受生

中陰身帶著生前所造的善惡業，隨業受生。造善業多則生三善道（天、修羅、人），造惡業多則生三惡道（惡鬼、畜生、地獄）在六道生死輪迴不止。如佛在《六度集經》說：「夫生必有老死之患。魂靈①不滅即更受身。」在《雜阿含經》說：「人有生分，必當有老死，亦由生眾生流轉迴趣五道②，亦由神識③遷轉不停」在《密嚴經》說：「阿賴耶識，從無始來為戲論④熏習，諸業所繫輪迴不已⑤。」在《增壹阿含經》說：「世尊告諸比丘。有此四生，云何為

四？所謂卵生、胎生、濕生、化生。彼云何名爲卵生？所謂卵生者：雞、雀、烏、鵲、孔雀、蛇、魚、蟻子之屬皆是卵生，是謂名爲卵生。彼云何名爲胎生？所謂人及畜生，至二足蟲，是謂名爲胎生。彼云何名爲因緣生？所謂腐肉中蟲、廁中蟲、如尸中蟲，如是之屬，皆名爲因緣生。彼云何名爲化生？所謂諸天、大地獄、餓鬼、若人⑥、若畜生⑦是謂名爲化生。」

〔註解〕①魂靈：同心、神識、阿賴耶識。②五道：天、人、動物、鬼、地獄等五道，再加阿修羅爲六道。③神識：同阿賴耶識。④戲論：比喻如小兒遊戲，從事無義之言論。凡無助於解脫之言論皆是戲論。⑤諸業所繫輪迴不已：眾生被自己的善惡業捆綁、牽引而在六道輪迴不停。⑥若人：像人一樣的非人。⑦若畜生：像動物的形象，但非動物。

七、從中陰身，到投胎的過程

中陰身（神識、阿賴耶識）如何進入母胎受生呢？以下摘錄《大寶積經》作說明。

〔經文〕《大寶積經》：佛告難陀：雖有母胎，有入不入。云何受生入母胎中？若父母染心共爲淫愛，其母腹淨，月期時至，中蘊①現前，當知爾時名入母胎。此中蘊形，有其二種：一者、形色端正，二者、容貌醜陋。地獄中有②，容貌醜陋，如燒杌木；傍生中有，其色如煙；餓鬼中有，其色如水；人天中有，形如金色；色界中有，形色鮮白；無色界天，元無中有，以無色故。中蘊有情，或有二手、二足，或四足、多足，或複無足，隨其先業應托生處，所感中有即如彼形。若天中有，頭便向上；人、傍生、鬼，橫行而去；地獄中有，頭直向下。凡諸中有，皆具神通，乘空而去。猶如

天眼遠觀生處，言月期至者，謂納胎時。

〔淺譯〕淺譯，參考佛教大日網。

佛告訴難陀：雖然有個母體，但母體有時能懷孕，有時不能懷孕。中陰身怎樣才能進入母體受胎呢？假使母親的月經過了，又正好處於排卵期。這時候父母兩人動了情欲，進行房事。準備投胎的中陰身出現就會進入母胎。中陰身的相貌有兩類：一類形色端正、一類容貌醜陋。轉生地獄的中陰身容貌醜陋，就像燒焦扭曲的木頭；轉生畜生的中陰身，形色就像煙霧一樣；轉生餓鬼的中陰身，形色就像水一樣；轉生人道、欲界天的中陰身，形色爲金色；轉生色界天的中陰身，形色鮮白；轉生無色界天，無形無色，所以沒有中陰身。這些中陰身，有的是兩隻手、兩隻腳；有的是四隻腳，或很多腳；有的是沒腳。隨著每個眾生先前所造的業因，應該轉生到那個業道，中陰身就會呈現那個業道的形象。如果轉生天上，中陰身的頭朝上方；如果轉生爲人、畜牲、餓鬼，中陰身面向前方而去；如果轉生地獄，中陰身的頭朝下方。中陰身都有神通，可以乘空飛行。好像是天眼通能夠觀察遠處即將誕生的地方，也是就是看到女人的排卵期到了，可能有受胎的時機點。

〔註解〕①中蘊：蘊，蘊藏大量業因種子。中蘊指蘊藏業因種子的中陰身。②中有：中陰身。

難陀，有諸女人，或經三日，或經五日、半月、一月，或有待緣經久期水方至。若有女人，身無威勢，多受辛苦，形容醜陋，無好飲食，月期雖來速當止息，猶如乾地灑水之時即便易燥。若有女人，身有威勢，常受安樂，儀容端正，得好飲食，所有月期不速止息，猶如潤地水灑之時即便難燥。云何不入？父精出時，母精不出；母精出時，父精不出；若俱不出，皆不受胎。

難陀。有些女人或經過三天，或五天、半個月、一個月，甚至過了很久才排卵。有的女人身體不好，多受辛勞，容貌醜陋，沒有好的飲食，雖然到了排卵期卻很快就結束了，就像在乾燥的地面灑水，一下子就乾了。有的女人身體健康，常受安樂，儀容端正，得到好的飲食，排卵期不會很快結束，就像在濕潤的地面灑水，不會很快就乾了。什麼情況不能入胎呢？父親射精，而母親當時沒有排卵；或者母親排卵，父親沒有射精；或者精子、卵子沒有釋放，這些情況下都不會受胎。

若母不淨①、父淨②：若父不淨、母淨；若俱不淨，亦不受胎。若母陰處為風病所持，或有黃病痰癊，或有血氣胎結，或為肉增，或為服藥，或麥腹病、蟻腰病，或產門如駝口，或中如多根樹，或如犁頭，或如車轅，或如藤條，或如樹葉，或如麥芒，或腹下深，或有上深，或非胎器，或恒血出，或複水流，或如鴉口常開不合，或上下四邊闊狹不等，或高下凹凸，或內有蟲食爛壞不淨。若母有此過者，並不受胎。或父母尊貴，中有卑賤；或中有尊貴，父母卑賤，如此等類，亦不成胎。若父母及中有俱是尊貴，若業不和合，亦不成胎。若其中有，於前境處，無男女二愛，亦不受生。

如果母親無卵子，父親有精子；或父親有精子，母親無卵子；或者父母兩人皆無精子卵子，也不會受胎。如果母親有一些不能受孕的疾病（詳經文）也不會受胎。或者父母尊貴，而中陰身卑賤；或者父母卑賤，而中陰身尊貴，這樣也不能受孕成胎。如果父母和中陰身都尊貴，但是業緣不合，那麼也不會入胎。如果等著入胎的中陰身，沒有碰到男女的房事，那麼也無法受孕成胎。

〔註解〕①母不淨：指母親無卵子。②父淨：父親有精子。

難陀，云何中有得入母胎？若母腹淨，中有現前，見為欲事，無如上說眾多過患，父母及子有相感業，方入母胎。又彼中有欲入

胎時，心即顛倒，若是男者，於母生愛，于父生憎；若是女者，于父生愛，於母生憎。于過去生所造諸業，而起妄想作邪解心，生寒冷想，大風、大雨及雲霧想，或聞大眾鬧聲。作此想已，墮業優劣，複起十種虛妄之相。云何爲十？我今入宅，我欲登樓，我升台殿，我升床座，我入草庵，我入葉舍，我入草叢，我入林內，我入牆孔，我入籬間。難陀，其時中有作此念已，即入母胎。應知受生，名羯羅藍①。父精母血非是餘物，由父母精血和合因緣，爲識②所緣依止而住。譬如依酪、瓶、鑽、人功，動轉不已，得有酥出，異此不生；當知父母不淨精血羯羅藍身亦復如是。

　　那麼，中陰身怎樣才能進入母胎呢？如果母親不在月經期間，父母在行房時精子進入母體使卵子受精，正好中陰身現前，而且父母都沒有上面說的各種問題。同時，父母和準備入胎的中陰身，又有相應的業緣，那麼這個中陰身才能入胎。中陰身要入胎的時候，會產生一些顛倒妄想。如果投胎爲男的話，會對母親產生愛欲，而討厭父親；如果投胎爲女的話，對父親產生愛欲，討厭母親。由於過去生所造的業因，中陰身還會生出其他的妄想。有些生出寒冷感受，有些出現大風、大雨的境界，也有些出現雲霧，或者聽到眾人的吵鬧聲。這些境界出現後，爲了避寒、躲風、躲雨，或爲了逃避喧鬧，隨著各人業力不同，又生起十種虛妄的境界和想法：躲進屋內、爬上樓去、走上陽臺、坐上高位、躲進草屋、躲進樹葉搭起的小棚、鑽進草叢、躲到樹林、鑽進牆孔、穿入籬間。中陰身生起這些妄想後，就被拘禁進入子宮受胎了。我們應當知道，受生就是父親的精子和母親的卵子結合的那一瞬間，中陰身進入受精卵，這時中陰身即滅，心識就入住受精卵裡，新的生命也就從那瞬間開始了。譬如藉著乳酪、瓶子、鑽具、人工不停的轉動，就有酥油出來，當知父精、母卵與心識結合而生的胚胎生命也是這樣來的。

〔註解〕①羯羅藍：（梵 kalala）指中陰入住受精卵的七日間猶如熟乳凝結之狀態。②識：阿賴耶識所變化而生的中陰身入胎後即滅，又恢復爲阿賴耶識。

復次，難陀，有四譬喻，汝當善聽。如依青草，蟲乃得生，草非是蟲，蟲非離草；然依於草因緣和合，蟲乃得生，身作青色。難陀當知，父精母血羯羅藍身亦複如是，因緣和合大種根生①。如依牛糞生蟲，糞非是蟲，蟲非離糞；然依於糞因緣和合，蟲乃得生，身作黃色。難陀當知，父精母血羯羅藍身亦復如是，因緣和合大種根生。如依棗生蟲，棗非是蟲，蟲非離棗；然依於棗因緣和合，蟲乃得生，身作赤色。難陀當知，父精母血羯羅藍身亦複如是，因緣和合大種根生。如依酪生蟲，身作白色，廣說乃至因緣和合大種根生。

神識與受精卵的關係，可用四種譬喻來說明：一例如草蟲依附在青草才得以生長，青草並不是蟲的生命，但是草蟲卻依賴著青草才得以生存。由於以草爲生，所以草蟲的身體長得跟草的顏色一樣。父精母卵結合的受精卵也是一樣，因緣和合就長出身體和感官。二又好比牛糞生出的蟲，牛糞當然不是蟲，但是離開了牛糞，也就沒有了蟲，蟲卵須依附在牛糞上，才能生出蟲來。這蟲的顏色，便接近牛糞的顏色。三又如棗子生蟲，棗子不是蟲，但是離開了棗子，就生不出這蟲。這種蟲的顏色就類似棗子，是紅色的。四好比乳酪生的小白蟲，也是同樣道理。事實上，所有的生命現象，都是因緣聚合而來。

〔註解〕①大種根生：大種指四大地水火風組成的身體。指胚胎的眼耳鼻舌身意諸根，逐漸生長。

復次，難陀，依父母不淨羯羅藍故，地界現前，堅鞕爲性；水界現前，濕潤爲性；火界現前，溫暖爲性；風界現前，輕動爲性。

難陀，若父母不淨羯羅藍身，但有地界，無水界者，便即乾燥悉皆分散；譬如手握乾麨灰等。若但水界，無地界者，即便離散；如油渧水。由水界故地界不散，由地界故水界不流。難陀，羯羅藍身，有地、水界，無火界者，而便爛壞；譬如夏月陰處肉團。難陀，羯羅藍身，但有地、水、火界，無風界者，即便不能增長廣大。此等皆由先業爲因，更互爲緣，共相招感，識乃得生。地界能持，水界能攝，火界能熟，風界能長。

由於受精胚胎來自父母的精子卵子，所以這個新生命就遺傳了父母的地水火風四大的特質。所謂地大，堅性如「地」如骨骼、牙齒、毛髮。水大，濕性如「水」，如血液、唾涕、大小便。火大，熱性如「火」如身體的熱度。風大，動性如「風」如一呼一吸。胚胎生命如果只有地大，沒有水大，那就會乾燥分散開來，好像用手抓一把乾麵粉，怎麼也捏不在一起。如果只有水大沒有地大，那麼就會四處流散。好比油滴在水上，怎麼也不會凝聚在一起。由於水大的作用，地大才能凝聚在一起。相對的由於地大的作用，水大才不會流散。難陀，胚胎但有地水火界，無風界者，便無法生長。如果只有地大、水大的成分，缺少火大的功能，它就會像夏天放在陰暗處的一塊肉，很快就爛了。如果受精卵只具備地大、水大、火大，但是缺少風大的話，這個胚胎就不會一直成長。胚胎生命，所具備的各種遺傳特性，乃至日後的發育、成長狀況，都由各個生命先前所造的業因而來。胚胎生命裡頭的心識與物質之間，相輔相成，才能不斷的成長。

難陀，又如有人若彼弟子熟調沙糖，即以氣吹令其增廣，於內虛空猶如藕根。內身大種，地、水、火、風業力增長亦復如是。難陀，非父母不淨有羯羅藍體。亦非母腹。亦非是業，非因非緣；但由此等眾緣和會，方始有胎。

　　歸納來說，地大有把持的功能；水大有收攝的作用；火大能幫助發育成熟；風大則促使成長。譬如吹糖人的師徒，利用特製的麥芽糖，吹出各種形狀的東西，其實裡面如中空的蓮藕那樣。四大所構成的身體，也是同樣的原理，藉著父母精卵物質基礎，以及自己所挾帶的業因種子，相互為緣，漸漸成長。

　　難陀，並不是有父精母卵，就一定會形成胎兒。也不是因為有子宮就一定能孕育新生命。也不是因為阿賴耶識挾帶各種善惡業種子，就能憑空誕生生命。一個新生命的誕生，是必須同時具備以上所說的各種因緣和合了，才會產生。

　　如新種子，不被風日之所損壞，堅實無穴，藏舉合宜。下于良田，並有潤澤，因緣和合方有芽莖，枝葉華果次第增長。難陀，此之種子，非離緣合，芽等得生。如是應知，非唯父母，非但有業及以餘緣，而胎得生。要由父母精血因緣和合，方有胎耳！難陀，如明眼人為求火故，將日光珠置於日中，以幹牛糞而置其上，方有火生。如是應知，依父母精血因緣合故，方有胎生。

　　譬如一顆新種子，沒被強風日曬所傷，也沒其他損傷，這顆保存良好的種子。把它種到良田裡，給予澆水。在各種條件配合下，這顆種子才會發芽長出枝葉，然後開花結果，繼續成長。難陀，這顆種子如果沒有各種因緣配合，是不會發芽成長的。由此可知並不是父母結合就會誕生新生命。也不是中陰身攜帶業因種子就能入胎。必需要父精母卵，再配合各種因緣，才會誕生新生命。好比要取火的話，就要把放大鏡對著陽光，聚焦在乾牛糞上過一段時間才會生起火來。同樣的道理，父精母卵還需要其他因緣的配合，才可能受孕成胎。

　　父母不淨成羯羅藍，號之為色①。受、想、行、識即是其名②，說為名色③。此之蘊聚可惡名色④托生諸有⑤，乃至少分剎

那，我不讚歎。何以故？生諸有中，是為大苦！譬如糞穢，少亦是臭。如是應知生諸有中，少亦名苦。此五取蘊⑥色、受、想、行、識，皆有生、住、增長及以衰壞。生即是苦，住即是病，增長衰壞即是老死。是故，難陀，誰於有海⑦而生愛味？

　　父母精卵結合而成的胚胎生命，具備五蘊色、受、想、行、識的功能。五蘊身心的功能即是追求五欲六塵而造諸業，造業就會投胎受生。不管投胎在那個生命領域，都不會有得到一絲一毫的讚美。為什麼呢？因為只要誕生在三界都要承受大苦。好比又髒又臭的糞便，即使少量，也是臭的。同樣道理，只要出生在六道，不論那一道，煩惱、痛苦再少，也還是沒有脫離痛苦。這個五蘊（色受想行識）身心，一直處在出生、暫住、成長老化、衰壞死亡的變化當中。出生即是痛苦，暫住即會生病，增長衰壞就會老死。所以，搞清楚生命是怎麼一回事，誰還會在這輪迴苦海中愛戀不捨呢？

　　〔註解〕①色：物質、身體、胚胎。②受、想、行、識即是其名：名指心識。心識具受想行識之作用。③名色：阿賴耶識進入父母受精卵，成為具身心意識的生命體，稱名色。④蘊聚可惡名色：五蘊色受想行識即是為迷惑、貪愛、煩惱、累積惡業因種的身心活動，這樣的身心內涵當然令人厭惡。⑤托生諸有：諸有，指三有即三界。指出生於三界六道中。⑥五取蘊：執取貪愛之五蘊。⑦有海：三界六道輪迴的大海。

八、在「穢土」世界，誕生

　　佛把世界分為兩類，一類是淨土，二類是穢土。**淨土**世界，衣食自然，沒有老病死憂悲惱苦。如佛在《阿彌陀經》說：「其國眾生，無有眾苦，但受諸樂，故名極樂。」在《海龍王經》說：「心有

所念，衣食、室宇所欲隨意，悉自然至。」

　　由於前世業因，新生命誕生在「穢土」承受果報。我們居住的「穢土」（地球）稱爲「娑婆世界」。所謂「娑婆」就是說這世界的生活環境極爲惡劣，充滿八苦、三苦、無量苦，而且眾生的貪嗔癡煩惱厚重，更可怕的是宇宙中最貪婪、最邪惡、最難教化，一千零四佛不敢收容的大惡人，統統聚集在我們世界。因此這世界的眾生常造十惡、五逆，到處充滿天災人禍，常聞各種痛苦聲音。

　　如佛在《大寶積經》說：「娑婆世界，具足三毒苦惱眾生之所聚集……何故名爲娑婆世界。佛言。彼界堪忍貪恚愚癡及諸苦惱。是故名爲娑婆世界。」在《菩薩處胎經》說：「處娑婆界，五苦五惱劫」在《無量壽經》說：「唯此間多惡，無有自然，勤苦求欲，轉相欺殆，心勞形困，飲苦食毒，如是匆務，未嘗寧息。」在《悲華經》說：「有諸眾生多行貪淫、瞋、癡、憍慢……是一千四佛所放捨者。所謂眾生厚重煩惱，五濁惡世，能作五逆①……勤行十惡②……不知親近眞實智慧……爲癡所盲，離諸善業，專行惡業。如是眾生，諸佛世界所不容受，是故擯來集此世界。邪道重惡之罪積如大山……常爲邪道之所覆蔽③：破壞眾人和合聲④、他方國賊兵甲聲⑤、飢餓聲⑥、穀貴偷盜聲⑦、邪婬妄語狂癡聲⑧、兩舌惡言綺語聲⑨、慳貪嫉妒攝取聲⑩、若我我所鬬諍聲⑪、憎愛適意不適意聲⑫、恩愛別離憂悲聲⑬、怨憎集聚苦惱聲⑭……寒熱飢渴疲極聲⑮、耕犁種殖忽務聲⑯、種種工巧疲厭聲⑰、疾病患苦羸損聲⑱，是時眾生各各常聞如是等聲。」在《大寶積經》說：「娑婆世界，具足三毒苦惱眾生之所聚集……眾生心行險詖，難可調伏。」在《大般涅槃經》：「所謂八苦：一生苦。二老苦。三病苦。四死苦。五所求不得苦。六怨憎會苦⑲。七愛別離苦。八五受陰苦⑳。」

〔註解〕①五逆：殺害父母、出佛身血、殺阿羅漢、破和合僧、誹謗佛法。②十惡：殺、盜、邪淫、兩舌、妄語、惡口、綺語、貪、瞋、邪見等。③常爲邪道之所覆蔽：如邪師說法。④破壞眾人和合聲：如政治上離間他人。⑤他方國賊兵甲聲：戰爭之苦。⑥飢餓聲：如東非超過 2,200 萬人處於糧食危機。⑦穀貴偷盜聲：如香蕉價揚頻被偷。⑧邪婬妄語狂痴聲：如色情影片。⑨兩舌惡言綺語聲：如政治惡鬥。⑩慳貪嫉妒攝取聲：如婆媳爭鬥。⑪若我我所鬥諍聲：如兄弟爭產。⑫憎愛適意不適意聲：如婚姻衝突。⑬恩愛別離憂悲聲：如所愛被殺。⑭怨憎集聚苦惱聲：如年金改革爭鬧。⑮寒熱飢渴疲極聲：如集中營。⑯耕犁種殖忽務聲：耕作辛勞痛苦聲。⑰種種工巧疲厭聲：工匠疲累痛苦聲。⑱疾病患苦羸損聲：病人疼痛哀嚎聲。⑲怨憎會苦：冤家路窄，討厭的人偏偏相遇。⑳五受陰苦：五蘊熾盛苦，又稱健康苦。爲了慾望，身心強烈活動，心中產生焦燥、苦悶的痛苦。

問：出生於「穢土」與「淨土」的差別

答：「穢土」世界，是生死凡夫所居住的地方；「淨土」世界，是諸佛、菩薩、阿羅漢所居住的地方。

1.「穢土」世界，有生老病死憂悲惱苦，及無盡的輪迴。我們人類目前就居住在穢土世界。因爲眾生心被無明汙染包覆，成爲妄心，這妄心便創造了一個病態、狂亂的「身、心、世界」。

淨土與穢土何事易得、何事難得？佛在《解深密經》說：「曼殊室利菩薩復白佛言：世尊！諸穢土中何事易得，何事難得？諸淨土中何事易得，何事難得？佛告曼殊室利菩薩曰：善男子！諸穢土中八事易得，二事難得。何等名爲八事易得：一者外道①、二者有苦眾生②、三者種姓家世興衰差別③、四者行諸惡行④、五者毀犯尸羅⑤、六者惡趣⑥、七者下乘⑦、八者下劣意樂加行菩薩⑧。何等名爲二事難得？一者增上意樂加行菩薩之所遊集⑨。二者如來出現

於世⑩。曼殊室利！諸淨土中與上相違，當知八事甚爲難得二事易得。」

〔註解〕①外道：大部分人都修外道法。所謂外道就是不追求正法，不懂熄滅貪瞋痴及解脫眞理。外道重視修福，雖然也有初步的淨心，但是沒有依據佛經理論，因此只能生天獲得短暫安樂，無法脫離輪迴。②有苦眾生：穢土謀生困難，爲了謀生容易造惡業而受苦報。因此穢土眾生充滿三苦、八苦、無量苦。③種姓家世興衰差別：高貴家族，跟中下階層的生活環境差異極大。④行諸惡行：常造各種惡業。⑤毀犯尸羅：犯戒，尸羅就是戒。⑥惡趣：穢土容易造惡、犯戒所以容易墮三惡道。⑦下乘：就算有修行，努力程度和境界也屬下品。⑧下劣意樂加行菩薩：雖然修菩薩道，但喜歡追求身心欲樂，低級好玩的活動。「下劣意」指五欲之樂。「加行」努力增加身口意業行。⑨增上意樂加行菩薩之所遊集：修行禪定、解脫智慧的團體很少。「增上意」就是定、解脫、解脫智慧。

2.「淨土」世界，那兒有無窮的快樂，沒有老病死憂悲惱苦。如佛在《阿彌陀經》說：「其國眾生，無有眾苦，但受諸樂，故名極樂。」在《海龍王經》說：「心有所念，衣食、室宇所欲隨意，悉自然至。」

九、心，有大力「世界」生

新生命從母胎誕生後，逐漸成爲雙手萬能的人類。靠雙手生產食物、開山闢路、建築房屋……等不僅創造食衣住行育樂，還有手機、電腦、電視、汽車、火車、飛機等也都是心指揮雙手創作而生。而且不僅外在萬物是心造（人造）。從更深層、更遙遠前世來看，連我們的身心世界也全是心所生、所造。如佛在《大乘本生心

地觀經》說：「心有大力世界生。」在《正法念處經》說：「因心故有作……一切皆心作。」在《諸法集要經》說：「一切唯心造，果①亦從心得，心若種種生，彼果亦如是，心如彩繪者，畫三界②眾生。」

〔註解〕①果：結果報應。②三界：欲界、色界、無色界。三界指從天堂、阿修羅、人間、畜生、鬼道到地獄裡的一切。

　　心，如何「生出」我們的身心世界？以下這段佛經，這麼說：
　　《華嚴經》說：「心……譬如工畫師，分佈諸彩色……心中無彩畫，彩畫中無心，然不離於心，有彩畫可得。彼心恒不住，無量難思議，示現一切色，各各不相知。譬如工畫師，不能知自心，而由心故畫，諸法性如是。」

　　〔淺釋〕心，譬如一個繪畫師，能在空白的畫布上，畫出五彩繽紛的山河大地、人生百態。畫家的心原本是空的，卻能一筆一筆的畫出美麗的畫作。畫作完成之時，畫家的心早已不在作品上面，但若沒有畫家的用心怎會有畫作？畫家一下想東、一下想西，產生無窮無盡的靈感，心真是不可思議啊！畫作中的山河大地、人生百態，各各不瞭解自己的造化。畫家其實也不瞭解自己的心，卻能憑著心情與想像做畫，我們的心就如同這位畫家，繪畫創造了整個世界，不僅語言文字，食衣住行育樂、生活方式……等世間萬物都是心所生、所造的。還有我們的身體、疾病也是心造的。連我們居住的世界，也都是眾生心共同創造出來的。雖然心創造了整個身心世界，但我們自己卻不知道。

十、物質世界，如何產生？

佛說，三千大千世界（銀河系）是由無量的因緣所形成的，也是眾生的共業所引發的。如佛在《華嚴經》說：「佛子！譬如三千大千世界①，非以一緣，非以一事，而得成就，以無量緣、無量事，方乃得成。所謂：興布大雲，降霍大雨，四種風輪相續爲依。其四者何？一名：能持，能持大水故；二名：能消，能消大水故；三名：建立，建立一切諸處所故；四名：莊嚴，莊嚴分布咸善巧故。如是皆由眾生共業及諸菩薩善根所起，令於其中一切眾生各隨所宜而得受用。佛子！如是等無量因緣乃成三千大千世界，法性如是，無有生者，無有作者，無有知者，無有成者，然彼世界而得成就。」

〔註解〕①三千大千世界：一尊佛所教化的領域。三千大千世界相當於一個銀河系，也有人說相當於十億個銀河系。

十一、心，是一切存在的終極基礎

（一）綜觀「身、心、世界」

眾生的那一顆不生不滅的心（又稱眞心），創造了身、心、世界。一切物質畢竟成、住、壞、空。一切生命畢竟生、老、病、死。一切思想、意識畢竟生滅相續。所有物質、肉體、思想，皆因緣和合而生，緣散而滅。唯有那一顆不滅的眞心，非因緣生，故無生滅。眞心又稱佛性、如來藏、阿賴耶識、自性、本性。一切有情眾生都有眞心（佛性），佛性就是眞我。眞心爲一切現象之所依，也是世間萬物的緣起。如佛在《雜阿含經》說：「如眼耳鼻舌身意法，因緣生意識，三事和合觸，觸俱生受、想、思，此諸法無我無

常。」在《金剛經》說：「一切有爲法，如夢幻泡影，如露亦如電，應作如是觀。」在《央掘魔羅經》說：「自性心①如來藏。」在《大般涅槃經》說：「自性不從因緣。」在《楞伽阿跋多羅寶經》說：「若依若緣生，是名緣起。云何成自性？謂離名相、事相妄想，聖智所得，及自覺聖智趣所行境界，是名成自性，如來藏心。」在《華嚴經》說：「三界②所有，唯是一心③。」在《大般涅槃經》說：「一切眾生，悉有佛性，即是我義，如是我義，從本以來，常爲無量煩惱所覆，是故不能得見。佛性無生無滅，不從一切因緣生，是名常，常者即是如來。」在《大寶積經》說：「如來藏，不老不死、無量無邊、不生不滅、不常不斷……如來藏者，即是如來空性之智。如來藏者，一切聲聞獨覺所未曾見，亦未曾得。唯佛了知及能作證。

　　〔註解〕①自性心：指心之本性、不變之本質。故此不生不滅的心，又稱自性、本性。②三界：欲界、色界、無色界。三界指從天堂、阿修羅、人間、畜生、鬼道到地獄裡的一切眾生。③唯是一心：全是這念心所造、所生出來的。

（二）心的本質相貌

　　「心」無形無相、不生不滅、不增不減、不老不死，非世間語言所能描述。心的本性，極清淨、極光明、具足一切、具有大覺大能，無量智慧神通。六祖惠能開悟時說：「何期自性本自清淨！何期自性本不生滅！何期自性本自具足！何期自性本無動搖！何期自性，能生萬法！」哲學系葉曼教授說：「從根本上講，世間萬法，一切眾生皆從眞心幻現。然而這個眞心是層層幻現的……甚深細，不爲凡夫所感知。」如佛在《增支部①》說：「此心極光淨，而客塵煩惱雜染。」在《大寶積經》說：「心者無形不可觀見，道亦復然，亦無形色復不可見。」在《華嚴經》說：「一切眾生皆有如來智慧德

相，但以妄想、執著而不能證得。」在《華嚴經》說：「捨離音聲，言語道斷……一切諸法，捨離文字，言語道斷，而善能說一切文字。」在《大乘密嚴經》說：「阿賴耶識……圓滿清淨……譬如明月現眾國土，世間之人見有虧盈，而月體性未嘗增減……阿賴耶識恒與一切染淨之法而作所依。」

〔註解〕① 《增支部》：爲南傳藏經。

十二、科學和醫學證實「心靈不滅」

（一）大腦死亡，知覺反比生前更敏銳

問：眼睛瞎了，就看不見；心靈是大腦運作下的產物，大腦死了心靈不就隨之消逝？

答：人一斷氣，神識（阿賴耶識）脫離肉身，即具神通。縱然生前痛苦、喪失意識或殘障，神識離開肉體就不再感到痛苦，回復清醒意識，肢體殘障也能復原完美無缺。此時覺知能力，比生前敏銳七倍以上，故一上香，魂魄隨至，任何人前來探視均一目瞭然。古今中外眾多實例可證明，列舉如下：

1.〔瑞士〕知名的生死學大師依莉莎白‧庫柏蘿絲（Elisabeth Kubler-Ross）說「我曾訪問過幾名死而復活，全盲的病人，這些盲人連光線都無法感知，但他們卻能夠詳細描述被救醒的過程，還有進入房間的人所穿的領帶條紋，或襯衫、夾克的顏色。這些細節在全盲的狀態下是絕對看不到的，因爲全盲的人看不到任何事物，他們連光線陰影都看不見了，更何況是領帶的圖樣。」

2.〔美國〕《與死亡對談》作者康閣‧史東，記載：患者瑪莉亞在醫院急救時，很訝異發現自己，竟然跟身體分開了，並在醫院裡到處亂飛，後來醫生將她救活了，瑪莉亞告訴社工說，在急救時，我看到三樓窗外架子上有一隻運動鞋，社工爬到三樓窗外，果然證實該處有一隻運動鞋。又梅爾文‧莫爾斯醫生（Melvin Morse）說，他有一位 11 歲患者，心臟停止跳動了 20 分鐘，被救活後，他正確無誤地描述整個施救過程，彷彿眞的站在自己軀體外觀看一般。

以上證明，心靈可以不依附肉體繼續存活下來，而且靈魂不須藉助肉眼、耳朵來觀看聽取事物，也不用肉體的腦部來思考與記憶。

3.〔美國〕雷蒙‧穆迪博士的著作《生命之後的生命（Life after life）》是一部研究瀕死體驗的科學作品，本書改編成一部電影，YouTube 片名：「（2012 覺醒系列）每個人都是永生不朽的意識存在死後的世界」。本影片瀕死體驗者之描述摘錄如下：

①「在生命結束的那一刻，面前出現一幅景像，景裡包括我一生中所做過的每一件事，從出生到死亡那一刻，這些景象在傾刻間展現，我看見我生命中的每個小細節……。」如佛在《楞嚴經》說：「臨命終時，未捨煖觸，一生善惡俱時頓現。」

②「我看到我的父母，也看到我爺爺、奶奶、祖父母」、「有一天我們都會再相見，被已死的兄弟、愛人、親人、朋友迎接，這些來迎接的都好像在鼓勵我們，進入那一片慈祥的光中……我在經歷過那片光之後，又返回了人間」註：佛教認爲，這些親人可能是魔鬼所化，不能跟著他們走。

③「我脫離我的身體，我到過念頭所及的每一處……我可在紐約，可在德州朗維市，可在莫斯科……我可在任何地方，對我來說沒有時間、空間的距離。」

4.美國亞利桑那大學，在實驗室中做「個人意識不滅」試驗。藉由一批靈媒與亡者溝通，實驗顯示：「靈媒通常都能講出逝世親屬 80 多筆資訊，從姓名到個人怪癖，到他們的死亡過程實際細節」總體而言，這群靈媒的準確率達到 83%，研究團隊領導人蓋瑞・史瓦茲（Gary Schwarz）教授表示：「最簡單的解釋就是，那群靈媒和死者取得直接連繫。」來源《療癒場 256 頁》作者：琳恩・麥塔嘉。

5.蔣緯國在晚年病重時，看到過世的父親蔣介石、國父孫中山及戴季陶等長輩前來探望，還見到了白衣觀音菩薩。在接受《時報週刊》記者採訪時蔣緯國說：「當然你們一定會說這是一種幻覺，但是，這究竟是怎麼一回事，我也無從證明，但是對我來說，這是一清二楚的，確確實實的。」

6.1963 年獲諾貝爾醫學獎的英國科學家約翰艾克理教授（Sir John Eccles）在他的獲獎論文中說：「神經細胞彼此之間有無形的溝通物質，這就是靈魂的構成。人體內蘊藏著一個非物質的思想與意識力的『我』，它控製著大腦，就好比人腦指揮計算機，它使大腦內的腦神經細胞發動工作，這種非物質的『識我』，在肉體大腦死亡之後，仍然存在並仍能有生命活動形態，可以永生不滅。」英國著名科學家柏頗博士（Sir Karl Popper）經過實驗研究後，完全同意艾克理教授的結論。

7.英國基勒學院的麥楷博士（Dr.Donald Mackay）認為：「意識自我」與肉體的關係，類似數學方式與電腦行為功能的關系。「意識自我」決定和操縱肉體大腦的行為，「識我」掌握有自由的意志力，在其寄居的主體肉體及大腦死亡之後，「識我」仍然可以生存不滅。

8.諾貝爾醫學獎得主、英國著名醫學家約翰・艾克爾斯爵士（Sir John Carew Eccles）在他的獲獎論文中主張：「在人的身體內確

實有非物質的心識、意識，或者叫做心力的自我這種東西隱藏著，在胚胎時期或極年幼時，這種'自我"就進入到人體內的大腦之中。它能操縱大腦的一切功用，就像人腦掌控電腦一樣。人所擁有的這種無色、非物質的意識，可以指揮、控制屬於血肉之軀的大腦，它能讓大腦中的相關神經細胞從事在它指令指導下的具體工作。這樣的非物質形態的『自我』或心識，在大腦死亡之後依然存在，並仍擁有生命活動的形態，而且可以永生不滅。」

　　9.法醫的真實故事：請搜尋 YouTube《法醫驗女屍：這麼漂亮！慘遭跟回家糾纏》《楊日松驗屍怪事　無臉女屍難解凍》《死者沉冤莫白　高大成活見鬼？！》。

　　10 我小時候在彰化鄉下，看過亡靈附身在乩童身上與家人溝通，當時參加法會民眾約有 100 人。乩童先與亡靈取得連繫，不久亡靈附身在乩童身上，前來與家人對話，無論大小事都能對答無誤。最神奇的是，附身後乩童說話的語言、口音就變成亡者生前的模樣，隨著亡靈不同，乩童會說台語、客語、日語等，不論男女老少，聲音表情維妙維肖，我當時都看傻了。

（二）六道輪迴的證明

　　六道輪迴的真實故事，世界各地都有相當多的報導及著作，列舉如下：

　　1.一個美軍飛行員輪迴轉世的真實故事：YouTube 影片：兩歲小孩擁有 60 年前二次大戰記憶。美國書籍《靈魂轉生：一位二戰飛行員的前世今生（Soul Survivor: The Reincarnation of A World War II Fighter Pilot）》。

2.1959 年雲林縣麥寮鄉的「朱秀華借屍還魂」事件轟動了全臺灣。此事件證明人死後，靈魂還再度轉世投胎（來源維基百科與 YouTube 影片）。

3.《前世今生‧生命輪回的啓示》作者〔美國〕布萊恩‧魏斯（Brian L. Weiss）：「本書描寫發生在 20 世紀的眞實事件：病人凱瑟琳因焦躁症來找魏斯醫生治療，在被催眠後驚現 86 次生命輪迴！信奉科學的醫生甘冒職業風險，記錄此書，透露生命的不朽與眞義。」

4.請搜尋 youtube《聽的懂台灣國語的神犬》沒看影片您絕對不信，投胎成狗卻有人的記憶！

5.亞洲、台灣、中國等權威媒體報導：印度少年以蒼蠅、蜜蜂和蛇的形體，在同一家庭轉世了五次。

6.YouTube 影片《人體身心靈科學》作者，前台大校長李嗣涔說：「科學實驗證明，佛、神、靈界的存在。」

7.《生命不死：精神科醫師的前世治療報告》作者陳勝英醫師是一位基督徒，原本不相信因果輪迴的概念，但是他在美國加州先後爲兩位美國人進行催眠治療時，他們竟然講出自己根本不懂的東方語言，從吃驚、排斥而終於發願探究，後來又遇到更多被催眠到前世的案例，陳勝英才漸漸接受生命會輪迴的事實。

8.《天堂際遇：一位哈佛神經外科醫師與生命和解的奇蹟之旅》作者：伊本‧亞歷山大（Eben Alexander, M.D.）2013 年全美最暢銷非文學書。作者宣稱「在我昏迷的七天，不僅看見天堂的景象，親身感受到造物主的存在。」

9.《見證輪迴》作者劉因全是中國社會民主黨祕書長、社會民

主之聲報主編，本書敘述自己幾千年來的輪迴轉世以不同身分出現。

　　10.**我小學 4 年級，看見地獄火車與牛頭馬面：**台中市豐原區水源路有一座土地公廟，我小時候就住在附近，我常跟一群小孩爬到土地公屋頂上玩耍。我小學 4 年級暑假，又爬上土地公屋頂玩耍，這次我爬上葫蘆，坐在葫蘆上面，葫蘆下方就是土地公、土地婆。

　　我從葫蘆下來後就感覺頭暈，回到家裡：頭痛、頭暈、發高燒40 度，我媽媽馬上帶我到醫院打針吃藥，但都沒有效果。我每天痛得在床上打滾哭叫，此時我眼睛半閉（三分眼），眼前就突然出現一整片昏灰的空曠地，上面有火車在鐵軌上不停的奔走，鐵軌旁邊站著 10 多位男人，他們全身烏黑只穿短褲，手上拿著月牙劑（跟西遊記沙悟淨手上拿的武器一樣）。

　　這期間我只要半閉眼睛，就能夠隨時看到這個景象，我每天非常痛苦，直到第七天，媽媽從外頭回家，見我就說：「我剛才去問神明，神明說你坐在土地公的葫蘆上，才被土地公處罰。你真的有坐在土地公的葫蘆上面嗎？」我回答：「很多人都坐在土地公的葫蘆上，為什麼只有我被祂罰？」我媽媽準備供品，帶我去向土地公道歉，道完歉，我媽媽從土地公香爐內取出一點香灰，放在水杯中讓我喝下，結果非常神奇，竟然在我喝下後，頭痛、頭暈、發高燒的症狀，馬上就消失了。我半閉眼睛，再也看不到地獄火車與鬼卒。

　　推薦教材：1.《因果與人生》mp3 檔。從中國歷史名人談因果報應。主講，顏宗養老師（曾任政治大學佛學講師 20 多年）。2.《科學時代的輪迴錄》楊大省居士編。

十三、科學家與證道者解釋「一切唯心造」

（一）**心造物質**：國際知名作家琳恩・麥塔格特（LynneMcTaggart）在《念力的祕密：叫喚自己的內在力量》書中內容以普林斯頓大學、麻省理工學院、史丹佛大學和其他世界知名大學的尖端量子力學實驗為基礎，參與學者有普林斯頓工程學院院長羅伯待・楊恩（Robert Jahn）等三十餘位科學家。在這些量子物理學家所提到的眾多理論中，以「我創造自己實相」（Icreate my own reality）的概念最震撼人心，研究結果揭示：整個宇宙是由一個浩瀚的量子能量場互相連接而成。美國史丹佛研究院物理學家普索夫（Harold E. Puthoff）也發現，人的意識擁有力量，可以自我療癒，細胞和DNA都有能量和意識，整個宇宙有次結構基礎，萬事萬物藉此溝通。前述這些發現顯示：「宇宙萬物的任何意念，都是能量，都能互相溝通轉化成為物質。」

（二）**心造精神**：紐約大學醫學院的神經學家魯道夫・李納斯（Rodolfo Llinas）博士指出，我們所看到、聽到、觸到、嘗到和嗅到的一切實際上是純粹的精神營造。如果沒有大腦，也就沒有了這五感。實際上我們的感知，形成於我們大腦中已有的資訊，而不是外部的刺激。惠特利 1996 年的研究顯示，建立感知的資訊中至少 80%來自大腦內部，只有 20%的資訊來自外部世界。諾貝爾獎得主普里高金（Ilya Prigogine）的話來說：「我們所稱為現實的一切，都是通過我們所參與的積極營造，來顯現的。」

（三）**心造世界**：國防大學副教授盧國慶在《慧炬雜誌》第586期說到：量子科學家發現：物質實際只是一種波動的現象，並非實有，它是空的。現實世界與我們腦部和身體，都是由我們的「心」或「意識」所創造並且分別、執著出來的。大乘起信論云：「以心生則種種法生，心滅則種種法滅故。」佛陀在《正法念處經》說：「心能造作一切業，由心故有一切果。」又說：「心為一切

巧畫師，能於三界起眾行。」佛陀的教誨一再提醒我們：停止「心」的起心動念，才是與幻象宇宙告別，回歸實相（真實生命）的途徑。總的來說，量子力學是廿一世紀人類科學發展以來，最成功探討「意識」與「宇宙」的關聯性理論。而最令人訝異的是，它揭露出「心念不可思議的力量」，與佛典的智慧如出一轍，無怪乎愛因斯坦在他的日記裡寫道：「如果將來有一個能代替科學的學科，這一學科唯有佛教。」

（四）**知覺遊戲**：喜馬拉雅山下來的苦行僧——咕嚕，在主講《佛陀的生死觀與臨終前準備》時說：

①為何我們能夠看到、摸到？因為我們的感官能夠接收到這些頻率，其實看到、摸到，依據科學證明物質與精神的背後都只是能量，一切都是能量也就是波動。換句話說一切都是「知覺遊戲」，沒有生與死，只有「業」與「知覺」在發生。

②你的知覺都是幻象。一切都是能量，能量凝聚成物質，物質形成生命，生命形成知覺。

③當打坐進入深定，腦波調低，你會進入不同時空，看到不同世界。④這世界沒有時間、空間的存在，這是「知覺的錯覺」只有知覺，沒有物質，什麼都沒發生過，所以是「一切唯心所造」生命是「業的循環」生命的本質是「能量、知覺」而已，而且不生不滅不增不減。

（五）諾貝爾物理學獎得主楊振寧博士在《佛教與科學徹底相容》演講中說到：「佛經中很多論述，與現代科學驚人的吻合。大到宇宙的形成、太陽系及銀河系的構造，小到寄生蟲、微生物的觀察；甚至相對論、量子力學等尖端科學等，無一不證明佛教的真實性。」換句話說，科學家花費無數時間、金錢「往外」的物質世界探索，與佛陀於 2500 多年前「往內」的精神世界探索，兩者所得到的答案，竟然沒有不同。

第4章　人生疾苦生起的因緣：癌症的成因

　　本章以癌症爲例，解說生老病死苦生起的因緣。由於一切疾苦的起因、病因都一樣，只有成因（形成的助緣）略有不同。又佛法解說針對所有人，因此一切人生疾苦都適用，且應作爲參考。

　　「癌症的成因」爲醫學用語；「癌症生起的因緣」爲佛教用語。何謂「因緣」？「因」譬如種子；「緣」譬如幫助種子成長的土壤、陽光、水分。人爲什麼會得癌症？詳細說明如下：

一、眾生爲了五欲、六塵而造業

　　人類爲了追求「五欲」、「六塵」的滿足而造業。「五欲」有兩種：第一種是粗重的五欲財、色、名、食、睡，也就是對於金錢、男女色、名聲、飲食、睡眠等欲望的貪欲。第二種是廣泛的五欲色、聲、香、味、觸。色欲，眼睛喜歡看漂亮的東西。聲欲，耳朵喜歡聽悅耳的聲音。香欲，鼻子喜歡聞美妙的香氣。味欲，舌頭喜歡品嘗可口的味道。觸欲，肢體喜歡接觸舒適的東西。「六塵」色塵、聲塵、香塵、味塵、觸塵、法塵。眼貪好色、耳貪妙聲、鼻貪香氣、舌貪珍味、身貪細滑、意貪一切快樂。

　　三界六道眾生的一切快樂都是建築在五欲、六塵的追求與滿足之上。人類爲了追求五欲、六塵而從事身語意業（行爲），因爲這些

行為而招來身心疾苦，如佛在《雜阿含經》說：「欲者，謂：眼所識色，可愛、樂、念，染著色，耳聲、鼻香、舌味，身所識觸，可愛、樂、念，染著觸。……調伏愛欲心，是則黠慧者。」在《大乘本生心地觀經》說：「一切眾生以愚痴故，貪五欲樂……自業①所因，受大苦惱。」在《諸法集要經》說：「貪欲無厭足……常為六塵坌②、五欲之所牽③……昔耽於欲境，則為後過患。」在《巨力長者所問大乘經》說：「一切眾生，盛年壯色，身相充滿，貪著世間，縱五欲樂，筋血衰耗，病苦所侵。」

　　〔註解〕①業：業，就是行為、造作。業有三種：「身業」身所造的行為；「語業」言語表達的行為；「意業」貪瞋痴之思想。身語意三業，就是指人的一切思想、言語、行為。②六塵坌：六塵把心給污染了。③五欲之所牽：心被五欲牽引而造業。

二、病起於業

　　佛說，一切疾病，以及生老病死苦，全都是身語意「業」造成的。「業」是因，也是種子，種什麼業因，就會產生什麼果報。「業」又分三種：一共業，大家共同造成的，如空污。二自業，自己造成的，如熬夜。三前世業，前生造的業。癌症由「共業、自業、前世業」三業交互作用下產生。換言之，一個人是否罹癌？命運如何？都是「共業、自業、前世業」三業交織作用下的結果。如佛在《正法念處經》說：「一切眾生，共業①而行，隨所作業②，隨業受報。」在《大寶積經》說：「宿業③緣，今受此果報。」在《中阿含經》說：「彼眾生者，因自行業④，因業得報……何因、何緣男子、女人壽命極短？……壽命極長？……多有疾病？……無有疾病？」

〔註解〕①共業：大家共同造作的行為，如環境汙染、心靈汙染。②隨所作業：隨著自己行為。如愛吃燒烤、油炸食物。③宿業：前世造的行為。④自行業：同自業。

癌症就是「共業、自業、前世業」三業交織作用下的疾病，說明如下：

（一）共業

「共業」就是大家一起造業，一起承受業報。人類為了追求五欲六塵，共造十惡業：殺生、偷盜、邪淫、妄語、兩舌、惡語、綺語、貪、瞋、邪見」這些惡業，造成生態浩劫、心靈浩劫，形成污染身心的大環境，就是全球癌症發病率急遽上升的主因。如《2012年中國腫瘤登記年報》顯示：環境因素、生活方式是患癌人數日益增多的主要原因。如佛在《正法念處經》說：「一切眾生，共業而行。」在《長阿含經》：「身殺①、盜②、婬③。口兩舌④、惡罵⑤、妄言⑥、綺語⑦。意貪取⑧、嫉妒⑨、邪見⑩。」

〔註解〕①殺：殺人極重罪、不小心殺害小動物輕微罪。②盜：偷拿、騙取、竊取、強奪、霸占、吞沒等各種手段占有他人財物。③淫：不正當的性行為。④兩舌：挑撥離間、破壞人與人的感情。⑤惡罵：用惡毒、侮辱、不堪入耳的語言罵人。⑥妄語：說謊、騙人。⑦綺語：令人產生邪念、淫念、惡念，或沒有意義的言語。⑧意貪取：想非分占有或貪得無厭。⑨嫉妒：他人勝過我心生妒恨。⑩邪見：歪曲事理，不正確的思想、見解。

人類製造哪些污染身心的大環境，幫助癌症發生？說明如下：

1.污染身體之共業，是得癌助緣

（1）生命四要素，充滿致癌物質

世界人口快速增加 2021 年 11 月達到 78 億人。人類排放大量的廢水、廢氣、垃圾與熱氣，導致有毒的空氣、水和食物，充斥於天地之間，並造成全球暖化。導致孕育生命的「四大」地水火風，含有無數的致癌因素。因為人體由「四大」構成，如佛在《長阿含經》說：「此身是四大合成。」人體長期吸收有毒物質，毒素累積夠了就會形成癌細胞。以下針對「四大」含致癌毒素的說明：

①地的污染

2019 年 5 月 7 日（BBC 中文網）聯合國全球環境報告：人類每年向世界水域傾倒 3 億至 4 億噸的重金屬、溶劑、有毒污泥和其他廢物，而污染土壤。張尊國教授指出，台灣大約有 7 萬 9 千家工廠，其中為數眾多的工廠仍可能以暗管方式排放廢水進入農田……不肖的電鍍、金屬表面處理業，沒處理好廢水，直接排入水道長期累積而污染土地。

②水的污染

工業廢水、生活污水、農業汙水、醫療廢棄物、海洋廢棄物、船舶漏油等，排入河川海洋，長期飲用污染的水容易誘發癌症。綠色和平發布「海鮮中的塑膠」報告，每年約有 800 萬噸塑膠流入海洋，碎裂成塑膠微粒，成為魚、蝦、貝類的食物，再經由食物鏈，通通被人類吃下肚，造成食安危機。

③火的污染

火的概念，包括全球暖化、極端氣候、電磁波、核輻射。全球暖化讓海平面上升、降雨量及降雪量改變，這些變化促使極端氣候更強、更頻繁，如洪水、旱災、颶風和龍捲風。中醫黃帝內經說「夫百病之生也，皆生於風寒暑濕燥火，以之化之變也。」人類習

慣某種溫度，突然改變，死亡率就升高。中原大學研究指出，當氣候溫度小於攝氏 15 度或大於 32 度時，人類的死亡率最高。

電磁波：世界衛生組織（WHO）歷時 10 年訪問 13 國 12800 名腦瘤患者，分析結果發現，使用手機長達 10 年以上，罹患腦瘤的風險大為增加。

核輻射：國際原子能總署指出 1986 年蘇聯車諾比核電廠發生爆炸，造成 4,000 人將死於癌症。福島核電廠事故 6 年以來共有 152 青少年確診罹癌。台北民生別墅輻射鋼筋事件，陸續有居民傳出罹患白血病、甲狀腺癌、乳癌等病。

④風的污染
室內或戶外空氣中普遍存在大量有害化學物質，會增加得癌機率。世界衛生組織（WHO）公告，細懸浮微粒 PM2.5 是一級致癌物。空污已經成為肺癌超級殺手，2014 年「全球癌症報告」指出，肺癌是中國與全球癌症死因之首。以上資料：摘錄自公共電視、維基百科、環境資訊中心、台灣環境資訊協會

（2）違反自然的生活方式
全球化競爭，導致生活緊張，人們普遍久坐、久站、熬夜、睡眠不足。人類由農業時代的體力活動，轉為工商社會的腦力活動。鄉野生活變成都市生活。生活空間狹小，室內室外空汙嚴重，往日的健康生活環境，已不復得。大家講究方便、省錢、精緻、漂亮，外食、缺乏運動、常接近電磁波。為了紓解壓力，放鬆心情，便追求美食、聲色刺激、抽菸、喝酒，填補空虛心靈，結果又墮入暴飲暴食，縱欲的陷阱。諸多不健康的生活型態，於是產生「生活方式癌」。《英國癌症雜誌》稱：英國癌症病例中 34%與抽煙，飲食，酒精及肥胖有關。據 1993 年到 2007 年的統計數據分析和預測。這意味著，近半數癌症因不良生活方式導致。

　　蔬菜水果在污染的土壤、水、空氣中生長，加上農藥、除草劑、化肥的大量使用。更嚴重的是食物經油炸、燒烤、醃製等料理過程，又產生大量致癌物質。為了保存、美味與利潤，使用大量人工添加物。因此美國國家癌症研究院的癌症原因研究指出，飲食習慣為得癌主因，比率高達35%。

2.污染心識之共業，是得癌助緣

　　（1）媒體，散播思想毒素，助長貪瞋痴烈火。許多媒體為了金錢和權力，淪為政黨宣傳工具。散播假訊息、偏頗報導、放大仇恨言論，洗腦全民，導致國家動盪不安。

　　（2）政治亂象，帶來情緒風暴。眾多愚痴、結黨營私的「選民」，支持惡口、兩舌、背叛國家的惡人、惡黨，最終將導致國家動亂、衰敗、戰爭、血流成河。故愚痴、結黨營私的「選民」是一切罪惡的幫兇和共犯。

　　（3）色情誘惑、陷阱遍布各地，使人沉迷，受殃無量。

　　（4）信仰亂象，邪師說法橫行，追求神通、通靈問事，雖有小利卻招來無窮後患。

　　（5）司法腐敗，幫助惡人逍遙法外，給好人帶來身心打擊。

　　（6）物欲成癮之人，不僅帶來煩惱與墮落。而且還被魔勾住無法解脫。如佛在《雜阿含經》說：「有六魔鈎。云何為六？眼味著色，是則魔鈎，耳味著聲，是則魔鈎，鼻味著香，是則魔鈎，舌味著味，是則魔鈎，身味著觸，是則魔鈎，意味著法，是則魔鈎。若……眼味著色者，當知是……魔鈎鈎其咽，於魔不得自在。」

　　（7）人類一直活在戰爭的恐懼當中。

（二）自業

「自業」又稱別業，就是自己的行為。為什麼生活在相同的環境下，有人得癌，有人卻沒得癌？有人長壽、有人短命，因為每一個人造的業不同。業的規則是「種什麼因，得什麼果」譬如得癌者，常熬夜、抽菸、喝酒。所以得癌是自己的行為造成的，不是上天安排的，如佛在《正法念處經》說：「作種種病，飢渴苦身，無量苦逼，皆是自業，非他所作。」在《文殊師利問經》說：「眾生長壽、短壽、無病、有病、多病、少病。可憎、可愛。有下中上貧富貴賤……有生地獄、餓鬼、畜生、阿修羅等。自業為財①，自業為分②，業為生處③。唯業所造非餘物造。」

〔註解〕①自業為財：行為是為了賺錢。②自業為分：行為不同，產生的結果就不同。③業為生處：會轉生在哪一個業道，由業決定。

自己哪些行為，會幫助得到癌症？說明如下：

1.沒做好，自我健康管理，是得癌助緣

（1）不健康飲食

常吃燒烤油炸食物、加工食品、肉類攝取過量、蔬果攝取過少、重口味、醃漬食品、高糖、肥胖等，都會增加癌症發生率。美國國家癌症研究院的研究指出，飲食習慣為罹癌「主因」，比率高達35％。台灣癌症協會統計，常吃外食族群，被驗出大腸瘜肉的機率高達了 5 成 7，其中有四成的人是罹患大腸癌的高危險群，如佛在《楞嚴經》說：「一切眾生食甘故生，食毒故死」〔實例〕天天吃香腸 14 歲國中生大腸癌逝─民視新聞。

（2）不良生活習慣

熬夜、沉迷網路、抽菸、喝酒、嚼檳榔（世界衛生組織把菸、酒、檳榔列為最危險等級的致癌物質）性濫交、吸毒、身心過度損耗。美國華盛頓大學免疫學教授羅伯特・史萊伯發現，如果不良生活習慣維持 10 年，那你就會成為「癌症候選人」，因為在這 10 年中癌細胞不僅產生，而且會發展壯大，最終攻城掠地侵犯身體其他器官，如佛在《中阿含經》說：「然雜以毒……服時好色香味……彼痴者……受法現樂，當來受苦報。」〔實例 1〕英國科學癌症研究中心研究了世界各地 1000 餘名 30~50 歲的癌症患者，發現 99.3%的人常年熬夜，凌晨之後才會休息—人民網。〔實例 2〕32 歲女博士于娟罹癌的最後日記上說：為何我會癌？我基本上沒有 12 點之前睡過覺。來源 https://www.cmoney.tw/notes/note-detail.aspx?nid=32927

（3）污染的環境

癌症是受環境的影響最大的病。空氣污染、飲水污染、土壤污染、電磁波、核能污染，戶外或室內污染。環境污染是造成癌症率逐年飆升的主因。美國紐約州立大學石溪分校癌症研究中心（Stony Brook Cancer Centre）研究顯示，70%～90%的罹癌風險源於環境因素。如佛在《大般涅槃經》說：「地水火風，如四毒蛇，見毒、觸毒、氣毒、齧毒。一切眾生遇是四毒故喪其命。」〔實例 1〕台西鄉民泣訴，我的家鄉是「癌症村」，對面、隔壁都因癌症過世—風傳媒。〔實例 2〕中國首度坦承有癌症村，專家估有 459 個，每年 270 萬人死於癌症—自由時報。從各種研究看來，大多數的癌症是來自環境污染。癌細胞是正常細胞長期浸潤在惡劣環境下，導致基因突變而形成的。

曾在世界衛生組織（WHO）做過十年研究的陳美霞指出造成癌症的原因非常複雜，菸、酒、檳榔等，固然是造成癌症的重要成因，但是環境中越來越多的「毒物」也是致癌的重要因素。

（4）缺乏運動

現代人將時間花在手機、電腦、電視，缺少運動休閒活動，導致新陳代謝不良，毒素累積，終於引發癌症。美國研究發現，多坐 1 小時，減壽 22 分鐘。文獻指出：適當的運動可以增強自然殺手細胞（Natural Killer Cell）的活性，進而增強抑制癌細胞的能力。

（5）負面情緒

人生在世有責任要把經濟、婚姻、家庭照顧好，然而人生不如意十常八九。如低薪、工時長、物價高、房價高等社會問題，逼得民眾喘不過氣來，連帶影響婚姻、家庭關係。在錢不夠用的惡性循環下，壓力超過生理負荷，就會引發自律神經失調，出現失眠、焦慮、情緒低落、注意力降低、胸悶等不適症狀。臨床資料顯示，90%以上的腫瘤患者與心理、情緒有直接或間接的關係。精神創傷、負面情緒都可能成為罹患癌症的前兆。〔實例 1〕yes123 求職網 2017.05 公布「職場媽咪甘苦與人生規劃調查」統計：54.7%的受訪職場媽媽表示，一整年中沒有一天能真正休息，在家庭、事業雙重壓力下，2 成 2 職場媽媽坦言快崩潰。〔實例 2〕精神疾病（Mental disorders）有成為僅次於心臟病、癌症的全球人類第三大疾病─BBC 中文網。〔實例 3〕最近美國霍普金斯醫學院歷經 13 年的研究也揭示：在 2017 名婦女中，重症抑鬱症患者更容易生乳腺癌，而且生癌後預後更差。

2.接觸致癌物質，是得癌助緣

致癌物質是指可能會導致癌症的物質。致癌物質會引起 DNA 突變，間接引發癌症。因為很多東西都能引發 DNA 突變，所以誘發癌症的原因也非常的多。略舉如下：

（1）世界衛生組織將致癌物質分爲四類（舉出二類）：

一類：對人體有明確致癌性的物質，如黃麴毒素、砒霜、石棉、六價鉻、二噁英、甲醛、酒精飲料、煙草、檳榔以及加工肉類。

二類 A：對人體致癌的可能性較高的物質。如丙烯醯胺、無機鉛化合物、氯黴素等。

二類 B：對人體致癌的可能性較低的物質。如氯仿、DDT、敵敵畏、萘衛生球、鎳金屬、硝基苯、柴油燃料、汽油等。

（2）細菌與病毒感染：肝癌，約有70%是 B 型肝炎造成的，約有 1、2 成則是 C 型肝炎造成的。胃癌：感染幽門螺旋桿菌，得胃癌的機率提高 3 倍。子宮頸癌：幾乎有 50%是由感染人乳頭瘤病毒（HPV）造成的。鼻咽癌：EB 病毒的 DNA 幾乎 100%存在鼻咽癌的原發腫瘤與轉移的病灶內。埃及血吸蟲能導致膀胱癌。華支睾吸蟲和泰國肝吸血蟲能感染膽管，導致膽管癌和肝癌。

（3）美國《消費者報告》指出電腦斷層攝影（CT）釋放的輻射，每年可能導致 2.9 萬美國人罹患癌症。江守山醫師指出：胸部 X 光不僅無法有效篩檢出肺癌，甚至還可能是引發肺癌的幫凶。現今先進國家對於肺結核的檢查規定，已改成「咳嗽超過兩週以上」才要進行 X 光檢查，而不是每一年常規使用胸部 X 光來篩檢。澳大利亞醫學研究人員表示，每年，有超過 400 例新增癌症病例是由於頻繁使用 CT 掃描所引發的，因此，建議：不要過分依賴 CT 掃描；但在確實需要使用時也不必心存顧慮。

（4）其他：在實驗和流行病學上，慢性炎症都是腫瘤發展的一個重要因素。慢性炎症可由病毒或細菌感染導致、自身免疫系統疾病和未知起源的炎性病症引起。

3.造十種業，是得癌助緣

　　佛法認為善惡行為，更關乎健康、疾病、長壽與短命。因為造惡業，會助長貪瞋痴三毒火，繁衍出無盡的有害思想、行為、悲劇，例如造惡業者通常喜歡大吃大喝、菸酒檳榔、性濫交、吸毒、作息不正常，最後導致健康受損而得癌短命。以下是，佛說，十種容易多病得癌、短命的業。

　　《業報差別經》說：「佛告首迦！一切眾生繫屬於業，依止於業，隨自業轉。以是因緣，有上中下差別不同；或有業能令眾生得短命報……或有業能令眾生得多病報……有十種業能令眾生得短命報：一者，自行殺生；二者，勸他令殺；三者，讚歎殺法；四者，見殺隨喜；五者，於惡憎所，欲令喪滅；六者，見怨滅已，心生歡喜；七者，壞他胎藏；八者，教人毀壞；九者，建立天寺，屠殺眾生；十者，教人戰鬥，互相殘害。以是十業得短命報。……復有十業能令眾生得多病報：一者，好喜打拍一切眾生；二者，勸他令打；三者，讚歎打法；四者，見打歡喜；五者，惱亂父母，令心憂惱；六者，惱亂賢聖；七者，見怨病苦，心大歡喜；八者，見怨病愈，心生不樂；九者，於怨病所，與非治藥；十者，宿食不消，而復更食。以是十業得多病報。

　　〔大意〕佛陀向首迦長者說：「業就是命運的主人」一切眾生，都被業綑綁，依附在業力之中，隨著自己所造的善惡業，產生命運吉凶的果報。由於這種原因，業報有上、中、下不同等級的差別；或有業能讓人得到「短命報」，或有業能讓人得到「多病報」。

　　有十種業能使人得到「短命報」：一、自己親手殺害生命。二、勸人殺害生命。三、讚歎殺生方法。四、見人殺生，隨順歡喜。五、自己討厭的，便要令其滅亡。六、見怨敵死亡，心生歡喜。七、自己殺死胎兒生命。八、教人墮胎。九、殺生祭拜鬼神祈福。

十、鼓吹戰爭，使人互相殘殺。造了以上十種業，所以得到短命的果報。

又有十種業能使人得「多病報」：一、喜歡拍打眾生，如看見蚊蟲、螞蟻就打死牠。二、叫別人拍打眾生。三、讚歎拍打眾生，打得好，打得妙。四、見人拍打眾生心生歡喜。五、忤逆不孝父母，使父母憂愁苦惱。六、惱亂賢人聖者。七、見怨家病苦，心生歡喜。八、見怨家病癒，就不開心。九、冤家生病，送給他不對症的藥，害他病情加重。十、吃飽尚未消化，又吃更多食物。由這十種業，而招感多病苦的果報。

4.非人作祟，是得癌助緣

外靈干擾，又稱為卡陰、沖煞、附身或著魔。天主教會 2014 年報告，美國這幾年「驅魔」的需求量倍增。台灣處理卡陰的宮廟、神壇眾多並且業務興隆，這也證明非人作祟的案例確實很多。

其實處理卡陰，修持佛法，才是正確途徑。透過宮廟、神壇，「以陰制陰」方式驅趕陰鬼，雖然速效，卻也可能產生無窮後患。例如我身邊多位親友，迷信鬼神，通靈問事，最後被鬼附身，精神分裂，損失眾多金錢。

為什麼科技愈發達，外靈干擾現象愈普遍？佛說，因為人們缺少智慧、福報，或沉迷欲樂、心行不正，所以容易被卡陰、附身、奪走精魂，導致怪病、橫死的案例激增。由於鬼魂喜愛酒肉、淫慾與娛樂，當人涉足夜店、酒吧、聲色場所，慾念浮動、體力耗盡之時，便容易吸引鬼魂跟隨、附身。如佛在《起世經》說：「他方世界無量非人①，來為此間一切人民作諸疫病。何以故，以其放逸行非法②故，彼諸非人奪其精魂③，與其惡觸④。令心悶亂，其中多有薄福之人，因病命終。」在《藥師經》說：「畋獵嬉戲，耽淫嗜酒，

放逸無度，橫爲非人奪其精氣。」在《大集經》說：「娑婆世界。彼土眾生壽命短促，多諸惡病。智慧善根福德善行，皆悉薄少……貪著財物心不清淨。多懷嫉妒，無有慚愧，樂行十惡。是諸眾生或有雜行。捨是身已，即於其國作大惡鬼。……是諸惡鬼常伺眾生，初生長大能斷其命。是故其土眾生短壽。」

〔註解〕①非人：夜叉、羅刹、惡鬼、精怪，魍魅等害人的鬼怪。②放逸行非法：放縱自己，從事違法事情。③精魂：精氣、魂魄乃生命精華，如佛在《長阿含經》說：「一切男子女人初始生時，皆有鬼神隨逐擁護，若其死時，彼守護鬼攝其精氣，其人則死。」④惡觸：鬼魂惡意衝撞人體。

Ⓐ外靈干擾的原因很多，以下因素也是：
◎台灣社會邪術盛行，無論是黑道或白道邪術，都是用邪靈、低靈或陰鬼的力量來施法。所謂黑道，指爲求個人利益，或復仇……而施術加害於人；白道指用以治病、收驚等而施術。邪術害人也害己，即便是白道邪術，往往也會招引附體、危害自身。

因爲迷信鬼神，就會產生一種招攝力，招引外靈入侵，這跟玩碟仙的情況一樣。若大小事情都向宮廟、神壇請教，就會讓鬼神有機可乘。自由時報報導：據推估，國內逾二萬三千人擁有通靈能力……醫師及專家提醒……過度嚮往神通，小心在開啓第三眼之後，被鬼利用……被騙財騙色、惹禍上身。
◎靠近鬼魂出沒處：陰魂到處都有，山林、河邊、醫院、屠宰場、墳墓都是鬼魂聚集較多之處。下午三點以後鬼神出沒更多。如佛在《大樓炭經》說：「街巷市里，一切屠殺處塚間，皆有非人，無空缺處。」
◎體弱生病：身體虛弱者，生病之時，身體防禦力弱，所以容易卡陰。

◎祖先騷擾：過世尚未投胎的祖先或親人，對在世的親人不滿或有所求，就會跟隨身邊騷擾引起注意，如佛在《地藏經》說：「命終人未得受生……念念之間望諸骨肉眷屬與造福力救拔。」

◎嬰靈跟隨：墮胎或流產，未出生的嬰靈，跟隨或騷擾父母或親人。

Ⓑ非人作祟，症狀多樣，輕重程度差異大：

1.不明原因的慵懶、倦怠、頭暈、發眩、精神無法集中，類似感冒症狀。睡眠品質不佳、容易做惡夢、被壓床、情緒低落，嚴重者晚上無法睡覺，檢查不出病因，吃藥無法改善。例如，我曾經被卡陰，發高燒40度，打針吃藥一星期都無法退燒！如佛在《玉耶經》說：「令現在身不得安寧，數為惡鬼眾毒所病，臥起不安惡夢驚怖。」

2.惡鬼附身，意識被鬼魂控制，產生幻聽、幻覺。甚至肢體、語言具攻擊性，如佛在《添品妙法蓮華經》說：「濁劫惡世中，多有諸恐怖，惡鬼入其身，罵詈毀辱我。」

3.鬼神干擾意識，令人進入幻境跳樓自殺或殺人。ETtoday 報導：2天連3起「被魔神仔牽走」案件，如「阿嬤倒草叢，失控狂笑：祂帶我來玩，員警全嚇傻」，如佛在《法句譬喻經》說：「經歷深山為惡鬼所迷不能得出，糧食乏盡窮頓困厄遂皆餓死。」

4.嚴重的卡陰，常會形成精神官能症狀，如憂鬱症、燥鬱症、恐懼症、被害妄想症、精神分裂症、幻想症等。

5.外靈干擾會導致失眠、氣血循環不良、毒素積累，免疫力下降、百病叢生，時間拖久最終會演變成癌症。

【醫師意見】

1.耕莘精神科醫師楊聰財指出，臨床上因幻聽或幻覺來求助者，十位有八位都說自己被「煞」到，其中有人沉迷於鬼怪事物，弄到走火入魔。自由時報 2013/08/24

2.謝麗貞醫師在《第三類醫療》書中說：這類的病症通常包含有兩部分：（1）精神及情緒上的視聽幻覺、驚恐不安、心神渙散、自殘傷害、甚至是肢體或語言上的暴力；（2）身體實質上組織器官功能作用的損害或病痛，最常見的是食慾減退、消瘦無力、頭痛失眠、胸悶浮躁、或呼吸困難等等。

3.日本專門給醫療人員交流的網站「m3.com」進行「在醫院是否看過幽靈？」的調查，結果有半數醫護人員承認看過「阿飄」。

（三）前世業

「前世業」又稱宿業、先世業。前世業就是前世身口意所做的行為。佛說，包括得癌在內的人生命運，都是「前世因，今生緣」所導致。因此「前世業」，在得癌的因緣中，占據重要地位。如佛在《大寶積經》說：「知是宿業……今受此果報。」在《出曜經》說：「知病之所因……人出胞胎由前世因緣，多病、少病、形貌好醜。」前世業與癌症及人生命運，說明如下：

1.得癌是「前世因，今生緣」

佛說，得癌是「前世因，今生緣」。「前世因」指前世所造的善惡諸業，「今生緣」指「共業和自業」。換句話說，癌症生起的因緣由「共業、自業、前世」共構而成。人為什麼會得癌？因為，前世造惡業，尤其是殺生業為因，加上今生的共業（環境污染）與自業（接觸致癌物質）作助緣，導致得癌結果，如佛在《持世經》說：「從先世業①起，今世緣②故。」在《中阿含經》說：「何因何緣男子女人多有疾病？若有男子女人觸嬈眾生。彼或以手拳，或以木石，或以刀杖觸嬈眾生③，彼受此業。作具足已，身壞命終，必至惡處，生地獄中。來生人間，多有疾病。」

〔註解〕①先世業因：同前世因。②今世緣：今生的自業（自己身語意活動）與共業（環境因素），即是今生緣。③以刀杖觸嬈眾生：用刀棍傷害或騷擾眾生。

綜合以上所說，癌症是「共業、自業、前世業」交織作用下的疾病。也就是說，前世造殺業（前世業），業產生巨大的作用力，促使我們投胎在這濁惡世界，並生活在污染的身心環境中（共業），被迫過著不良生活方式，而長期接觸致癌因子（自業），導致體內累積大量毒素，最後才形成癌症，如佛在《起世經》說：「然於其中①，更有別業②，受極重苦。痛惱逼迫，楚毒難堪。乃至先世③，或於人身④，或非人身⑤，所起所造。」在《根本說一切有部毘奈耶⑥》說：「假令經百劫⑦，所作業不亡，因緣會遇時，果報還自受……不思議業力，雖遠必相牽，果報成熟時，求避終難脫。」

〔註解〕①然於其中：指共業之中。②更有別業：指自業。③先世：指前世業。④人身：指人為導致的問題。⑤非人身：指鬼魅作祟。⑥根本說一切有部毘奈耶：南傳大藏經，唐代高僧義淨譯。⑦劫：世界成住壞空的周期，代表極長的時間單位。

2.命運是「前世因，今生緣」

「命」是前世累積的善惡業因，好比之前種子種在土壤裡，現在時間到了就成長結果。「運」是今生幫助種子生長的助緣，好比陽光、水分、養分能幫助種子成長結果。如佛在《三世因果經》說：「欲知前世因，今生受者是；欲知來世果，今生作者是。」在《無量壽經》說：「善惡報應，禍福相承。身自當之，無誰代者。數之自然，應期所行①，殃咎追命，無得縱捨。」

〔註解〕①數之自然，應期所行：「數」為定數。前世造的善惡業因有一定數量，今生受的果報也有一個定數，因此命運皆有定

數。「數之自然，應期所行」世人稱爲「命運」。因凡夫以分別心造業，造業的時空環境、心態、猛利程度、持續時間，積集數量等成爲業因種子。業因種子，加上外緣配合，在特定時間裡自然產生一定程度的吉凶禍福。好像稻米生長，可以根據節氣，推算出採收的時間和數量，雖然氣候變化無常，但是離不開這個框框，這就是自然的規律，故稱爲「數之自然，應期所行。」

古人說「萬般皆是命，半點不由人」。但佛說，多數的命運都能改，只有少數的命運不能改。因爲如此，我們才有學佛修道的必要。因爲修道，一定會受大苦報的極重罪業可轉輕受。不一定受苦報的業，可以不受報。

如佛在《大般涅槃經》說：「一切眾生不定業①多，決定業②少。以是義故有修習道③，修習道故決定重業可使輕受。不定之業，非生報受④。」

〔註解〕①不定業：不一定受報的業。②決定業：同定業。一定受報的業。③修習道：修行佛道。④非生報受：不產生報應，或受報應之後不產生實質的傷害。

一定受報的「定業」：例如今生我們會投生在那一道，那個世界、家庭、男或女、多病或少病、健全或殘障、美貌或醜陋、遺傳基因……等，這些在胎兒時期果報就已經決定了。如佛在《胞胎經》說：「假使前世有惡罪行諸殃來現……如其本宿所種諸惡自然得之，或復爲盲、聾、瘖瘂①、患痴，身生瘡瘢，生無眼目，口不能言，諸門隔閉②，跛蹇禿瘻③，本自所作，自然得之。」在《業報差別經》說：「或有業能令眾生得短命報；或有業能令眾生得長命報。或有業能令眾生得多病報；或有業能令眾生得少病報。或有業能令眾生得醜陋報；或有業能令眾生得端正報。」

〔註解〕

①瘖瘂：口不能言。

②諸門隔閉：如天生無陰道或無肛門之人。

③跛蹇禿瘻：跛蹇，指腿或腳殘疾、缺陷，走路一瘸一拐。禿瘻，頭長瘡無髮。

天生遺傳癌症基因：大約一成的癌症病患，屬於家族性癌症或遺傳性癌症。遺傳性癌症雖然是小族群，但具有高罹癌風險，若家族裡面有癌症史就要特別小心。例如，乳癌與遺傳基因的關聯性高，若母親有乳癌，所生女兒罹患乳癌的機率為一般人的二至三倍。葉名焮醫師說，PALB2 基因變異與罹患乳癌、卵巢癌和胰臟癌風險提高有關。

三、業起於心

（一）心為業主，心為法本！

佛說，一切疾病、人生命運，全都是「身口意」三業造成的。由於「心」的主導，身體和嘴巴才會造業，所以心是業的主人。例如一個人心念汙穢，破壞一處環境；眾人心念汙穢，破壞整個地球環境，心念汙穢才是破壞環境的元兇。如佛在《正法念處經》說：「惡皆從作得，因心①故有作，由心故作惡，由心有果報，一切皆心作，一切皆因心……無始生死來，皆因緣而生。」在《華嚴經》說「諸業心為本。」

佛又說，心先起惡念，才有言語，付諸行動，從事殺盜淫惡業。因為心是一切法的根本，心的地位最高，一切由心主使。假使心裡想幹壞事，便能馬上行動，苦果也隨之而來。如牛車跟隨拉車

的牛走，牛比喻我們的心，牛車比喻我們的身體和嘴巴，如佛在
《增壹阿含經》說：「先意念，然後口發，口已發，便身行殺、盜、
淫。……心爲法本①，心尊心使。心之念惡，即行即施，於彼受
苦，輪轢于轍。」在《根本說一切有部毗奈耶》說：「意常爲首，起
業爲最，心意清淨，即受善報。」

〔註解〕①心：心又稱心王，爲阿賴耶識之別名。心就是覺
識。心集諸法種子又生起諸法者，故名爲心。玄奘大師在〈成唯識
論〉說：「雜染清淨諸法種子之所集起，故名爲心」。心有「自性」
非因緣生，故不生滅。如佛在《大般涅槃經》說：「皆是自性不從因
緣」。②心爲法本：萬物不離心，故說心爲法本。法，指宇宙萬有。

罹癌是因爲心生了貪瞋痴心病，才會迷惑造業，導致環境污
染、社會亂象，身心被污染，最後才得癌。譬如槍擊案，一個人被
子彈打死，殺人元凶不是槍彈或人體，而是歹徒的惡心。癌症的元
凶也一樣，不是致癌物質，而是創造致癌物質及接觸致癌物質的
「惡心」。

（二）一切眾生，都有「心病」

佛說，一切凡夫眾生與生俱來，都有貪瞋痴慢的心病。因爲心
先生病，身體才會生病。如佛在《大般涅槃經》說：「一切眾生有四
毒箭則爲病因，何等爲四：貪欲、瞋恚、愚痴、憍慢。若有病因則
有病生。」

心，是心意識的總稱。心是萬法之王，心又稱心王。心王，統
攝五十一心所，及八識：一眼識、二耳識、三鼻識、四舌識、五身
識、六意識、七末那識、八阿賴耶識。五十一心所的煩惱心、隨煩
惱心，統統稱爲心病。心病，一般以貪瞋痴作代表。五十一心所，

說明如下：

　　1.遍行心所五：觸、作意、受、想、思。

　　2.別境心所五：欲、勝解、念、定、慧。

　　3.善心所十一：信、慚、愧、無貪、無瞋、無痴、勤、輕安、不放逸、行捨、不害。

　　4.煩惱心所六：貪、瞋、痴、慢、疑、邪見──此為根本煩惱。

　　5.隨煩惱心所二十：

　　（1）小隨煩惱十種：忿、恨、覆、惱、嫉、慳、誑、諂、害、憍。

　　（2）中隨煩惱二種：無慚、無愧。

　　（3）大隨煩惱八種：掉舉、昏沉、不信、懈怠、放逸、失念、散亂、不正知。

　　6.不定心所四：悔、眠、尋、伺。

（三）心病「貪瞋痴」，是癌症發生的病因

　　佛說，癌症與一切疾病發生的真實病因，是心病「貪瞋痴」。因為人有貪瞋痴心病，才會迷惑，貪求五欲六塵造作諸危害身體的業，最後才會得癌症，如佛在《大乘菩薩藏正法經》說：「有情①具三大病②：謂貪大病、瞋大病、痴大病。」在《大乘本生心地觀經》說：「貪③瞋④痴⑤三名為心病。」在《法句經》說：「惡生於心，還自壞形，如鐵生垢，反食其身。」在《大集會正法經》說：「貪為病最大，惱害於世間，由此病為因，而生諸過失。瞋病如大火，焚燒寂靜心……痴病大可怖，覆沒智慧心……由此三種病，展轉諸病生。」

　　〔註解〕①有情：眾生的別名。一切有心識、感情之生命體。②三大病：貪瞋痴根本煩惱，危害身心最嚴重，故稱三大病。③貪：貪欲。看到喜歡的就想擁有、無休止地求取。④瞋：瞋恚。對

103

不喜歡（違逆）的產生憤怒、毀滅、惡意、殺害等惡意情緒。⑤
痴：愚痴。搞不清楚狀況、愚昧無知妄行。

　　佛法把導致癌症的一切外在因素，統稱爲「方便因」或「助緣」：例如接觸致癌物質、熬夜晚睡、缺乏運動、吃燒烤食物、抽菸、酗酒、嚼檳榔、電磁波等都屬「方便因」。所謂「方便因」就是讓人方便了解的原因。譬如醫師開立死亡證明書，死因是某癌症。但從本質上來說，人會死亡，是因爲「出生」。只要「出生」即使不罹癌也會死亡，因此某癌症，僅是死亡的「方便因（助緣）」非「眞實因」。

　　以下舉一段佛經，說明癌症的成因：
　　佛在《菩薩善戒經》說：「知病因①……求十二部經②，爲知因果……復有二因，一者眞實因③、二者方便因④。眞實因者所謂種子⑤。方便因者如餘外緣⑥。方便因者有四種緣⑦。一者因緣⑧。二者次第緣⑨。三者緣緣⑩。四者增上緣⑪。」

　　〔大意〕了解佛經，才能了解疾病的因果關係。疾病發生的原因有兩種，第一種叫「眞實因」，第二種叫「方便因」又稱「助緣」。貪瞋痴三毒才是一切疾病的「眞實因」，接觸「致癌物質」和「不良環境因素」，稱爲「方便因」把這兩種因緣加在一起，人才會得癌。換個角度來看，凡是世間人都會生病，至於生甚麼病，由接觸的助緣（方便因）所決定。

　　〔註解〕
　　①病因：生病的原因。②十二部經：佛經有十二種分類，即指一切佛經。③眞實因：眞正的病因。
　　④方便因：讓人方便了解的病因，又稱助緣。⑤眞實因者所謂種子：眞實因就像種子一樣，會萌芽成長、開花、結果。如佛在《過去現在因果經》說：「貪欲瞋恚，及以愚痴，皆悉緣我根本而

生。又此三毒，是諸苦因；猶如種子能生於芽，眾生以是輪迴三有。」在《大寶積經》說：「貪結能爲諸有種子，生死蔓莚連持不絕。」⑥方便因者如餘外緣：「方便因」就像外在助緣，如陽光、空氣、水能幫助種子成長爲大樹。⑦四種緣：四種緣，指諸法生起的外在助緣。⑧因緣：主要的緣。比如，愛吃燒烤油炸，是罹患大腸癌的主要助緣。⑨次第緣：前後關聯的緣。比如，燒烤油炸食物裡頭，含有多種致癌物質。⑩緣緣：主緣產生的間接緣。比如，愛吃燒烤油炸食物之人往往喜歡抽菸、喝酒、熬夜。⑪增上緣：增上的意思是幫助。再加上少吃蔬菜水果、缺乏運動於是年紀輕輕就罹患大腸癌。

以上簡單說，癌症起因於人類的欲望和無知（心，或心理因素）；從而創造污染環境與不良生活型態，作繭自縛，被致癌因素團團包圍（世界，或社會因素）；人體細胞接觸致癌因素，經多年、多次的變異與發展，逐漸演化爲眞正的癌細胞（身，或生理因素）。

（四）「貪瞋痴」產生的後果

1.心被染著，難以自拔

貪瞋痴生起時，身心便對欲望產生依賴性，身心好像被鉤子勾住，被繩索綑綁而難以自拔。不管是手機、電視、美食、菸酒人們就是停不下來，如同染上毒癮般，明明知道不好，卻仍然持續進行，導致帶來各種不良後果，如佛在《長阿含經》說：「心生染著，愛好不捨離，欲捨不能去，如象爲鉤制。」在《長阿含經》說：「爲五欲所染，愛著堅固，不見過失，不知出要，彼爲五欲之所繫縛。」在《金光明經》說：「心常依止，六根境界，隨行色聲，香味觸法，心處六塵，如鳥投網。」

〔實例1〕23歲壯男電玩打到死—蘋果日報。
〔實例2〕熬夜打電玩22歲男床上暴斃—自由時報。

2.心被蒙蔽，心行顛倒

貪瞋痴好像污垢，能遮蔽眾生的心智，使人盲目、變壞、行為顛倒，導致成為一切恐怖與痛苦的原因。例如：愛情使人盲目。利慾薰心掩沒良心。貪愛美食病從口入。如佛在《四十二章經》說：「使人愚蔽者，愛與欲也。」在《方廣大莊嚴經》說：「染著五欲……五欲昏冥，能令失念，常為可怖，諸苦之因。」在《妙法蓮華經》說：「深著於五欲……以貪愛自蔽，盲瞑無所見。」

3.毒害「身、心、世界」

貪瞋痴又稱為三毒火，會燒毀我們的身心世界。現代人從早到晚不停的接觸欲望，就好像在貪瞋痴的火種上，不斷的添加乾柴，引發猛烈的三毒火，火勢越大造的惡業就越多，危害身心世界也就越大。例如因為貪財而將有毒廢水、廢氣與垃圾，任意排放毒害整個世界。又如癌友確診後，妻子馬上跟他離婚，他滿腔怒火結果很快就惡化死亡。貪瞋痴三毒火害人害己，從今生到來世，永不停止。所以說貪瞋痴是全宇宙最致命的毒藥，如佛在《菩薩本緣經》說：「譬如大火投之乾薪，其炎轉更倍常增多。」在《寶雲經》：「心如火種①，然三有薪②。」在《正法念處經》說：「愛火燒，五欲薪③。」在《雜阿含經》：「何等為三？謂貪欲火④、瞋恚火⑤、愚痴火⑥。所以者何？若貪火不斷不滅者，自害害他，自他俱害，現法得罪⑦，後世得罪，現法後世得罪，緣彼而生心法憂苦。恚火、痴火亦復如是。……貪欲瞋恚痴，世間之三毒。」在《大莊嚴經》說：「假使以彼三千界⑧，其中盡成於猛毒……諸毒豈復過三毒⑨。」

〔註解〕①火種：引發貪瞋痴火的種子。②然三有薪：比喻乾柴燃燒產生能量，推動三界六道之生死輪迴。③五欲薪：財色名食睡與色聲香味觸統稱五欲。五欲被喻為乾柴。④貪欲火：看到喜歡的，貪欲的火在心中燃燒。⑤瞋恚火：看到違逆的，瞋恨的火在心中燃燒。⑥愚痴火：盲目無知，愚痴的火在心中燃燒。⑦現法得罪：當下、今生受苦受難。⑧三千界：三千大千世界。一尊佛所教化的領域。有人說一個三千大千世界相當於一個銀河系，也有人說相當於十億個銀河系。⑨諸毒豈復過三毒：沒有一種毒藥的危害程度勝過貪瞋痴。

貪瞋痴三毒火，焚燒身心世界

（1）貪欲的火：例如，迷戀愛人聲色，慾火中燒，世界不再平靜。

〔實例 1〕一位癌友得意的對我說：「和信醫院的醫師告訴我，我的癌症是二期的可以活很久。我身上有 2 億現金，我要好好玩女人！」結果不到半年他便癌症惡化死亡。

〔實例 2〕中國古代皇帝，好色淫亂，導致平均壽命僅 39 歲。

（2）瞋恨的火：常發脾氣的人，容易生病早死，因為怒火會讓神經系統、內分泌系統、免疫系統發生紊亂而百病叢生。

〔實例 1〕得癌後妻子跟他離婚，他滿腔怒火，結果很快就復發轉移而亡。

（3）愚痴的火：無知更會奪命。

〔實例 1〕抽菸、酗酒、吸毒每年在全球奪走千萬條生命。

〔實例 2〕中國荊州的馬先生，陪朋友到醫院檢查，沒任何不適的馬先生也請醫生檢查，沒想到卻查出自己罹患肝癌，馬先生知道得癌後，驚慌過度三天即死亡！

◎醫師見證

＊北京中醫藥大學郝萬山教授，50 年從醫經驗總結說：「不生氣，就不生病」只要把控好情緒，我們就可以，少得病，晚得病，不得大病。心靜則身安，身安則體健，心安體健則百病少生。

＊許瑞云醫師說：「貪」念使人緊繃……當我們追逐的欲望愈大，想要抓緊的力道就愈強，身體也就跟著愈緊繃。「瞋」……瞋念就容易讓人「火大」，帶來身體的疼痛或發炎症狀。「痴」念……常處於懊惱、後悔或煩惱不安中，使身體能量卡住，造成種種疾病。

4.增長三障，無法解脫

貪瞋痴會助長三障「煩惱障、業障、報障」。所謂「煩惱障」就是不由自主的生起煩惱，迫使我們不斷的去造惡業，導致招來「業障」和「報障」的苦果。所謂「業障」是指疾病、貧窮、人生困境、修行障礙都屬業障。所謂「報障」指投胎出生的業道、身體與居住環境都屬報障。

如佛在《地藏十輪經》說：「因貪欲故，造身語意諸惡業障①、諸煩惱障②。」在《佛名經》說：「三障者：一日煩惱障。二名爲業障。三是果報障③。此三種法更相由籍④。因煩惱故所以起惡業，惡業因緣故得苦果。」在《大般涅槃經》說：**煩惱障者**：貪欲、瞋恚、愚痴、忿怒、纏蓋⑤、焦惱⑥、嫉妒、慳悋⑦、奸詐、諛諂、無慚⑧、無愧⑨、慢⑩、慢慢⑪、不如慢⑫、增上慢⑬、我慢⑭、邪慢⑮、憍慢⑯。放逸⑰、貢高⑱、懟恨⑲、諍訟、邪命⑳、諂媚。詐現異相㉑、以利求利，惡求多求。無有恭敬，不隨教誨。親近惡友，貪利無厭，纏縛難解。欲於惡欲，貪於惡貪。身見㉒、有見㉓及以無見㉔。頻申憙睡欠呿不樂㉕。貪嗜飲食其心矒瞢㉖。心緣異想㉗，不善思惟。身口多惡，好憙多語。諸根闇鈍㉘，發言多虛。常爲欲覺、恚覺、害覺㉙之所覆蓋，是名煩惱障。業障者：五無間罪、重惡之病。報障者：生在地獄、畜生、餓鬼。誹謗

正法㉚及一闡提㉛。是名報障。如是三障名爲大病。而諸菩薩……給施一切疾病醫藥……令諸眾生永斷如是三障重病。」

〔註解〕①惡業障：同業障。造惡業導致的災殃，例如人生困境、得癌、生重病、做事不順遂。②煩惱障：過去的貪嗔痴煩惱惑，產生現在及未來的煩惱惑，心不由己的煩惱惑，造下無盡惡業。③果報障：同報障。例如出生在濁惡環境、形象醜陋或身體多病。④更相由籍：互相影響，互爲因果。⑤纏蓋：被煩惱圍繞、覆蓋。⑥焦惱：著急煩躁。⑦慳悋：吝嗇小氣。⑧無慚：做壞事不感羞恥。⑨無愧：爲惡無所顧忌，亦不覺愧對他人。⑩慢（梵語 māna）：傲慢、輕蔑、自負之意。⑪慢慢：明明輸人家，卻認爲自己勝過對方。⑫不如慢：自卑、自認爲比別人差。⑬增上慢：未證道，卻自以爲證道。⑭我慢：高傲自大。⑮邪慢：自己無德卻自認爲有德。⑯憍慢：對他人心存高傲與自滿。自視爲高強，謂他人爲低劣。⑰放逸：放縱自己欲望。於諸善法心不樂修，於諸惡法心無防護。⑱貢高：自以爲高人一等。⑲懟恨：怨恨。⑳邪命：用不正當方法賺錢養活自己。㉑詐現異相：例如，以鬼神法術來誘惑、詐騙無知。㉒身見：執著於身體。㉓有見：執著於有的邪見。執著世間萬物皆恆常不變的實體。㉔無見：執著於空之邪見。如撥無因果，胡作非爲，無所畏懼之人。㉕頻申憙睡欠呿不樂：昏沉嗜睡、打哈欠、不快樂。㉖其心矇瞢：心裡糊里糊塗，不明事理。㉗心緣異想：胡思亂想。㉘諸根闇鈍：感官愚昧遲鈍。㉙欲覺、恚覺、害覺：三種障礙禪定之惡覺。欲覺，對世間可貪之事思量而起欲心。恚覺，對世間怨憎之事思量而起瞋心。害覺，生起惱害他人之念。㉚正法：佛陀所說之教法。㉛一闡提：指斷絕一切善根，極難成佛之眾生。

5.加足馬力，奔向輪迴

因爲貪瞋痴而造無量惡業。不僅使今生的生老病死憂悲惱苦，如火焚燒。而且還加足馬力的奔向來世的輪迴，沉淪苦海無法解脫。如佛在《大集經》說：「三界所有一切眾生①，皆爲貪欲、瞋恚、愚痴三毒猛火焚燒熾然，生老病死憂悲苦惱皆亦熾然，不得解脫。」在《大般涅槃經》說：「往昔已來輪轉生死，情色所醉②貪嗜五欲。」在《隨轉宣說諸法經》說：「一切眾生，從無始劫來妄想顛倒。貪瞋痴三爲因，造殺盜婬業無量無邊。墮落諸趣輪迴生死，受大苦惱無有休息。」在《正法念處經》說：「愚痴凡夫爲愛燒，猶如大火焚乾薪，是愛初染難覺知，得報如火自燒滅。若欲常樂心安隱，應捨愛結③離諸著，如魚吞鉤命不久，愛結縛人亦如是。」

〔註解〕①三界所有一切眾生：三界一切眾生，包括神仙、阿修羅、人、動物、鬼道、地獄等六道眾生。②情色所醉：被情愛、美色所迷惑，導致神智不清。③愛結：煩惱、心病之別名。

（五）「貪瞋痴」的根源，是「我執」和「無明」

人爲什麼有貪瞋痴心病呢？貪瞋痴產生的來源是「我執」。爲什麼有「我執」呢？因爲眾生天生「無明」導致有我執。「無明」就是無知、沒有智慧。「我執」就是對四相「我相、人相、眾生相、壽命相」的執著。

一、「我相」對自我的執著，於是生起〈我愛、我見、我慢〉。〈我愛〉愛自己勝過一切，自私自利，不管他人死活。談戀愛時說我愛你，其實是基於愛自己。〈我見〉固執己見，覺得自己的見解是正確的，別人都是錯的。〈我慢〉自以爲高人一等，比別人優秀。

二、「人相」人與人之間，因國家、種族、黨派之不同而產生界限和對立，遇到切身利害時就起爭執、衝突、戰爭。

三、「眾生相」人自以為是萬物之靈，認為其他動物都是為人類生存而存在，因而不懂得平等對待，甚至任意殺害。

四、「壽命相」對自己身體非常執著，希望身體永遠存活，為了身體活命可以犧牲一切。以上就是眾生「我執」表現的四種形式。而「我執」來自於無明，所以說生老病死苦的根源是無明。

如佛在《過去現在因果經》說：「貪欲、瞋恚，及以愚痴，皆悉緣我根本而生①。又此三毒，是諸苦因；猶如種子能生於芽，眾生以是輪迴三有②。」在《圓覺經》說：「若此覺心本性清淨③，因何染污？……一切眾生從無始來妄想執有我、人、眾生及與壽命④。認四顛倒為實我體⑤由此便生憎愛二境，於虛妄體，重執虛妄。二妄相依，生妄業道。有妄業故妄見流轉⑥。厭流轉者妄見涅槃。由此不能入清淨覺。非覺違拒諸能入者。有諸能入非覺入故。是故。動念及與息念皆歸迷悶。何以故？由有無始本起無明⑦為己主宰。一切眾生生無慧目⑧，身心等性，皆是無明。」在《華嚴經》說：「凡夫無智，執著於我。」在《佛名經》說：「從無始已來至于今日，積聚無明障蔽心目，隨煩惱性造三世罪業。或耽染愛著起於貪欲煩惱，或瞋恚忿怒懷害煩惱。」

〔註解〕①我根本而生：貪瞋痴三毒產生的根本是我執。②輪迴三有：輪迴於三界欲界、色界、無色界。三有，三界的別名。③覺心本性清淨：眾生的覺知心，其本性清淨無染。④妄想執有我、人、眾生及與壽命：指妄想執有「四相」我相、人相、眾生相、壽命相。這「四相」統稱我執。⑤認四顛倒為實我體：四顛倒，指四相。四相，是假我也是痛苦的來源，但我們卻誤以為是真我、是快樂的來源。⑥妄見流轉：生死輪迴猶如作夢般虛妄。永嘉大師〈證道歌〉說：夢中明明有六趣，覺後空空無大千。⑦無明：無知、無智。不知身心世界之真相。⑧生無慧目：天生沒有智慧眼。

四、出生「穢土」必有濁惡之「身、心、世界」

我們凡夫所居的世界稱為「穢土」。「穢土」世界眾生的「身、心、世界」非常糟糕，隱藏著難以克服的問題。說明如下：

（一）「身」為苦本

佛說，我們的身體，由固體、液體、氣體、能量等四大組成。這種身體變化無常，會產生各種傷病，最後一定會死亡。故身體是一切痛苦的根本，若不再投胎受身，眾苦悉除。如佛在《華嚴經》說：「一切眾生因四大種①和合為身，從四大身能生四病。所謂：身病、心病、客病及俱有病。言身病者，風黃、痰熱而為其主；言心病者，顛狂心亂而為其主；言客病者，刀杖所傷、動作過勞以為其主；俱有病者，飢渴、寒熱、苦樂、憂喜而為其主。其餘品類展轉相因，能令眾生受身心苦。」在《大乘本生心地觀經》說：「身為苦本，餘苦為枝葉②，若能斷苦本，眾苦悉皆除。」在《維摩詰經》說：「是身不實，四大為家……是身無定，為要當死。」

〔註解〕①四大種：四大是地水火風，因能生一切物質，所以叫做種。②餘苦為枝葉：其他的苦都從是身體衍生出來的。

（二）「心」是病因

凡夫的心，被無明覆蓋，生起虛妄心，虛妄心貪愛眼前快樂，不斷地驅使身體追逐欲樂，導致有害身心的因素累積足夠了，就會引起包括癌症在內的一切疾病，如佛在《入楞伽經》說：「諸凡夫等，無明①所覆障；虛妄心②分別，而不能覺知③。」在《正法念處經》說：「唯貪現在樂，作惡初雖甜，後則如火毒……惡皆從作得，因心故有作，由心故作惡，由心有果報，一切皆心作，一切皆因心……無始生死來，皆因緣而生。」

〔註解〕①無明：無知、無智、黑暗。②虛妄心：被煩惱垢污的心，稱爲虛妄心或妄心。③不能覺知：無法覺察身心世界之眞相。

（三）「世界」濁惡

我們居住的「穢土世界」，又稱五濁惡世。所謂五濁：

1.劫濁：這個時代，人心汙穢，世界充滿各種災難：如疾病、瘟疫、戰爭、飢荒、環境污染。如佛在《法華經》說：「劫濁亂時，眾生垢重①，慳貪嫉妒，成就諸不善根②故。」在《大寶積經》說：「觀劫濁眾生，惡法嬈魔使③。」在《文殊師利問經》說：「云何劫濁？三災④起時更相殺害，眾生飢饉種種疾病，此謂劫濁。」

〔註解〕①垢重：貪瞋痴的心垢，特別厚重。②不善根：慳貪嫉妒不善之心，猶如樹根不斷延伸擴展。③嬈魔使：魔有嫵媚及勾引人心的魅力，被吸引後便受魔所控制使喚。④三災：一饑饉災，饑餓大量死亡。二疾疫災，癌症、愛滋病、新冠肺炎等流行惡病。三刀兵災，戰爭。如《菩薩地持經》說：「若飢饉劫起，疾病劫起，刀兵劫起是名劫濁。」

2.見濁：世間有五惡見，故稱見濁，（1）身見：執著身體是我，故盡一生力量維護這身體。（2）邊見：偏於一邊的見解。邊見有兩種，認爲人死後全滅叫斷見；認爲人死再投胎還是人叫常見。（3）邪見：認爲作惡沒有惡報，行善也沒有好處，這是大邪見。（4）見取見：把錯誤的見解當作眞理來信仰。（5）戒禁取見：遵守奇怪的戒律規矩，以爲能解脫生死。如佛在《菩薩地持經》說：「若於今世，法壞法沒，像法漸起邪法轉生，是名見濁。」在《文殊師利問經》說：「云何見濁？邪見、戒取見、取常見、斷見、有見、無見、我見、眾生見。此謂見濁。」

3.煩惱濁：人心充滿貪瞋痴煩惱。或以刀槍行搶、或以電話網路詐騙、或以鬥爭、訴訟奪取、或造假欺騙，或施邪術，目的都為了得到財色。如佛在《文殊師利問經》說：「云何煩惱濁？多貪多瞋多痴。此謂煩惱濁。」在《菩薩地持經》說：「若此眾生增非法貪：刀劍布施、器仗布施、諍訟鬥亂、諂誑妄語，攝受邪法，及餘惡不善法生，是名煩惱濁。」

4.眾生濁：不孝父母，不敬僧人，不敬長輩、不講道理，作惡不怕報應、不求智慧、不布施修福、不積功德、不守戒律等各種污濁眾生，聚集在這世界。如佛在《文殊師利問經》說：「云何眾生濁？惡眾生、善眾生。下、中、上眾生。勝劣眾生。第一眾生，不第一眾生，此謂眾生濁」在《菩薩地持經》說：「若諸眾生不識父母，不識沙門、婆羅門及宗族尊長，不修義理，不作所作。不畏今世後世惡業果報，不修慧施，不作功德，不修齋法，不持禁戒，是名眾生濁。」

5.命濁：壽命短暫，修道難以成就。因為智慧、福報不是短時間就能修成。如佛在《文殊師利問經》說：「云何命濁？十歲眾生。二十、三十、四十、五十、六十、七十、八十、九十歲、百歲……有長短故，此謂命濁。」在《菩薩地持經》說：「謂今世短壽，人極壽百歲，是名命濁。」

五、科學和醫學，證實「癌由心生」

（一）科學發現，癌症是「人造」疾病

——摘自 2010 年英國每日郵報

英國生命科學家羅薩莉・大衛教授和邁克爾・齊默爾曼教授，為了追蹤癌症的起因證據，考察了 3 千年前數百具木乃伊和研究古代醫學文獻發現：古代癌症非常罕見，隨著工業發達造成環境污染及生活方式改變，才導致人類大量罹癌。大衛教授說：「在工業化國家，癌症和心血管疾病是造成死亡的兩大主因。幾千年前龐大而豐富的古埃及數據，給現代社會一個明確的信息，癌症是「人造」的疾病。

以上如同佛法所說，污染身體之「共業」是得癌助緣。也就是人類共同製造環境汙染，導致全球癌症發病率急遽上升。其實「人造」就是「心造」疾病，因心是人之主宰。

又據世界衛生組織統計，百分之九十以上的疾病，都和負面情緒有關。而從數據來看，目前與情緒有關的疾病就已達 200 多種。而這些負面情緒，正在悄悄毀滅我們的身體！

（二）一萬名癌症病例，說明癌症是心病

德國專攻癌症的 Ryke Geerd Hamer 醫師，1979 年他兒子遇害，夫婦兩人極度悲傷，不久兩人同時得了癌症。這件事使得 Ryke Geerd Hamer 懷疑，癌症的發生是否和情緒有關？為了找出證據，他研究了一萬名癌症病例，發現病人在發病前的三到六個月都曾經歷過一些重大的人生變故，無論是親人過世，與摯愛的子女、伴侶交

惡，或其它天災人禍等。於是，他推斷當人處於衝突、憤怒、哀傷等「負面情緒」，卻得不到適當抒發時，將會演變成癌細胞。

美國艾伯特・愛因斯坦醫學院進行過一項調查，他們研究了院內留醫的兒童血癌（白血病）患者的背景，發現 33 人之中，有 31 個被驗出患癌之前兩年之內，曾經遭遇過重大的情緒打擊（例如父母去世、被虐待等）。因此有人說癌症是因為人生受了打擊，心裡想不開，不想活，將負面情緒埋藏心底，導致心想成「癌」。

（三）醫師見證，病由心生

◎洛桑加參醫師在《靜心・淨心》說：現代人很多疾病的產生，常常與「心靜不下來」有很大的關係。……無形的心毒能造成有形的身病，我們可以透過調伏自心來加以防範，以靜制毒。

◎許瑞云醫師說：心念牽動人體的生理機制，影響免疫系統、自律神經、壓力荷爾蒙等，最終演變為不同形式的疾病。

◎李豐醫師說：會把身體裡的細胞折磨成癌細胞，往往是經年累月用錯誤觀念行事的結果。

◎溫嬪容中醫師說：「當醫生越久，越發現到萬病由心生的道理。心裡先生病，才會反應到生理。」

（四）醫典見證，病由心生

◎中醫學認為「心主神明」。心是一身的君主，臟腑百骸均遵從其號令，人的聰明智慧也是從心而出。如〈素問・靈蘭祕典論〉說：「心者君主之官也，神明出焉」。

◎韓國醫典〈東醫寶鑑〉表示：七情六慾由心所生，「心靜」則正氣充沛，百病不生；妄念一起，情緒起浮，氣血隨之紊亂，萬病可生。

第5章　佛教醫學，如何救療一切病人？

　　佛說，眾生本來成佛，因為「心病」才會出生於「穢土」世界，導致生死輪迴。佛又說，一切病都是「身、心、世界①」交互作用下的產物，而其元凶就是「心病」。佛又說，世間醫學能治「身病」；佛法能治「心病」以及淨化「世界」②。因此佛教醫學就是「身、心、世界整體醫學」。佛教醫學救療病人，以「治病」為手段，以往生「淨土」為目的。因為唯有往生「淨土」，才能解脫生死輪迴，滅盡「心病」圓滿成佛。

　　〔註解〕①「身、心、世界」與「生理、心理、社會因素」的概念相通。②如佛在《心地觀經》說：「心清淨故世界清淨，心雜穢故世界雜穢。我佛法中以心為主，一切諸法無不由心。」在《雜阿含經》說：「心持世間去，心拘引世間，其心為一法，能制御世間。」

　　◎本章以癌症為例，由於佛法救療對象包含一切眾生，所以一切病人都適用，且應作為參考。

　　◎得到癌症，該怎麼治療？佛說，治癌必須知病識藥，才能治癒癌症。如佛在《醫喻經》說：「知病識藥……識知某病，應用某藥……斷除病源，令後不生。」

　　◎佛說，治癌必須知道四件事：一病相貌（癌症的表現）。二病因緣（癌症產生的因緣）。三病除癒（根除癌症的方法）。四病癒

之後更不起（不再復發的方法）。如佛在《菩薩善戒經》說：「求治病術爲四事故。一者爲知病相貌故。二者爲知病因緣故。三者爲知病除癒故。四者爲知病癒之後更不起故。」以下先從病相貌（癌症的表現）說起。

一、疾病的相貌：癌症的表現

（一）癌症是基因疾病

癌症（cancer）又名惡性腫瘤，是正常細胞長期浸潤在身心污染環境下，導致基因（DNA）突變、免疫失靈、代謝失常，最後才形成癌細胞。榮總毒物科蔡維禎醫師說：「細胞受到生存環境之化學、物理或生物等因素的傷害，基因發生改變，導致細胞生長調節失去控制，細胞進一步變性或癌細胞形成、分裂增生、轉移。」

癌細胞會繼續生長成爲一個腫塊，並壓迫旁邊的組織造成症狀。腫塊被診斷出來的時候，最小的大約 1 公分，癌細胞數約 10 億個，大概分裂了 30 代。分裂到 40 代（約 10 公分）的時候，就會造成病人死亡。又癌細胞在長至 10 千萬個，大小約 0.2 公分，大概分裂至 22 代時，會誘導新生血管，長入腫瘤組織內，此時癌細胞就會藉新生血管，轉移到全身，只是我們在診斷的時候，尚未發現而已，這種轉移我們稱之爲「微小轉移」，它是日後癌症復發及遠處轉移的種子。

一般腫瘤必需長到 1 公分，才有辦法檢測出來，因此癌症被診斷出來時已經很晚了。癌症的特性除了不斷的成長及壓迫周遭組織外，它還會轉移、擴散，因此難以根治。同時快速成長的癌細胞，會吞噬大量營養物質，導致人體消瘦、無力、貧血、食欲不振、發

熱及嚴重的臟器功能受損，最後導致病人衰竭而亡。資料來源：台灣癌症基金會。

（二）癌症是免疫疾病

西醫將人體的抗病和修復能力統稱爲「免疫力」，中醫稱爲「正氣」，中醫的免疫功能是以臟腑爲核心，聯繫組織、器官、經絡、氣血、津液等，共同形成的一個整體功能，具體表現稱爲「正氣」。在正常情況下，人體的免疫系統，例如樹突細胞、T 細胞、B 細胞、巨噬細胞、自然殺手細胞等負責維護身體健康，有些負責巡邏與啓動免疫警報、有些負責清除癌細胞。但免疫機能低下或異常時，便無法偵測到癌細胞並加以清除，因此癌症也是免疫疾病。

癌症是正邪相爭的結果

中醫認爲一切疾病都是「正邪相爭」的結果。如黃帝內經曰：「正氣存內，邪不可干；邪之所湊，其氣必虛。」癌症是因爲人體正氣（免疫機能）出了問題，邪氣（致癌因素）才有機可乘。當正氣（免疫力）充沛時，癌細胞就會被抑制，不發生癌症或病情緩解，甚至痊癒；反之，邪氣（致癌因素）聚集旺盛，正氣（免疫力）就會被削弱，癌症會發生或惡化，甚至危及生命。

免疫系統健全穩定時，便能偵測到癌細胞並加以清除；相反的，致癌因素強大時，癌細胞就會變得非常狡猾，它能發展出各種機制來抑制免疫細胞，躲過免疫系統的偵測，例如某些癌細胞會製造大量的 PD-L1 促使 T 細胞未戰先亡。

免疫力太低或太高，癌症容易惡化

臨床觀察經手術、放療、化療之後，免疫力低下的病人比較容易發生轉移、復發。愛滋（AIDS）病毒會破壞人體免疫系統，使免

疫力大幅下降，因此愛滋病人，罹癌機率比正常人高出數十倍。另外長期服用類固醇，免疫力會被抑制，罹癌機率也比正常人高出 10 倍以上。但是免疫力太高，會出動太多白血球來攻擊病原，會引起過多的發炎反應，而導致癌症惡化，因此免疫力過高，與不及都不好。

癌症病理紀小龍醫師說：「每個人在這個世界上能夠活下來，一定身體裡面有自己的免疫力。免疫力是和環境，保持著一個動態的平衡，高了也不行，低了也不行。免疫力高了會出現什麼樣呢？那我們自己的抗體，就會抗你自己的眼睛視網膜炎、腎臟腎炎、肺臟間質性肺炎……。免疫力低了怎麼樣呢？就一會兒得病，一會兒難受了，一會兒總是感冒好不了，這是低了。所以只有低了，我們去提高一點是合適的！高了我們還是要把它壓下來，所以大家千萬不要一個勁地去增加免疫力，那只能把自己給害了。」

問：每個人身上都有癌細胞？
答：約翰霍普金斯大學（Johns Hopkins）癌症中心說：每個人身上有幾億個細胞，免不了有幾個不正常或是具有某些類似癌細胞特色的細胞，但這些細胞大都會被代謝掉，而且從來不會造成癌症，因此不能說每個人身上都有癌細胞！

問：一個強大的免疫系統可以摧毀癌症？
答：約翰霍普金斯大學（Johns Hopkins）癌症中心說：人生如果那麼美好就好了，可惜沒有。糟糕的是，癌細胞會偽裝，免疫系統只會把癌細胞當成健康的細胞繼續保護他。來源-美國約翰霍普金斯大學網站 http://goo.gl/43G9O2

（三）癌症是新陳代謝病

　　國家衛生研究院和清華大學印證了「癌症是新陳代謝疾病」，並指出減少甜食攝取，維持新陳代謝正常、均衡飲食、培養運動習慣，可有效防癌。來源-國家衛生研究院第 555 期電子報。中研院院士李文華研究團隊發現，糖代謝異常是導致胰腺癌的關鍵原因，因此要降低罹癌風險，只要避免攝取「高糖」就可以。來源-TVBS 新聞。

缺氧，刺激癌細胞成長

　　血液是運送營養、氧氣、垃圾、免疫細胞之載體，血液供應不良的地方細胞就會缺氧，新陳代謝就會出問題。諾貝爾獎得主，沃伯格（Otto Heinrich Warburg）博士發現，人體細胞中的氧含量低於正常值的 65%時，會阻礙正常細胞的新陳代謝，缺氧的組織細胞容易癌變，並成為癌細胞繁殖的溫床。

　　台灣中央研究院發佈《首度找到腫瘤細胞缺氧反應關鍵蛋白 KLHL20》新聞稿指出「腫瘤（癌）細胞經常處於缺氧環境中，在此惡劣環境下，反而會刺激癌細胞快速生長。」

氣血循環障礙形成癌症

　　中醫認為癌症形成的病理機制為「氣滯血瘀」、「痰溼積聚」而導致臟腑、經絡、氣血循環出現障礙，人體小宇宙失去平衡，長期下來便形成癌症。

（四）癌症造成陰陽失衡

　　身體是完整的系統，系統之間互助互制，緊密相連，健康代表體內陰陽平衡、氣血調和，各系統均能相互調節。反之，疾病之形成，乃人體接觸致病因素，導致陰陽失衡、氣血失和、臟腑失調，

逐漸發展成定型的疾病，乃至於形成癌症。因此全球各地區的傳統醫學都一致認為，癌症和其他疾病一樣，都是身體失衡、失調、失和所引起，例如：

1.中醫認為癌症，乃因內外、病邪（致病因素），引起人體陰陽失衡，臟腑、經絡機能失調所導致。

2.古希臘醫生希普科倫特，與西醫之父希波克拉底，也認為疾病是體內元素「氣質、體液、冷熱失衡」所造成。

3.佛教醫學與印度醫學，也認為疾病是體內「地、水、火、風四種元素不協調」所造成，如佛在《佛本行集經》說：「四大不調故病生」。

（五）癌症常見的症狀

癌症起始於一個細胞突變，隨著癌細胞的增殖、轉移並破壞正常的細胞組織，而產生百種症狀。癌症常見的症狀：如出血、疼痛、潰瘍、腫塊、黃疸、慢性咳嗽、咳血、骨頭疼痛、體重減輕、食欲不振、惡病體質、出汗、貧血、失眠……。

（六）西醫治療造成眾多副作用

1.化療常見的副作用：例如口腔及喉嚨潰瘍、嘔心嘔吐、毛髮脫落、腹瀉、便祕、破壞造血功能、神經及肌肉系統的傷害、皮膚變紅乾癢、指甲脆弱易斷、影響性器官功能、其它器官的影響。

2.放療常見的副作用：（1）全身反應：白血球減少、疲倦、厭食、食慾不振、噁心、嘔吐、心情鬱悶、毛髮脫落等現象。（2）局部功能障礙：依照射部位的不同而有不同的副作用。

（七）癌患有無盡的憂苦

　　2015 年經濟學人雜誌報導，台灣癌患自殺率世界第一。一個人被診斷爲癌症，馬上聯想到死亡及痛苦的治療，因此身心遭受多重打擊：

　　1.死亡威脅：對常人而言罹癌，就像宣判死刑一樣沉重。通常這種情緒會在 7 至 10 天內逐漸減少，但有些人的焦慮和憂鬱會持續下去。

　　2.肉體的痛：馬偕醫院精神科主任方俊凱研究顯示，台灣癌患自殺前 3 名分別是肺癌、口腔癌及乳癌。這些疾病的共同特性就是，患者必須忍受較高的身心痛苦，且生活品質明顯下降，這也是病患自我放棄的主因。支修益教授說：腫瘤骨轉移後帶來的後果比較嚴重，包括骨痛、骨折等，不僅給生存帶來威脅，更重要的是嚴重影響病人的生活質量，而隨著骨痛的越來越嚴重，病人的抑鬱程度也會加大，對癌症的恐懼就會越來越嚴重。

　　3.抗癌之路漫長：癌症不像一般疾病，來得快去得快，通常需要反覆治療。指數升高、復發的壞消息可能隨時出現，期望治癒卻希望落空。治療時間拉長了，便覺得人生無助無望。

　　4.擔心拖累家人：癌患不但生產力減少，還可能要仰賴他人照顧。若經濟狀況不佳，內心的苦痛更令人無法承受。台北榮總一項臨床研究調查發現，200 位住院癌症病人，患有嚴重憂鬱症狀者約占 20%。有些人認爲罹癌是一種「上天對自己的懲罰」、「擔心拖累家人」或「自怨自艾」甚至出現「不想活、一死百了」的念頭，嚴重的話會出現自殺行爲。

　　5.醫療知識：治癌必須配合許多醫療知識，西醫、中醫、另類醫療，各說各話。正反意見不同，讓病人與家屬，情緒起伏不知所措。

　　6.自我形象改變：癌症治療可能使外表改變、瘦弱、掉髮、惡臭分泌物、乳房切除、截肢……等使人失去以往魅力，將帶來很大的心理創傷。

7.其他：癌患不知明天會怎樣？癌末的無助及絕望。我會死亡嗎？死後到那裡去？交代遺言、遺產等問題。方俊凱醫師指出，台灣有高達 23％的癌症病人罹患「失志症候群」，陷入長期絕望，覺得生命不再有意義，甚至期盼死亡。

二、第一部分：世間醫學聯手

佛教醫學主張現代醫學、傳統醫學、自我健康管理（自然醫學）之「精華」聯手治癌。簡單說就是手術、放療、化療與標靶治療期間，配合使用「增效減毒」中藥，才能大幅降低治療副作用，提升治療效果。然後在這個基礎上，做好自我健康管理，也就是吃天然的食物，規律的運動，良好的生活習慣，以促進新陳代謝、改善營養狀態、維護健全的免疫系統，這樣才能提高癌症的存活率。

（一）為何應接受西醫療法？

佛說，治癌必須把癌腫瘤排出體外。如佛在《醫喻經》說：「已生諸病治令病出……或吐瀉出，或於徧身攻汗而出……知如是等病可出處。」目前為止只有手術、放療、化療能迅速將大量癌細胞排除體外，西醫配合使用中藥可以降低副作用，提升療效、降低復發機率。

衛福部統計：癌患未於確診後 3 個月內接受正規治療（結合手術、化療和放療的治療方式），1 年內死亡率高達 5 成 3，相較有就醫者死亡率 1 成 7，高出 3 倍。因為發現癌腫瘤時通常大於 1 公分，腫瘤倍增速度極快，此時若缺乏有力治療，通常僅需幾個月至幾年間就會喪命。

（二）醫師意見

1.中國癌症醫師湯釗猷說：一旦發現癌症之後，首先以消滅癌細胞為主，而不是等其壯大，讓身體被癌細胞所改造。但對付惡性腫瘤光靠消滅不夠，還要考慮改造，使之改邪歸正，消滅和改造兩者必須並舉，不能偏廢。

2.中央研究院生物科技研究中心徐麗芬博士說：「草藥不像一般標靶藥物只針對癌細胞為標的來治療，可同時調控多靶點，因此草藥化合物與化療藥配合就能產生更好的治療功效。以胞外泌體（exosome）為例，它會把癌細胞的訊息物質傳遞給周遭『結構共犯』，助長癌細胞壯大增生。……包括抑制癌細胞本身活性、讓乳癌細胞不會增生與轉移。」

3.〔美國〕癌症研究者凱莉・透納（Kelly A. Turner）博士在《癌症完全緩解的九種力量》書中指出：訪問與分析一千多個癌症完全緩解案例，幾乎都具備以下 9 項共通因素：（1）全面改變飲食。（2）運用藥草與補品。（3）掌控自己的健康。（4）依循自己的直覺。（5）釋放壓抑情緒。（6）增強正向情緒。（7）接受社會支持。（8）深化靈性連結。（9）強烈的求生欲。

三、第二部分：佛法治病

（一）早日康復的方法

《增壹阿含經》說：「病人成就五法，便得時差，云何為五？於是，一病人選擇而食。二隨時而食。三親近醫藥。四不懷愁憂。五咸起慈心向瞻病人。是謂，比丘，病人成就此五法，便得時差。……瞻病之人成就五法，便得時差，不著床褥。云何為五？於是，一瞻病之人分別良醫。二亦不懈怠，先起後臥。三恒喜言談，

少於睡眠。四以法供養，不貪飲食。五堪任與病人說法。是謂，比丘！瞻病之人成就此五法者，便得時差。」

〔大意〕有一天，佛告訴比丘：病人若能做到五件事，便能早日恢復健康。是哪五件事呢？一、選擇適當的食物。二、在適當的時間進食。三、依照醫生指示用藥。四、內心平靜，不起煩惱。五、以慈悲心感恩照顧自己的人。病人因為做到這五件事，身體便能早日康復。

看護，若能在照顧病人期間做到五件事，病人便能早日康復。哪五件事呢？一、看護者懂得為病人選擇良醫良藥。二、積極勤快，按時餵食、餵藥、清理不潔物、淋浴更衣、保持衛生。三、體諒病人的痛苦，噓寒問暖，言詞柔軟溫暖。四、善用機會和病人分享佛法，令病人勿失正念，引導病人修習佛法。五、具備正知見，能為病人講解佛法，安慰病患，引導病人走向解脫。比丘！看護者如果能夠做到這五件事，病人便能早日康復。

（二）四種醫術聯手

佛說，治療疾病，應採用「四種醫術」聯手治療。「四種醫術」，簡單說就是現代醫學、傳統醫學、自我健康管理（自然醫學）與佛法，四領域之精華聯手治療。

第一種醫術：如佛在《醫喻經》說：「識知某病應用某藥，謂先識知如是病相，以如是藥。」

知道什麼病，用什麼藥。這是對症治療，又稱「治標」或支持性治療，僅能舒緩症狀卻不能消除病因。例如：（1）癌細胞快速增長，因此必須採用手術、放療、化療才能快速、大量的殺死癌細胞。雖然手術、放療、化療，能迅速殺滅癌細胞。但①會對人體造

成創傷，並爲癌症復發創造有利的條件。②最高只能殺死 99.99%的癌細胞，殘存的癌細胞須仰賴其他方法來根除。③副作用大（如噁心、嘔吐、口腔潰爛、掉髮、骨髓抑制、白血球下降），患者必須承受很大痛苦，許多病人最後逃避治療。④化療、標靶實施一段時間後癌細胞容易產生抗藥性，所有藥物難以發揮療效。⑤免疫機能被破壞，殘存的癌細胞伺機坐大，復發機率高。（2）因此要合併使用「增效減毒」中藥，才可降低副作用、增強療效，保護正常組織器官，降低癌症復發機率。

第二種醫術，如佛在《醫喻經》說：「知病所起①，隨起用藥。」

知道癌症發生的病因，把病因斷除，才能從根本上治癒癌症。這是對因治療，目的是消除病因。佛法認爲，癌症的起因，有兩種：一、方便因，例如熬夜、吃油炸燒烤食物，凡是外在因素都屬方便因。二、眞實因，即心病，例如貪瞋癡、我執、無明等。

第三種醫術，如佛在《醫喻經》說：「已生諸病治令病出……或吐瀉出，或於徧身攻汗而出……知如是等病可出處。」

癌細胞可以快速地演化來躲避免疫系統的偵測和攻擊，因此已經形成的癌細胞，不會自動的排出體外，必須倚靠外力：例如（1）西醫以手術、放療、化療將癌細胞排除體外，這是最快速有效的方法。（2）「增效減毒」中藥複方，能強化身體機能將致癌毒素排出體外，讓癌細胞失去成長環境。又能清除腫瘤微環境，抑制癌細胞增生、誘導癌細胞凋亡，將微小癌細胞，加以改造清除。

第四種醫術，如佛在《醫喻經》說：「斷除病源令後不生，謂識知病源，如是相狀，應如是除，當勤勇力現前作事，而善除斷，即使其病後永不生。」

爲了從源頭阻斷癌症，使癌症永不復發，佛教醫學兩個意見：

（一）術後五年是癌症復發的風險期，因此應當配合醫囑，定期檢查追蹤。還有要做好自我健康管理。另外「增效減毒」中藥，可以大幅降低癌症復發的機率，因此建議使用。

（二）學佛修道，從源頭阻斷癌症的病因：心病，這樣最能避免癌症復發。又依法修持來世往生淨土，獲得永生永樂，這才算真的根除癌症。

綜觀癌症的表現、病因非常複雜，佛教醫學認為，佛說四種醫術精華聯手，治療癌症，最安全、最有效。四種醫術即：科學（西醫為代表）＋傳統（中醫藥為代表）＋自然（自我健康管理為代表）＋佛法（禪淨為代表）等。

（三）造十種業，得健康、長壽

《業報差別經》說：「佛告首迦！一切眾生繫屬於業，依止於業，隨自業轉……有十業能令眾生得長命報：一者，自不殺生；二者，勸他不殺；三者，讚歎不殺；四者，見他不殺，心生歡喜；五者，見被殺者，方便救免；六者，見死怖者，安慰其心；七者，見恐怖者，施與無畏；八者，見諸患苦之人，起慈愍心；九者，見諸急難之人，起大悲心；十者，以諸飲食，惠施眾生。以是十業得長命報。……復有十業能令眾生得少病報：一者，不喜打拍一切眾生；二者，勸他不打；三者，讚不打法；四者，見不打者心生歡喜；五者，供養父母及諸病人；六者，見賢聖病瞻視供養；七者，見怨病癒心生歡喜；八者，見病苦者施與良藥，亦勸他施；九者，於病苦眾生起慈愍心；十者，於諸飲食能自節量。以是十業得少病報。」

〔大意〕佛陀向首迦長者說：一切眾生都被業力綑綁，依附在業力之中，人們隨著自己所造的善惡業因，而遭受善惡果報。有十種行為能使人得到「長壽報」：一、自己不殺害生命。二、勸人不殺

害生命。三、讚歎不殺生的行為。四、見他人不殺生心生歡喜。五、看見生命將被殺死，想辦法予以拯救。六、見眾生遭遇恐怖，想辦法救護或軟言開解，勸彼念佛求生淨土。七、看見眾生遭遇恐怖，想辦法予以保護使他不再恐怖。八、見疾苦者，起慈愍心，予以救治。九、見急難者，起大悲心予以救濟。十、以諸飲食、醫藥救濟貧苦眾生。造以上十種善業，能得到長壽的果報。

又有十種業能使人得「少病報」：一、不拍打蚊蟲、螞蟻、蟑螂等一切眾生。二、勸他人勿拍打一切眾生。三、讚歎不拍打眾生。四、見不拍打眾生心生歡喜。五、供養父母以及病人。六、見賢聖生病，前往探視供養。七、見怨家病癒，心生歡喜。八、見病苦者施予良藥，並勸他施藥。九、於諸病苦，生起救治的心念。十、飲食不過度，能自我節制。造這十種業，能招感少病的果報。

（四）佛教飲食觀：肉、酒、五辛

1.佛說，飲食的目的是為了維護健康與修行。如佛在《四資具省察文》說：「我如理省思飲食的目的……僅僅只是為了這個身體的住續維持，為了停止飢餓的傷害，為了支持清淨的修行。」

2.為何不能吃肉、五辛與飲酒？
佛陀教誨弟子，有太多因素不能吃肉、五辛與飲酒。如佛在《大般涅槃經》說：「不食肉、不飲酒，五辛葷物悉不食之。」例如：
（1）吃肉與殺生同罪。如佛在《楞伽經》說：「凡殺生者，多為人食，人若不食，亦無殺事，是故食肉與殺同罪。」
（2）殺生冤冤相報，縱然入定也無法解脫生死。如佛在《楞嚴經》說：「世間卵化濕胎，隨力強弱遞相吞食……以人食羊，羊死為人，人死為羊，如是乃至十生之類，死死生生互來相噉……汝負我

命，我還汝債，以是因緣，經百千劫常在生死……是食肉人，縱得心開似三摩地，皆大羅剎，報終必沉生死苦海。」

（3）一切動物都有佛性，都是佛要救度的對象。而牠們又是我們過去生的父母、兄弟、姊妹。如佛在《央魔羅經》說：「因如來藏故，諸佛不食肉耶？佛言，如是。一切眾生無始生死生生輪轉，無非父母兄弟姊妹。」

（4）吃肉將逐漸喪失慈悲心，一切動物看到都會恐懼。如佛在《楞伽經》說：「令修行者慈心不生故不應食肉。」在《梵網經》說：「一切肉不得食，斷大慈悲性種子，一切眾生見而捨去，是故一切菩薩不得食一切眾生肉。」

佛說，喝酒會造成眾多禍患，容易被鬼魅奪走精氣，無法解脫生死。如佛在《大般涅槃經》說：「迷荒婬亂言語放逸……酒為不善諸惡根本。」在《中阿含經》：「飲酒放逸者，當知有六災患：一者現財物失。二者多有疾患。三者增諸鬥諍。四者隱藏發露。五者不稱不護。六者滅慧生癡。居士子！人飲酒放逸者，不經營作事，作事不營，則功業不成，未得財物，則不能得，本有財物，便轉消耗。」在《藥師經》說：「耽婬嗜酒……橫為非人奪其精氣。」在《增壹阿含經》說：「欲心熾然，不能自禁……終無厭足，緣此行果，亦不能得無為之處。」

佛說，熟食五辛助長淫念；生吃五辛助長瞋心，因此修禪定者，必須戒除五辛。吃五辛不僅神仙遠離，還會吸引鬼魅來舔嘴巴、常與鬼住、折損福報。五辛，指蒜、薤/小根蒜、蔥、韭菜、興渠又名阿魏等。如佛在《楞嚴經》說：「眾生求三摩提，當斷世間五種辛菜。是五種辛，熟食發婬，生啖增恚。如是世界食辛之人，縱能宣說十二部經。十方天仙，嫌其臭穢，咸皆遠離。諸餓鬼等，因彼食次，舐其唇吻，常與鬼住，福德日銷。」在《梵網經》說：「不得食五辛：大蒜、革蔥、慈蔥、蘭蔥、興蕖是五種。」

3.佛以漸進方式，禁止弟子吃肉

佛對初學者不禁止吃肉，但經過一段時間的教育與修行後，便禁止弟子吃肉，例如：

（1）佛允許出家人托缽乞食，施主給什麼就吃什麼，但後來告訴弟子必須用水把肉洗掉才能進食。如佛在《大涅槃經》說：「迦葉問佛：若乞食時，得雜肉食，云何得食？應清淨法。佛言：當以水洗，令與肉別，然後乃食。」

（2）佛允許弟子吃三淨肉，但後來禁止吃一切肉。如佛在《大涅槃經》說：「迦葉問佛，如來何故先聽比丘食三種淨肉？」佛陀回說：「是三種淨肉，隨事漸制，當知即是現斷肉義。我從今日，制諸弟子，不得復食一切肉也。」

（3）佛反對提婆達多提倡終身不吃肉的戒律。如佛在《根本說一切有部毗奈耶破僧事》說：「提婆達多謗毀聖說……別立五法…不餐於乳酪，魚肉以及鹽。」

4.佛教醫學主張漸進式吃素

為了治病與修行，所以必須發菩提心，禁止吃肉、五辛與飲酒。這樣才能快速累積福德與智慧，達到癒病的目的。但若因病必須服用則不在禁止範圍，例如化療期間可以吃肉。如佛在《十誦律》說：「一比丘病，服下藥須肉……若不得肉，或當增病。」在《五分戒本》說：「若比丘不病，為己乞乳酪生酥魚肉脯者，波夜提（犯戒律之罪名）。」

躁進吃素，恐怕危害健康，因此佛教醫學主張漸進式吃素：開始每周吃素 2~3 天，每隔 3 個月或 6 個月增加 1 天，讓身體慢慢適應，直到最後每天吃素。吃素必需多方涉獵資訊，研究怎麼吃，才能吃得營養又健康。

若因健康因素無法天天吃素，應生慚愧心，且要認真修行，祈求來日能吃全素，以及把修行功德迴向給所殺所食的一切眾生，願

131

牠們離苦得樂往生淨土。

（五）懺悔改正

佛說，得癌是「前世因，今生緣」。如佛在《持世經》說：「從先世業因起，今世緣故。」例如前世或殺生、或偷盜、或邪淫、或妄語，所以癌患應懺悔往昔所造諸惡業，並且決心不再犯，這樣重罪可轉輕報，甚至不報。如佛在《雜寶藏經》說：「好加懺悔，可得輕罪。」在《業報差別經》說：「若人造重罪，作已深自責，懺悔更不造，能拔根本業。」

宣化上人說：「因為所造的惡業太多，才會有惡病、怪病、不堪救治的病。要懺悔，發大菩提心，多做功德，功德做多了，冤孽才能消。如果功德做不夠，罪業不容易消除。病人本身有業障，鬼怪才來跟他算帳、搗亂，純靠醫藥治療是不夠的，還要病人明白本身的業障因緣，加上佛法的靈咒，則治病的效果會提高，收到藥到病除之靈驗。」

癌症的形成，除了一般原因，也有可能是前世冤親債主，找上門來報仇。所以也要對其懺悔、請求原諒，並把修行功德與其分享，使其離苦得樂。方法：到寺廟禮佛求懺悔，或面對虛空觀想佛在前方禮佛求懺悔亦可。祈禱文例如，弟子○○○因無始貪瞋癡造無量罪業，今在佛前懺悔，日後不再造惡，祈求佛菩薩加持護佑，使我業障消除癌症痊癒。功德迴向文：我○○○願以今日行善、念佛功德，迴向法界一切眾生，平等施一切，同發菩提心，往生安樂國；再以此功德迴向，造成我癌症無法痊癒的冤親債主們，離苦得樂往生淨土。

　　淨空法師表示：天天念佛迴向冤親債主有的會原諒你，有的不會原諒你。不原諒只能忍受，時間久了他也會放鬆。我們對身體放棄了，無所謂了，他對我們就沒辦法了。

　　案例，編者親身經歷：好友林○○肝癌彌留，醫生說可以回去準備後事了。我知道後，急忙到醫院探視。他昏迷不醒全身烏黑皮包骨如同死人。我在他床邊點一根香，非常誠懇的說：林○○的怨親債主你們好，我是林○○的好友，林○○今天會變成這個樣子一定是罪有應得。但如果你們讓他這樣死掉的話，你們也得不到什麼好處。我希望你們高抬貴手，給他將功贖罪的機會，只要你們讓他活過來，我一定會勸林○○念佛修行，將功德回向給你們，請您讓林○○再多活一陣子，拜託、拜託，謝謝！說也奇怪林○○回家後竟然沒死，身體愈來愈健康，每天都能夠爬山，我經常到他家鼓勵他認真念佛修行。可惜的是，林○○不太用功，如此大約經過 2 年多，肝癌又再復發而亡。

四、具備「往生淨土的五個條件」成就無上治病大法

　　佛說，具備往生淨土的五個條件，就能形成無上的治病大法。五個條件包括：一聞法。二發菩提心。三發願往生淨土。四專念阿彌陀佛，或修其他佛法。五把修行功德迴向求生淨土。如佛在《大寶積經・無量壽如來會》說：「聞法……發菩提心，專念無量壽佛，及恒種殖眾多善根，發心迴向願生彼國，是人臨命終時，無量壽佛與比丘眾，前後圍繞現其人前，即隨如來往生彼國得不退轉，當證無上正等菩提。」五個條件：

（一）聞法

佛說，淨土法門是佛法中最深奧廣大、最難相信的佛法，但只要時常聞法，就能理解而產生信心，信心足夠就能產生修行動力，而得到佛法的好處。因為聞法太重要，所以佛在《無量壽經》勸勉我們聞法一共講了 18 次。簡單說，修淨土法門的成敗關鍵在於「聞法」。如佛在《無量壽經》說：「深廣無涯底，二乘非所測，唯佛獨明瞭。」在《阿彌陀經》說：「為諸眾生，說是一切世間難信之法。」

例如，我自己就是天天聞法，包括：聽善知識說法、研讀佛經、閱讀佛書、祖師傳記。還有參加寺院舉辦的活動，四處拜訪大師、高人、隱士。調查感應事蹟，親見往生瑞相，比較各種修行方法，所以我對淨土法門充滿信心和動力。

（二）發菩提心（發願成佛、奉行六波羅蜜）

發菩提心包含 2 個意思：

1.發誓要成佛。大安法師說：發菩提心就是發成佛的心。如佛在《觀佛三昧海經》說：「發菩提心，於未來世必成佛道。」

2.必須修菩薩道，奉行六波羅蜜即布施、持戒、忍辱、精進、禪定、般若等六種能達至成佛的方法。淨空法師說：發菩提心，就是發六度心。如佛在《大般若經》說：「發菩提心，既發心已，受諸勤苦行菩薩行，修行布施波羅蜜多，修行淨戒、安忍、精進、靜慮、般若波羅蜜多。」在《過度人道經》說：「有作菩薩道，奉行六波羅蜜經……一心念欲生我國，晝夜不斷絕。若其人壽欲終時，我即與諸菩薩阿羅漢。共飛行迎之，即來生我國。」

佛說，發菩提心就像萬靈藥能治癒一切病。如佛在《大寶積經》說：「菩提心最勝，如阿伽陀藥，能除一切病。」因為發心成

佛，奉行六波羅蜜，就能修集廣大的「智慧」與「福德」。

1.修智慧，消除「心」病

　　例如聽經聞法、研讀佛經、專心念佛、持咒、坐禪等都能夠使心靜下來，產生「戒定慧」的力量以消除心病。心病減輕，就能改造自我，把不好的欲望、行為割捨，回歸自然生活方式，改善身體內在環境，讓癌細胞無法生存，從根本上治癒癌症。如佛在《華嚴經》說：「以智慧藥滅身心病。」

2.修福德，淨化「世界」

　　例如孝養父母、奉事師長、照護老病、拯救生命、修十善業、供養三寶、護持佛法、弘揚佛法、選賢與能、守護自己的國家、保護生態環境、維護世界和平等都能修集廣大福德，而淨化「世界」。換句話說，行善利他「世界」會因自己而變得更美好，自己也會獲得身心健康的回報，以及獲得一切眾生的護持，即使生大病也能遇到良醫，並且命終之後往生淨土得到永恆安樂。如佛在《福力太子因緣經》說：「福者所作善護持……福者臨終無疾病，臨終亦復歡喜生。」

　　諸福德中，以護持、弘揚佛法（法布施）的功德最大。因為護持、弘揚佛法，自己能得到解脫生死的回報；然而救濟貧窮、拯救一切生命，只能得到人天福報。例如護持佛教醫學，讓它站上世界的舞台，就能讓現在、未來無量眾生得度。如佛在《增一阿含經》說：「施一切眾生，不如法施人；雖施眾生福，一人法施勝。」在《除蓋障菩薩所問經》說：「財施者不出生死，而法施者最上最勝。所以者何？一切有情在生死中，貪受種種財利事故，不能受彼最上法味出於世間。」

3.發菩提心，治癒重病的例子

（1）淨空法師表示：新加坡佛教居士林的李木源居士得癌，癌細胞擴散到整個內臟，醫生告訴他只有三個月壽命。他萬緣放下，到居士林作義工。念佛念了六個月，再去檢查，癌細胞不見了。現在十幾年過去了，他的身體比一般人還要健康。因為他發願為佛菩薩工作，把這個身體奉獻給佛教、給一切眾生，因此癌症就痊癒了。

（2）40年前我看慈濟證嚴法師講經說法，當時她病得很嚴重，可是40年後我看她講經說法，精神飽滿、狀態良好。

（3）30年前我看慧律法師講經說法，每講幾句話喉嚨就出現怪聲，看起來病得很嚴重，可是 30 年後，我看他講經說法，精神飽滿、狀態良好。

（4）編者 16 歲瀕臨死亡，17 歲發誓要弘揚佛法、往生淨土。從此遵守誓言，弘護佛法的熱忱從未停止，因此今日才有此因緣推廣佛教醫學。從以上例子可知發菩提心，修六波羅蜜，確實能治癒一切疾病。

問：不發菩提心，能往生淨土嗎？

答：淨空法師說：往生的條件是「發菩提心」，你沒有度眾生的願，念佛念到一心不亂，也不能往生。聖嚴法師表示：淨土法門是大乘佛法，如果有人認為自己是泥菩薩過河自身難保，除了念佛，什麼善行也不想做。如果抱這種心態絕對無法往生，因為西方極樂世界是大乘佛國的淨土，一定要發菩提心，修一切的功德。如果不發菩提心而往生者，必然是前世已發菩提心者。如佛在《大乘無量壽莊嚴經》說：「若不往昔修福慧於此正法不能聞。」

（三）發願往生淨土

　　在佛前發誓，今生要往生佛國淨土。十方諸佛淨土無量，多數發願往生無量壽佛的淨土又稱西方極樂世界。如佛在《無量壽經》說：「至心發願，欲生我國，臨壽終時，假令不與大眾圍遶現其人前者，不取正覺。」在《增壹阿含經》說：「當發誓願，無願不果……若長老比丘不發誓願者，終不成佛道，誓願之福不可稱記。」

爲什麼要發誓往生淨土？

　　1.發誓往生淨土有助康復。信願法師說：如理如法的祈求，最能感應。印光大師表示：重病者必須萬緣放下，一心念佛求往生，不求病癒。因爲求病癒，若壽已盡便不得往生；求往生，若壽未盡則速癒，若壽已盡則決定往生。

　　仁煥法師說：我曾經得癌，肝臟 7 個腫瘤，肺部 2 個腫瘤。當時我念佛目的是求願往生，我就一念一求願往生，沒想到用這樣的方法，我的病竟然治好了。

　　2.不發誓願，無法往生淨土。如佛在《大勢至菩薩念佛圓通章》說：「十方如來，憐念眾生，如母憶子，若子逃逝，雖憶何爲？子若憶母，如母憶時，母子歷生不相違遠。若眾生心，憶佛念佛，現前當來必定見佛。」

（四）專念阿彌陀佛，或修其他佛法

　　專念①阿彌陀佛，指專心念阿彌陀佛的名字。阿彌陀佛、無量壽佛、釋迦牟尼佛，三者都是同一尊佛。如佛在《無量壽佛名號利益大事因緣經》說：「阿難，彼久遠實成，法身常住，無量壽佛者，豈異人耶！今日世尊，我身是也。」

〔註解〕①專念：指專心念佛，或集中注意力念佛。專念又稱一向專念、一心。如佛在《無量壽經》說：「一向專念無量壽佛。」在《長阿含經》說：「一心念佛。」

「修其他佛法」，如修小乘、大乘、密乘；或念其他佛菩薩的名字；或持咒、讀經，只要發願求生，一樣能往生西方淨土，當然也可以往生他方淨土。聖嚴法師表示：禪宗兼修持淨土法門，兩者相輔相成，叫作禪淨雙修。總之，佛說的一切法門，都可以跟淨土法門融合共修。

如佛在《大寶積經》說：「一切眾生貪瞋痴病非餘醫藥而能差①愈。唯有如來無上醫王、法身菩薩②，以大願力而得除滅。」在《華嚴經》說：「譬如阿伽陀藥③，眾生見者，眾病悉除；菩薩成就如是無量法藏，眾生見者煩惱諸病皆悉除愈，於白淨法心得自在。」

〔註解〕①差：病癒。通「瘥」。②法身菩薩：指不久將成佛的菩薩，如觀世音菩薩。如佛在《無量義經》說：「是諸菩薩，莫不皆是法身大士……其心禪寂，常在三昧……處處為眾作大導師……大醫王……不久得成阿耨多羅三藐三菩提。」③阿伽陀藥：梵語 agada 音譯阿伽陀，意譯長生不死藥，意思是，不管什麼病，佛菩薩說的「法藥」統統能治癒得到長生不死。

1.精進念佛的好處

釋迦牟尼佛說，阿彌陀佛的名號，具有無量無邊的功德。為什麼呢？因為一切佛法的功德都濃縮在阿彌陀佛的名號裡面。因此念阿彌陀佛就是至高無上的修行。如果有人以虔誠的心，深信念阿彌陀佛的好處，精進念佛，持之以恆，此人就能得到身心安樂、生活如意、疾病痊癒、延年益壽、化解冤仇、子孫興旺的果報。精進念

佛的緣故，各種惡業都能消滅，同時會遇到各種美好的因緣。此人臨終之前，阿彌陀佛便會率領眾多聖人，出現在他面前，接引他往生西方淨土。

如佛在《阿彌陀佛根本秘密神咒經》說：「阿彌陀佛名號具足無量無邊、不可思議、甚深秘密、殊勝微妙、無上功德……是故彼佛名號……即是為無上、殊勝、清淨、了義妙行……若有眾生……至心稱念，深信不懈，於現在身受無比樂。或轉貧賤獲得富貴。或得果免宿業所追病患之苦。或轉短命得壽延長。或怨家變無恨。得子孫繁榮，身心安樂，如意滿足……以稱名故，諸罪消滅，即是多善根福德因緣。其人臨命終時，阿彌陀佛與諸聖眾現在其前……即得往生阿彌陀佛極樂國土。」

2.念佛治病基本功

（1）南無阿彌陀佛，是梵語：（नमोऽमिताभ，Namo Amitābha）的音譯；意譯為，皈依無量壽佛或無量光佛。因為眾生的心性就是無量壽、無量光，所以念佛就是借阿彌陀佛的光明來消除心病，喚醒心的本性。

阿彌陀佛就是釋迦牟尼佛的法身。南無阿彌陀佛可念六字或四字。口念耳聽，或心念心聽。念得清楚、聽得清楚、心中沒雜念。若雜念生起，馬上把專注力帶回到念佛。大安法師表示：佛號從心裡念出來，耳根聽進去，你的心跑了，再收回來專心念佛。

（2）念佛必須奉行六波羅蜜，簡單說，念佛除了專心，還須「精進」才能發揮真正力量。因此為了治病，建議每天應念佛三萬聲以上。大安法師說：蕅益大師提倡每天念佛的底線是三萬聲（6小時）。為什麼煮雲法師主辦精進佛七，重病奇蹟痊癒的案例特別多？因為煮雲法師主七就像魔鬼訓練營，大家非常「精進」拼命的

念佛、拜佛所以感應特別多。煮雲法師說，我們前世造惡業都是用盡全力，所以今天念佛、拜佛也必須用盡全力才能突破業障。如佛在《佛遺教經》說：「若勤精進，則事無難者，是故汝等當勤精進。」

（3）每念一句佛號，撥一粒念珠，可以強迫我們專心念佛。大安法師說：計數念佛乃淨土宗的傳承，祖師給我們展示每天以念珠念佛，更能幫助集中意念，減少妄念。佛為了鼓勵大家使用念珠念佛，特別講了兩部經。如佛在《數珠功德經》說：「若有誦念諸陀羅尼及佛名者……若用木槵子為數珠者，誦掐一遍得福千倍。若求往生諸佛淨土及天宮者，應受此珠。……其數珠者要當須滿一百八顆。如其難得，或為五十四，或二十七，或十四亦皆得用。」在《木患子經》說：「若欲滅煩惱障、報障者，當貫木患子一百八……恒當至心無分散意，稱佛陀達摩僧伽名，乃過一木患子。如是漸次度木患子，若十若二十，若百若千，乃至百千萬……趣向泥洹，永斷煩惱根，獲無上果。」

（4）念佛摘要
◎出聲念佛：小聲或大聲念佛。大聲念佛又稱高聲念佛。如佛在《地藏經》說：「若有臨命終人，家中眷屬，乃至一人為是病人，高聲念一佛名，是命終人，除五無間罪，餘業報等，悉得銷滅。」

◎金剛念：微動嘴唇，聲音自己聽得到，別人聽不到。如佛在《金剛頂瑜伽中略出念誦經》說：「四種念誦……所謂一音聲念誦、二金剛念誦、三三摩地念誦，心念是也。四真實念誦，如字義修行是也。」

◎默念：又稱心念、憶念。如佛在《大乘無量壽莊嚴經》說：「眾生聞彼佛名，發清淨心憶念受持，歸依供養求生彼土，是人命終，皆得往生極樂世界。」

◎經行念佛：在一定路線上往返行走念佛。淨空法師表示：有人坐著念佛，念一會兒就打瞌睡，經行就是以很慢的速度散步念佛，這樣用功心容易定。如佛在《中阿含經》說：「或至樹下、或空室中、或經行、或坐禪，淨除心中諸障礙法。」

◎靜坐念佛：若無法盤腿，坐在椅子上也可以。

A.記數念佛：默念「阿彌陀佛」從一開始數起，從一數至十的循環，察覺失念時就回到從一開始數。慧淨法師表示：「十念記數」法，端身正坐後閉目專心念佛，念一聲佛，心知一聲，從一聲至十聲的循環，念得清楚，聽得清楚，記得清楚。早上醒來，就先靜坐念佛，能坐多久就念佛多久，如不能坐，那就起來拜佛念佛，或經行念佛，一天的生活就是這樣從念佛開始。如佛在《坐禪三昧經》說：「入息至竟數一，出息至竟數二。若未竟而數為非數，若數二至九而誤，更從一數起。」

B.隨息念佛：自然呼吸，吸氣念「南無」，呼氣念「阿彌陀佛」，不緩不急，心息相依，行住坐臥，皆可行之。印光大師說：行住坐臥皆可念佛，而以靜坐念佛為尤要……靜中隨息念佛，專注不移，容易達到一心不亂地步。如佛在《雜阿含經》說：「觀滅出息時，如滅出息學，是名修安那般那念。」

（5）念佛共修

A.一個念佛人，妄想多、懈怠多、障礙多怎麼辦？建議到寺廟共修，可克服各種問題。

B.初學者接受共修訓練，能快速吸收修行經驗。

C.精進佛七：禁語、不用手機，斷除外緣，念佛更容易靜心，激發潛能得到大感應。特別是重度業障病，靠一己之力難以突破，故借助團隊力量，可以創造最強療癒場，突破業障病。例如編者 23 歲參加煮雲法師主辦的「大專精進佛七」6 年無法睡覺的怪病忽然痊癒。

（6）閉關：在僻靜小屋或山林野外，全心全力修行。幾乎所有證道者，都有一段時期是在「與世隔絕」的狀態下修行而開悟證道。如佛在《中阿含經》說：「阿那律陀……因在遠離獨住，心無放逸，修行精勤故，便得光明而見色（失明的阿那律陀，證天眼神通）。」

3.注意事項

◎修行就是心的反向操作：若要達成願望，必須努力念佛，念到無欲無求，把一切欲望清空，那麼心的力量（禪定、智慧）就會顯現出來。有了禪定、智慧便擁有達成一切願望的能力。譬如，每天精進、專心念佛三萬聲以上，就會產生巨大療癒力，促使癌症自然痊癒。如佛在《文殊師利問經》說：「念佛十號猶如虛空。」在《大般若經》說：「一切法不生則般若生，一切法不現則般若現。」在《大寶積經》說：「一切諸見，唯空能滅……真實觀故，生聖智慧。」在《別譯雜阿含經》說：「塵垢來染心，正念能除捨，愛欲即塵垢。」

◎淨土是難懂、難信之法，因此修淨土法門必須「解行並重」才能建立堅定的信心。「解」就是了解佛經，「行」就是專心念佛。印光大師說：「半日學解、半日學行」一半時間聞法，一半時間念佛，就是修淨土的要訣。

◎修行領域有許多神奇現象，例如氣動、神祕經驗、特異功能、神通等說不完的超自然現象。如果心裡期望得到這些，就會踏入陷阱。首先你的心亂了，無法進入深禪定。接著可能招引邪魔附身。夢參長老表示：修定之時，心裡貪求感應，一定會著魔，心魔一起，就會招引外魔入侵。

◎剛開始念佛，可能會比不念佛時更加煩躁不安。但只要努力、忍耐、持之以恆，就會度過撞牆期，心病減輕得到法喜快樂。淨空法師表示：眾生染汙太久，習氣太深，怎麼收心念佛？只要有決心毅力，請佛加持，念佛一年不行，二年，二年不行，三年，時間久了就能養成念佛習慣，從中獲得法喜。得到法喜，你在念佛的路上就不會退轉。如佛在《阿彌陀佛根本祕密神咒經》說：「至心稱念，深信不懈，於現在身，受無比樂。」在《雜阿含經》說：「專精勝進，身心止息，心安極住不忘，常定一心，無量法喜。」

◎念佛不能操之過急。慧律法師說：修行不要急，急容易走火入魔。念佛屬於慢養生，日積月累必能產生功效。佛說，修行如彈琴，琴弦太緊或太鬆都不好，當鬆緊恰到好處時，才能彈出悅耳聲音。如佛在《四十二章經》說：「琴……弦緩如何？對曰，不鳴矣。弦急如何？對曰，聲絕矣。急緩得中如何？對曰，諸音普矣……學道亦然，心若調適，道可得矣。」

◎為何念佛，病情反而更嚴重？先說結論，念佛出現障礙，例如癌指數立刻上升，其實只有苦受，沒有生命危險，只要堅持一定能度過難關。若放棄念佛，只會每況愈下。

念佛障礙，可能原因：
（1）冤親債主不放過你，例如編者初學佛時只要「在家」念佛15分鐘馬上全身癱軟無法再念佛（在寺廟念佛就不會），經10多天身體才慢慢恢復，又再念佛又馬上癱軟，如此不斷挑戰，終於在6年後參加大專精進佛七獲得大感應，重病忽然痊癒。
（2）原本要墮地獄，由於念佛修行所以提前輕報作了結。如佛在《大般涅槃經》：「是人今世惡業成就……是業必應地獄受報；是人直以修身、修戒、修心、修慧，現世輕受，不墮地獄。」在《父子合集經》說：「若造眾惡行，當墮於惡趣，或外遇良緣，轉重令輕受。」

（3）念佛清除心垢，就像清臭水溝，越清越臭，但清除一陣子就不再發臭。

（4）念佛不持戒，缺乏善神保護，邪魔會趁機修理你。如佛在《灌頂經》說：「若持五戒者，有二十五善神，衛護人身在人左右……使萬事吉祥。」

4.念佛治百病的原理

（1）希望與信仰，是治病良方

知道真我永生不死，知道念佛可以治病、往生淨土得到永恆快樂，所以絕望變成希望，對念佛生起信心、歡喜心。這份希望、信心、歡喜心就成為對抗疾病的良藥。癌症醫師黃聖周說：許多癌症患者的主要死因，是因為恐懼、絕望、自暴自棄……癌症患者最需要的治療，就是希望療法。台灣癌症基金會執行長賴基銘說：心情影響免疫力……在臨床觀察上，正向思考、樂觀的癌症病人，確實有較高的存活率。如佛在《無量壽經》說：「諸有眾生聞其名號，信心歡喜，乃至一念。至心迴向，願生彼國，即得往生，住不退轉。」

（2）念佛必須修禪定

念佛必須修禪定，因為六波羅蜜（布施、持戒、安忍、精進、禪定、智慧）是大乘佛法的綱要與基石，而禪定為六波羅蜜之樞紐，有禪定才能生智慧。禪定有許多層次，只要成就正定，任何困難都能破除。如佛在《達摩多羅禪經》說：「從定生智慧。」在《遺教經》說：「制心一處，無事不辦。」

禪定，指心專注而不散亂。譬如念佛注意力集中，心中沒有出現其他雜念就是禪定。禪定能讓急躁、衝動的身心靜下來，心靜產生靜慧，看清真相，消除煩惱。如佛在《圓覺經》說：「取靜為行，由澄諸念，覺識煩動，靜慧發生，身心客塵（煩惱）從此永滅。」

　　為何禪定能生智慧？因為我們的心，跟佛一樣具有無上的智慧、光明、潔淨、快樂，因被心垢（又稱心病、煩惱、客塵）污染、封印，無法展現心的原力。念佛修禪定能去除心垢，心垢清空歸零，就能展現心的原力（空性智慧），就好像擦拭鏡子的塵垢，去除塵垢就能照見一切真相。如佛在《增支部》說：「此心極光淨，而客塵煩惱雜染。」在《大寶積經》說：「如來藏者，即是如來空性之智。」在《海八德經》說：「吾道眾經，其義備悉。沙門潛思，練去心垢。貪婬恚嫉，愚癡眾穢。猶若磨鏡，瑩垢盡之。又蕩微曀，照無不覩。一坐自思，存惟往古生死之源，得無不知。」

　　如何修禪定？首先要知道亂心、懈怠都不會產生禪定。禪定必須在專心、精進修行之下才會產生。簡單來說，每天念佛三萬聲以上，可以進入禪定之門，或者參加精進佛七、禪修，更是培養禪定的好方法。

（3）禪定、智慧的作用

首先談「禪定的作用」5 種：

①能滅：能消滅一切貪瞋痴心病。

②能調：能調伏六根，使六根不造惡業。

③寂靜：使身口意三業安靜不動。例如近代高僧廣欽老和尚，坐禪入定沒呼吸也沒心跳逾 120 日。

④遠離：能遠離五欲六塵之誘惑。

⑤能清：能清除被貪瞋痴汙染的心垢。

　　如佛在《大般涅槃經》說：「奢摩他者名為能滅，能滅一切煩惱結故。又奢摩他者名曰能調，能調諸根惡不善故。又奢摩他者名曰寂靜，能令三業成寂靜故。又奢摩他者名曰遠離，能令眾生離五欲故。又奢摩他者名曰能清，能清貪欲瞋恚愚痴三濁法故，以是義故故名定相。」

接著談「智慧作用」6種：

①正見：正確的見解、正確的觀念。因為去除愛恨，冷靜思考就能避免偏見和誤判。

②了見：深入全面的了解事實真相。

③能見：能看清事實真相，甚至能見一般人見不到的真相。

④遍見：全面性的知道真相，甚至知道前世、今生與來世的事。

⑤次第見：依照順序了解事實真相。

⑥別相見：能分辨各種複雜現象而不錯亂。

如佛在《大般涅槃經》說：「毘婆舍那名為正見。亦名了見。名為能見。名曰遍見。名次第見。名別相見。是名為慧。」

以下從醫療角度，闡述禪定、智慧的作用：

❶心病減輕，癌症自然痊癒

心病貪瞋痴是「癌症的病因」也是人生疾苦的根本原因。心病產生的後果：1.心被染著，難以自拔。2.心被蒙蔽，心行顛倒。3.毒害「身、心、世界」。4.增長三障，無法解脫。5.加足馬力，奔向輪迴。詳細說明〔請看〕第4章（四）「貪瞋痴」產生的後果。

◎精進、專心念佛，能淨化自心，心中自然產生明亮、清淨的智慧光明。察覺自心，心情放鬆，快樂自在，逐漸遠離貪瞋癡。如佛在《華嚴經》說：「專念正法；令心不亂，智慧明淨，遠離心垢；明淨慧光，照察其心，生自在心。」在《般泥洹經》說：「有定慧者……永離貪婬瞋恚愚癡。」

◎心病馬上斷不可能，但努力念佛，心病就會漸漸減輕，減輕到一個程度就能阻斷癌細胞的產生，促使癌症自癒。如佛在《維摩詰所說經》說：「以智慧，調伏其心……通達世間、出世間慧……永

斷病根。」

◎靜心、觀想能治病：把心專注在身體病痛的部位，一段時間，即能產生治病效果。因為心是身體的主人，疾病像盜賊，主人所到之處，盜賊自然逃散。

◎貪瞋癡減輕，頭腦變清醒，所以知道做對的事，回歸自然的生活方式，遠離致癌因子。飲食、運動、生活習慣變好，新陳代謝增強，體內毒素被排除。恐懼、憂鬱、壓力、負面情緒被化解，神經系統、內分泌系統、免疫系統逐漸恢復正常、自癒力提升，終於讓癌細胞無法生長起來。

◎醫師的見證：
抗癌成功的蔡松彥醫師在《心轉，癌自癒》書中說：癌症是一種習慣養成的病，簡單說習慣改變了就沒有癌症……轉變你過去不正常的飲食習慣、運動習慣……調整你的生活方式……更重要的是改變自己的內心。

〔日本〕癌症醫師岡本裕在《90%的醫生都誤解癌症》書中說：罹癌之後首要克服的就是恐懼……癌症是全身性的疾病，唯有病人大徹大悟改變自己的生活習慣、思考方式，改善身體內在環境，讓癌細胞無法生存，才有辦法治癒癌症。

❷自然做好「自我健康管理」
因為智慧提升，於是喜歡安靜獨處，沉靜少說話，不喜歡到處遊玩，愛吃天然食物，生活簡單，知足常樂，各種欲望減低，知道節制，睡眠時間減少。總之，精進念佛，能自然做好「自我健康管理」如佛在《菩薩持地經》說：「因起智慧，獨一靜處，燕默少言亦不遊行，知量而食不雜種食。」在《增壹阿含經》說：「知時而行。飲食知節。常念知足。念不分散。少於睡眠。亦復少欲知於返

復。」

「自我健康管理」就是靠自己運用自然的物質、方法來恢復健康。因為身體本身即具自我修護、康復能力；回歸自然的生活方式，就能找回身體的自癒力。自我健康管理包含以下，五大要素：

（1）飲食：營養均衡是維持生命、增強免疫力和自癒能力的原料。①多樣、自然的飲食，多吃原型食物、蔬果、堅果與好油。②減少外食，避免油炸、燒烤、甜食、菸酒、醃漬品。③吃多種天然無毒食物，才能產生最佳抗癌作用。④由於每個人的體質、病況不同，因此若要採行「生機飲食與蔬果汁」、「斷食」、「吃全素」，一定要諮詢醫師意見，且要多方涉獵資訊，循序漸進，以免未蒙其利反受其害。

（2）生活作息：病人須充分休息和睡眠。晚上十點之前就寢，才能讓荷爾蒙分泌正常、免疫系統充分充電，幫助身體修復。

（3）運動：運動使人心情開朗，免疫增加，代謝循環、食慾都變好。每天至少運動半小時，走路、爬樓梯、爬山、慢跑、單車、游泳任何形式的運動都好，運動到出汗程度。台大醫學院物理治療學系教授曹昭懿指出：研究發現，罹癌的病友規律運動，可降低癌症復發率。許中華醫師建議以輕、中等級的運動散步、慢跑、走緩坡為主，運動量過強反而會傷身體根本。

（4）環境：①親近無染的生命四要素：「地」生活在有草木的環境中。腳踩草地，接收大地能量。「水」多喝乾淨的水，過濾煮沸3 分鐘再飲用。「火」每天曬太陽 15 分鐘補充陽氣及維他命 D。「風」室內保持通風。②森林療法：森林釋放大量氧氣、負離子和芬多精及舒適氣候、山林之美、蟲鳴鳥叫聲，因此走進山林能紓解壓力、提升人體免疫力、促進新陳代謝、維持身心及荷爾蒙的平

衡。

（5）心情：①平靜、樂觀的心情，避免過度壓力。②家庭和朋友的支持可促進身心健康。③信仰、閱讀、音樂、旅行、交新朋友，換個新環境，到鄉下或山上從事農作、園藝也是走出人生低谷的良方。

另外，刮痧、推拿（按摩）、拔罐……均可暢通經絡，幫助氣血運行，放鬆身心，維持人體小宇宙的陰陽平衡，身體自然會趨向健康。

❸擺脫負面情緒與念頭，換成好心情、好念頭

緊張、壓力、焦慮、憂愁、恐懼、憤怒與嫉妒等負面情緒與念頭，是引發疾病的根源。透過止觀（禪定、智慧的別名）可以直接把不好的情緒與念頭，轉換成好心情、好念頭。舉例如下：

◎憤怒：憤怒生起時，專心念佛脾氣就發不起來，這是「止」；靜觀憤怒像一把火會把一切善行功德統統燒光，帶來無窮禍患，這是「觀」。寒山大士說：「瞋是心中火，能燒功德林。」如佛在《華嚴經》說：「一念瞋心起，百萬障門開。」

◎淫欲：淫欲生起時，精進念佛的禪定力，能淨化身心消除淫念，這是「止」；靜觀，帥哥美女馬上變醜，因為智慧具備「正見、能見、了見」的用作，故能看清楚帥哥美女的貪瞋癡醜陋的一面，能看到他將來老病的模樣，因此愛欲不見了，這是「觀」。

又以端正心，觀想女人，年紀大的就像自己母親；年長的就像自己姊姊；年輕的就像自己妹妹；年幼的就像自己女兒，並生起救度他們的心念。如佛在《四十二章經》說：「正心思念……想其老者如母，長者如姊，少者如妹，稚者如子。生度脫心。」

149

又帥哥美女，如同漂亮的瓶子，裡面裝著穢物，打開瓶子惡臭就漂流出來。如佛在《般泥洹經》說：「㮈女與五百婬弟子……雖好莊衣來，譬如畫瓶，外有好畫，中但有不淨，封結不可發解，解者不淨臭。」

◎「觀」苦：

1.人在飽受病苦，求救無門之時，才會專心學佛修行，因此從結果來看，我們要感謝「病苦」帶來寶貴的學佛機緣。如佛在《雜阿含經》說：「嶮惡恐怖卒起之時，眾生運盡……無有餘計……於佛法教專心歸依。」

2.深入體會世間的苦難，才能開啓修行的動力和慧眼。如佛在《大般若經》說：「苦聖諦……爲師爲導，爲明爲炬。」

3.身無病則貪欲生，貪欲生則破戒退道，因此病苦是修行良藥。如佛在《諸法集要經》說：「病爲良藥。」

4.吃苦能消罪業。如佛在《金剛經》說：「是人先世罪業，應墮惡道。以今世人輕賤故，先世罪業，則爲消滅。」

5.遍歷一切苦，永斷生死流。如佛在《華嚴經》說：「眾生受眾苦……永斷生死流。」

◎「觀」情緒：看清楚緊張、壓力、焦慮、憂愁、憤怒、嫉妒等等負面情緒，其實是心的幻覺假象。幻覺出現時馬上念佛，觀破負面情緒，找回好心情。如佛在《雜阿含經》說：「諸識法如幻……幻僞誘愚夫，如殺如毒刺。」在《長阿含經》說：「精勤不懈，專念不忘，除世貪憂……生大智明。」

◎「觀」眞假：「假有」例如金錢、權勢、美聲、美色、美味，這些本來沒有，現在有，將來又變沒有；好像在作夢，好像變魔術，所以稱「假有」。如佛在《金剛經》說：「凡所有相，皆是虛妄①……一切有爲法②，如夢幻泡影③，如露亦如電④，應作如是觀⑤。」

　　「真有」例如我們的心，又稱法身慧命、真如本性、真我等等，它永恆存在，具有無限能力，故稱「真有」。又行善、持戒，可以生天享受快樂；造惡、破戒會下地獄受苦，故業力也是「真有」。如佛在《正法念處經》說：「無始生死中，業網覆世界。從天生地獄，從地獄生天。」

　　修行就要看淡「假有」，看重「真有」。知道是假的，貪瞋痴就消失了，迷夢醒了，就能恢復心的本來面目。

　　〔註解〕①虛妄：因緣組合而成的暫時相，無真實體性。②一切有為法：除真心以外，一切人為造作、因緣結合而生的萬物都是有為法。③如夢幻泡影：像作夢、像幻師所化之相，如水泡、如影子，似有，探之卻無實。④如露亦如電：像朝露、像閃電般很快消失。⑤如是觀：應該從這個角度去觀察。

　　◎「觀」五濁惡世：我們活在眾苦交煎的「穢土」世界，遭受打擊，必須忍耐，把煩惱轉換成智慧。如佛在《解深密經》說：「諸穢土中……有苦眾生。」在《遺教經》說：「能行忍者，乃可名為有力大人。」在《維摩詰經》說：「一切煩惱為如來種。譬如不下巨海，不能得無價寶珠。如是不入煩惱大海，則不能得一切智寶。」

　　許瑞云醫師說：如果要恢復健康，就要學習清理內在的問題，回歸內心的寧靜平和，才能真正找回身心靈的健康與平衡。

❹泉湧的快樂，滋潤身心

　　快樂有兩種，第一種是物欲感官之樂，它只是驚鴻一瞥，無法持久。第二種是精進念佛或禪修，由內心產生的快樂（又稱法喜、禪悅），只要持續修行快樂就會源源不絕的湧現。為什麼如此？因為心的本質就是快樂，念佛去除心病，自然產生快樂。如佛在《大寶積經・無量壽如來會》說：「常念諸佛而生喜。」在《大般涅槃經》

說：「滅諸煩惱，名爲涅槃（第一樂）。」

實例 1：我的好友王○○，罹患家族性澱粉樣多發性神經病變
（FAP）的罕見病，他四肢癱瘓，生活上處處需要別人幫忙。在這
種情況下，照理說心情應該非常糟糕、沮喪，可是好友卻跟我說：
「我整天都很快樂」。我對好友說：我相信，你知道爲什麼嗎？因爲
心的本質就是快樂。因爲你每天打坐修行，有禪定力，所以心裡會
產生源源不絕的快樂。

實例 2：明就仁波切，在美國威斯康辛大學接受實驗，他在禪
定狀態中，被測出大腦中的快樂指數，躍升了百分之七百，因此被
美國《時代雜誌》與《國家地理雜誌》譽爲「世界上最快樂的人」。

精進念佛能得到源源不絕的快樂，因此在快樂、平靜、放鬆、
空性的狀態下，人體的免疫系統、神經系統、內分泌就會自我調整
修護，促使身體恢復健康。故佛說，禪定之樂，是滋潤身心的良
藥。如佛在《大般若經》說：「若睡、若覺身心安樂……由彼定力滋
潤身心。」

❺啓動「四大能量」身體進行自我修復

人體由地大（固體）、水大（液體）、火大（熱能）、風大（氣
體）四大組成。如佛在《長阿含經》說：「此身是四大合成。」在專
注念佛，心靜之下身體就會啓動「四大能量」帶動氣血循環，進行
自我修復。由於四大概念難以理解，所以舉中醫、氣功與禪定產生
的現象，作說明：

首先中醫認爲「氣」是血液循環的動力。如《黃帝內經》說：
「氣是血之帥，血是氣之母。氣行則血行，氣滯則血淤，氣虛則血
弱。」中醫又說當內心平靜、精神內守的時候，我們與生俱來的
「眞氣」就會開始運作，帶動氣血循環，產生防治疾病的作用。如

《黃帝內經》說：「恬淡虛無，眞氣從之；精神內守，病安從來。」因此專心念佛，把心念固「守」在佛號上面，「眞氣」就會開始運作，保衛身體健康。

再來，談氣功：念佛跟練氣功一樣，只要專注、靜心，幾分鐘內身體就會進入「氣功狀態①」。所不同的是練功者會對氣功進行導引，而念佛不導引氣功，因為不導引所以更加的專注、靜心，所以

專心念佛，就是在修練無上氣功。例如一位醫師請教廣欽老和尚「如何打坐才能打通氣脈？」老和尚回答：「不必打氣脈，一心念佛，證念佛三昧所有氣脈自然全部打通！」

〔註解〕①氣功老師林孝宗表示：輕鬆站著，眼睛閉著，心靜下來，幾分鐘內就能引發「氣功狀態」，身心完全順其自然任由內氣帶動的氣功就叫「自發功」，這是身體在進行通經脈、開穴道、治病、排毒。

最後，談修禪定啟動「四大能量」現象：
一、「火大」：初學靜坐身體會「發熱」。專業禪修者，寒冬不怕冷，在雪地坐禪體內產生拙火把身體周圍的雪融化。具行法師圓寂時，引三昧眞火把自己給火化了。發冷，也是火大現象：編者看到一位剛退伍的年輕人靜坐時身體突然發冷，他躺在床上蓋上三條大棉被，還瑟瑟發抖。

二、「風大」：靜坐時身體不由自主的晃動、拉扯、劇烈衝撞，風的力量很大。禪定成就者「風大」現象，如《尊者阿迦曼傳》記載，阿迦曼靜坐時身體漂浮在半空中。《密勒日巴尊者傳》記載，密勒日巴曾在天空飛行。西藏高僧圓寂時，肉身化作一道彩虹而去，只剩下一些頭髮、指甲和透明而且堅硬的舍利子，這是「風大」和「火大」現象。

三、「水大」：少林寺方丈永信法師在《我心中的少林》說：打坐，靜到一定程度，身上血液流動都能聽得到，要達到這樣一種理想的狀態，需要一個修行的過程。

四、「地大」：靜坐時身體突然變爲緊繃、堅硬，或好像停住了、不動了這些是地大的現象。

其實念佛產生四大或氣功，是不求自來的。「四大能量」出現時，你只需靜靜看著它，專心念佛，無需操縱，讓它們自然發生。不要生起貪瞋執著的心。你看清它，它就會消失。

修行就是要訓練到不被四大、神奇現象（貪瞋癡習氣）操控。隨四大、神奇現象搖擺，就是被業力拉著走。念佛時操作氣功或特異功能，就是外道的修行，不僅阻礙解脫也可能招引邪魔附身。南懷瑾老師說：「靜坐時一般人都被生理上的客塵拉著走，哦！氣脈通了，不得了了！於是，便玩弄氣脈、功夫去了，心也就無法眞正靜下來，這樣修行怎麼會有成果呢？」如佛在《別譯雜阿含經》說：「修諸禪定，不依四大①及四無色②。」

〔註解〕①依四大：世間的靜坐、練功，目的是養生、治病、強身與延年益壽，這叫「依四大」修行，例如甩手功、法輪功、外丹功、九九神功、丹道內功。②依四無色：世間的信仰、靜坐，最終目的是入定修練成仙，這叫「依四無色定」修行，例如天帝教、崑崙仙宗、丹道內功。聖嚴法師說：外道只知修定，而不知性空的無我，所以雖到第八定（四無色定），一切物質及妄念都空去了，一個我字還沒有空去，所以出不了三界的生死，等他們從定中出來之時，便又回到生死的漩渦中去。如佛在《大般若經》說：「四無色定，執著有性……以於諸法執著有性，於諸法空不能信受。由不信故，不能成辦聲聞、獨覺、菩薩、如來所有聖法。」

專心念佛，把心念固「守」在佛號上面，身體自然啟動「四大能量」，不管你有無察覺能量變化，即能促進「四大調和」幫助身體恢復健康。如佛在《大乘悲分陀利經》說：「四大調和眾病皆癒。」

❻治療失眠，提昇睡眠品質

長期失眠會導致百病叢生。如果能讓病人好好睡覺，很多疾病都可以改善或解決。失眠怎麼辦？一吃安眠藥，只能暫時緩解，而且越吃效果越差、副作用越大。二集中精神，精進念佛產生的禪定，能讓大腦清空、恢復平靜心情、啟動「四大能量」帶動氣血循環，因此念佛是最完美的健腦運動，可以幫助入睡，提昇睡眠品質，減少睡眠時間，從根本上解決失眠問題。如佛在《增壹阿含經》說：「飲食知節，常念知足，念不分散，少於睡眠。」

例如，每天拿著念珠專心念佛三萬聲以上，經一段時間努力，就可治療失眠，使人精神飽滿。大安法師說：只要你對「南無阿彌陀佛」產生信心，這個名號就能治你的失眠，我們有好多這方面的例子。如果你在睡眠之前，你先念一萬聲佛號，再去睡覺；或拜佛108拜，拜的全身大汗，同時念一萬聲佛號再去睡覺，你看看管不管用？

（4）佛力救度，重病奇蹟痊癒

佛力救度的因緣：

①念佛人必須聞法，建立堅定信心，然後以至誠心、深信心，精進念佛，持之以恆就可以消除業障，獲得佛力救度，使重病奇蹟痊癒，延年益壽。如佛在《阿彌陀佛根本祕密神咒經》說：「阿彌陀佛名號具足無量無邊、不可思議、甚深祕密、殊勝微妙、無上功德……若有眾生……至心稱念，深信不懈……或得果免宿業所追病患之苦，或轉短命，得壽延長。」

②持地菩薩說，得到觀世音菩薩神通救度，乃「功德不少」。「功德」指福德、智慧。換句話說念佛人，精進念觀世音菩薩（或念佛），奉行六波羅蜜，就能修集廣大的福德、智慧，福德、智慧累積夠了就能獲得觀世音菩薩的神通救度。如佛在《普門品》說：「一心稱名，觀世音菩薩即時觀其音聲皆得解脫……爾時持地菩薩即從座起，前白佛言：世尊，若有眾生，聞是觀世音菩薩品自在之業，普門示現神通力者，當知是人功德不少。」

③台灣有句諺語：「先生緣，主人福」。意思是說，病人有福氣才會遇到有緣的醫生把病治好。佛說，專心念佛可以增長福報，幫助遇到良醫良藥的好機會、好因緣。如佛在《阿彌陀佛根本祕密神咒經》說：「專持名號，以稱名故，諸罪消滅，即是多善根福德因緣。」

補充說明：

◎具備往生淨土五個條件，佛菩薩肯定會在暗中護佑這個人，時間拉長來看，必定有感應。淨空法師說：念佛的人不是沒有感應，感應偶爾有一次，那是佛菩薩加持我們，幫助我們的信心，如果說常常有這些現象，那就是魔變出來的，自己要非常小心謹慎。

◎念佛共修力量大：神通第一的目犍連，藉供養十方僧眾的力量，才得以拯救其母脫離地獄。因此透過精進佛七、禪修等共修活動，或許重病就能痊癒。如佛在《盂蘭盆經》說：「汝母罪根深結，非汝一人力所奈何……當須十方眾僧威神之力乃得解脫。」

◎即使沒有大感應，只要依法修行，病情還是會慢慢改善，縱然身上還有癌細胞，也能與癌共存、延長壽命。

◎感應慢也有好處。編者 16 歲瀕臨死亡，認真修行 6 年後才得到感應。這期間在大苦逼迫下拼命念佛，研讀佛經善書，拜訪大師、高人、隱士，參加各種修行活動，最後參加煮雲法師主辦的大專精進佛七才忽然痊癒。如果沒有六年的病苦鞭策，就無法深入佛法，奠定好的基礎。

（5）永斷心病，度一切苦厄

專心念佛，淨念相續不斷，久而久之便可證得念佛三昧。證念佛三昧，便能獲得大智慧，永斷心病，擁有解脫生死的本事，從此百病不生，命終往生淨土。如佛在《楞嚴經・大勢至菩薩圓通章》說：「都攝六根，淨念相繼，得三摩地，斯為第一。」在《雜阿含經》說：「心得解脫，法喜利故，身病悉除。」在《文殊師利問經》說：「若能專念如來十號……增長壽命、無諸疾病……若人一心念佛……正定具足，具足定已，見彼諸佛。」在《坐禪三昧經》說：「念佛……應勤心專念……念佛得諸三昧智慧成佛。」

大安法師表示：念佛三昧不容易得到，最重要的是要多聞法，多念佛，在數量上下功夫，具備往生淨土的條件，仗佛願力往生淨土，這樣最容易達成。不一定要追求念佛三昧，但是功夫到了自然水到渠成。

證念佛三昧的省一法師表示：如果不閉關（120 天）、禁語，一心持誦佛號，念佛三昧就難證得。我證念佛三昧時，即見阿彌陀佛、極樂世界。神氣加倍充沛，不再臥床睡覺，也沒有饑渴之感。

以上說明念佛治病的原理。最後提醒大家，念佛不要去期盼神奇境界，否則恐怕招引邪魔入侵。印光大師說：念佛三昧，也不易得，若不自量，或致著魔。

5.念佛，治癒重病的例子

（1）「山西小院」有 40 多個癌症病人，都是被醫生放棄治療，他們精進讀經、念佛二、三個月就有很好的效果，之後經過多年沒有再復發。請上網看「山西小院」影片。

（2）編者23歲時參加煮雲法師舉辦的大專精進佛七，連續6年無法睡覺的怪病忽然間就痊癒了。同期還有很多同學也得到大感應，略舉幾個：

◎一位同學不僅跛腳，而且聲帶受損講話完全沒有聲音，佛七結束後發表感言，跛腳好了不用再拿拐杖，而且講話聲音特別宏亮。

◎一位清水國中女老師，全身都是病，身體虛弱到必須包計程車到鳳山佛教蓮社參加佛七。她認為自己的病不可能痊癒，希望在臨死前好好用功一下，倘若死在佛前也剛好有人超度。但她的身體非但沒有累垮，竟然日復一日轉為強健、氣色紅潤。

◎有一位同學三個月才大號一次，現在大號恢復正常。

◎有一位同學看見西方極樂世界七寶池的蓮花盛開，而且每一朵蓮花都有佛七同學的名字。

問：只念佛不就醫，可以治癒重病？

答：3點說明：①念佛治療病因，醫藥治療症狀，因此佛說，有病不去治療可能會提早死亡。如佛在《法句譬喻經》說：「有病不治為一橫死。」②重症痊癒，必須消除業障，或福德、智慧因緣俱足，但這不是每個人或短期間能做到。③積極治療無效、年紀太大、被醫生放棄或已做好死亡準備，才建議只念佛不就醫。

（五）把修行功德迴向求生淨土

把修六波羅蜜以及專念無量壽佛所修的功德，迴向求生淨土。迴向文，例如「願以此功德，迴向法界一切眾生，平等施一切，同發菩提心，往生安樂國。」

具備以上五個條件，就會產生兩種結果：一若壽命未盡則能速癒、延壽；若壽命已盡，則能「活著」往生淨土，得到永恆安樂，

並在淨土修行，直到滅盡心病圓滿成佛。如佛在《地藏經》說：「是人若是業報合受重病者，承斯功德尋即除癒壽命增益。是人若是業報命盡……承斯功德命終之後，即生人天受勝妙樂。」

往生淨土案例眾多：請看第 2 章佛教醫學是「實證醫學」，或上網查詢，或到寺院道場查證。

五、科學與醫學，證實心念與健康相連

（一）念佛可以形成「正面情緒」

香港大學佛學研究中心，運用腦電波儀器（Electroencephalogram，EEG）針對念「阿彌陀佛」者做研究，發現看恐怖圖片再念佛，基本上恐怖情緒被念佛中和了，這間接證明「念佛確實有助於穩定腦波及心緒」。

以核磁共振成像儀器（fMRI）研究念「阿彌陀佛」對腦神經機制模態的影響，研究顯示，反覆念佛能形成正面情緒、能抗衡恐懼心，就是當你常常念阿彌陀佛，大腦裏面的腦神經，組成了一個結構，這個結構能平衡負面情緒及偏見。此次實驗證實，念佛可能直接刺激腦幹，從而直達人腦本能層面的滿足，能幫助我們產生根本的幸福感，也能培養積極的情緒。

（二）禪修培育出「世上最快樂的人」

〔世界上最快樂的人〕美國威斯康辛州大學的麥迪森衛斯門實驗室，2002 年進行神經科學研究，其中一個實驗是想了解修行多年的高僧，其大腦結構和一般人有差異嗎？他們的快樂指數為

何？……得道高僧組包含 8 名修行多年的出家人，對照組是學習靜坐一週的成年人……研究者將受試者推進「核磁共振儀器」……8 位僧人中，明就仁波切被測出「有史以來最高的快樂腦波指數」，在禪定狀態中躍升了百分之七百，因而被美國《時代雜誌》與《國家地理雜誌》譽為是「世界上最快樂的人」。

明就仁波切非常謙虛的說到，他的老師比他還快樂，只是沒參加測試。確實世上還有許多高僧大德未參與實驗。從實驗結果得知，大腦是可以鍛鍊……禪定打坐訓練「心力」，長期專注禪定結果，不僅主觀感覺會「安定、平靜、法喜」，在大腦結構中也會留下痕跡，說明了「心力或快樂」是可訓練的。本文來自：法鼓山人文基金會。文／孫敏華（心理系退休教授）

（三）心念，能傳送「療癒能量」

以下實驗摘自《療癒場》作者琳恩‧麥塔嘉記者採訪各地科學家的研究成果：

①伯納‧葛拉德（Bernard Grad）博士，以罹癌小鼠做實驗，結果發現接受祈禱加持的小鼠，腫瘤受到抑制並活得比較久，未接受祈禱加持的小鼠死得較快，實驗證明人的意念可以向動物，傳送療癒能量。

②美國史丹福醫學院大衛‧史匹格爾（David spiegel）的研究報告顯示「團體心靈治療能夠大幅延長乳癌病患的預期壽命。」

③伊莉莎白‧塔爾格（Elisabeth targ）醫師的「遠距祈禱」實驗：結果發現，接受心靈治療的人活得較好，因此可以確定，遠距心靈治療具有非常好的療效。這期間所有治療師都向靈界祈求「懇請讓此人痊癒」，事實證明只要心存善念，期許病人痊癒，不管採用

哪種方式都能夠改善病人的身心健康。由此推斷一般人也可以藉由意念，來為自己或他人療癒疾病。

案例

①2006.11.18 台中市長胡志強妻子邵曉鈴在助選時遭小客車追撞，生命垂危。胡市長在電視上深情呼喚國人：「請大家救我太太，拜託」感動了無數人，誠心為她祈福，與死神搏鬥第五天，邵曉鈴終於逐漸脫離險境，目前已恢復健康。

②2002.5.10 前鳳凰衛視主播劉海若，在英國發生火車意外，重傷昏迷，被英國醫院判斷為腦幹死亡。經媒體報導，兩岸同胞皆為她祈福，在中西醫合治下，7 月 15 日恢復清醒，目前劉海若已經完全康復。

③2013.12.29 F1 賽車「車神」舒馬克，頭部嚴重受創陷入昏迷超過 3 週，專家預估舒馬克可能成為永久性植物人。昏迷期間全球眾多粉絲為他祈禱祝福，2014.4.5 舒馬克逐漸甦醒，之後狀況越來越好。

（四）醫師見證，心念與疾病

◎〔日本〕癌症醫師岡本裕在《90%的醫生都誤解癌症》書中說：「罹癌之後首要克服的就是恐懼……醫生只是協助病人治療癌症的專家，癌症是全身性的疾病，唯有病人大徹大悟改變自己的生活習慣、思考方式，改善身體內在環境，讓癌細胞無法生存，才有辦法治癒癌症。」又岡本裕醫師針對痊癒的 101 位癌症病人做問卷調查，選出自己抗癌成功的關鍵。結果得票最高的關鍵字是「思考模式」、「改變自己」，其次是「飲食」。

◎罹癌到抗癌成功的蔡松彥醫師在《心轉，癌自癒》書，及訪談中說：癌症是一種習慣養成的病，簡單說習慣改變了就沒有癌症……轉變你過去不正常的飲食習慣、運動的習慣……調整你的生活方式……更重要的是改變自己的內心。

◎洛桑醫師說：許多疾病的產生，常與「心靜不下來」有很大關係。生活中有太多的壓力、刺激，令人身心過度負荷，日久造成疾病。……我們可以透過調伏自心，以靜制心病。不論治療或預防疾病，「靜心」就能幫助身體恢復健康。……常練習靜心，有效穩定自律神經……紓解超標的精神壓力、提升免疫力，因而降低多種難纏疾病好發的風險。」

◎許瑞云醫師在《心念自癒力》書中指出：身體健康和心中的情緒、想法息息相關。心念不但決定一個人能否擁有健康的身體、可能罹患什麼疾病，更是疾病能否逆轉、治癒的關鍵。許瑞云與鄭先安醫師根據多年臨床經驗發現，若能不再為心念糾結，免疫系統便能穩定下來，讓身心平衡健康，甚至得以逆轉頑疾。

◎楊濟鴻醫師表示：病由心生，所以治病的根本是修心。修心必須透過行為來體現，也就是理上悟，事上修。所以念佛修心、持咒修心、讀經修心、持戒修心、佈施修心、禪定修心等等。同時藉助佛菩薩的神通功德加持，消一切身心疾病。如法精進修行，才會感得佛菩薩神通加持，達到治病、了脫生死的目標。如果只是偶而念幾遍佛經、幾聲佛號咒語就想在短短幾天內達到癒病的目標，這種機率就比較低。

（五）醫典見證，心念與治病

◎中醫典籍《黃帝內經》說：「恬淡①虛無②，眞氣③從之；精神內守④，病安從來？」譬如念佛人，生活簡樸淡泊，心無牽掛。當集中注意力念佛，心念固「守」在佛號上面之時，「眞氣」就會開始運作，保衛身體健康。

〔註解〕①恬淡：簡樸淡泊的生活。②虛無：心中無憂愁、牽掛。③眞氣：中醫、道家或氣功師，認爲操作「眞氣」能帶動氣血循環，疏通經絡，保衛身體健康。佛教認爲「眞氣」是地水火風「四大」能量變化的自然現象，若執著、操作它，定慧力就無法持續增長起來。④精神內守：守護六根。把這念心安住在四念處（身、受、心、法）之上，例如專心念佛，或觀呼吸。

◎中醫典籍〈勿藥須知〉表示：病由心生，孽由人作。從心治癌，才是神聖之醫。佛說一切唯心造，果然不騙人……藥之所治，只有一半，其一半則在心藥也。

◎唐代名醫孫思邈《千金要方》說：「養生在於德行，德行兼備，雖不吃藥，也可以長壽，德行不足，雖玉液金丹，也不能延壽。」

結論

◎一切疾苦都是「身、心、世界」架構下的產物，因此重病、怪病、難治的病，必須聞思修佛法才能提升治癒率，創造醫療奇蹟。即使無藥可治、被醫師放棄，只要天天聞思修佛法，病人的「心」與「世界」就能得到醫治，疾病的架構便遭受破壞，病情自然緩解。

◎往生佛國淨土，才能根除生死輪迴，滅盡心病圓滿成佛，以及擁有無上的智慧、神通、快樂、辯才廣度一切眾生。因此無論哪一種信仰，都必須跟「往生淨土的五個條件」結合，才能得到往生淨土的大利。因此往生淨土，才是「值得你我一生追求」最重要的大事。

第6章　解脫、成佛的核心觀念

　　解脫生死，才能得到永恆安樂，這是修行的首要目標；滅盡心病，才能圓滿成佛，這是修行的終極目的。面對琳瑯滿目的佛法，該如何取捨、遵循，才得以成就？其實只要掌握佛法的核心觀念，就能找到正確的修行方向，得到解脫，乃至成佛。

一、四依止，是學佛、信仰的最高準則

　　「四依止」是學佛、信仰的最高準則。如佛在《大涅槃經》說：「依法不依人……依義不依語……依智不依識者……依了義經不依不了義經。」「四依止」含多義，僅能略說：

（一）依法，不依人

　　「法」指佛說的法，也就是佛經。「人」指佛以外的說法者。

　　1.佛對於自己說的法，都有詳細的解釋，因此以「佛經解釋佛經」就是正確解答。

　　2.信願法師說：「無論出家或在家，無論修持多麼高，道德多麼好，凡是他所說的道理跟佛經不符合，就不能依、不能從；凡是他所說的道理，跟佛經相符合，就要依就要從，這樣才叫依法不依人。」

3.夾雜外道思想的佛法，就是邪法、魔法，必須遠離。如佛在《佛藏經》說：「若比丘說法雜外道義⋯⋯應從坐去，何以故？⋯⋯是外道義非佛法故⋯⋯我則不聽⋯⋯行邪道者⋯⋯魔所吞者，與外道義合者。」

4.依法不依人，才能脫離魔掌邁向解脫。如佛在《大寶積經》說：「依法不依人故，離四魔故。」四魔，指奪人身命及慧命之四種魔：（1）五蘊魔，色受想行識等五蘊積聚之因，成為生死輪迴之苦果。（2）煩惱魔，一百零八煩惱能惱亂身心，致不成菩提。（3）死魔，能致老死，斷人身命，阻礙修道。（4）天魔，欲界第六天之魔王及其眷屬，能害人無法行善、修道。上述前三者為內魔，最後為外魔。

（二）依義，不依語

「義」指整體佛經（佛說的一切經典）的道理、意義。「語」指一部佛經、或一句、一段經文的道理、意義。

因為佛經是一體的，必須整合全部佛經來看佛法，才不會產生偏差或誤解，若僅依一部經或局部經典的意思就容易誤解佛法。如佛在《思益梵天所問經》說：「若人能於如來所說文字、言說、章句，通達隨順、不違不逆、和合為一，隨其義理，不隨章句言辭⋯⋯是菩薩能作佛事。」

例如多數佛弟子只懂部分佛經，因此專修禪定者，常誤解淨土法門，反之亦然。專修小乘者常誤解大乘，反之亦然。因此弘法者必須廣學多聞，以成就智慧辯才。如佛在《八大人覺經》說：「愚癡生死，菩薩常念，廣學多聞，增長智慧，成就辯才，教化一切，悉以大樂。」

（三）依智，不依識

「智」指心之理性、智慧。「識」指八識，八識蘊藏情感、欲望。依識會被虛幻的情感、欲望，牽著鼻子走，導致生死輪迴；依智才能邁向解脫，所以我們要「依智不依識」。如佛在《自在王菩薩經》：「依於智不依識。何以故？菩薩知，識虛妄如幻。」

（四）依了義經，不依不了義經

「了義經」有兩種含義：

1.了解佛法眞義，依法而修，一切大、小乘佛經，都是了義經。如佛在《自在王菩薩經》說：「了義經者，一切諸經皆是了義，以依義故……若人……行塵垢道常爲所牽……爲聲所牽……不如是依者，一切諸經皆是不了義。」

2.「了義經」指涵蓋成佛之道在內的佛經，因爲成佛才是佛教的最終目的。如佛在《法華經》說：「如來但以一佛乘故，爲眾生說法，無有餘乘。」

「不了義經」有兩種含義：

1.不了解佛法眞義，或追求聲色名利者，所修一切佛經都是「不了義經」。

2.不講成佛之道的經典，稱爲「不了義經」。

補充說明：

◎佛對身心清淨的阿羅漢說，我往昔講小乘法，目的就是希望你們能夠成佛，利益眾生，如果你們不願成佛利益眾生，那你們所學的小乘法就變成「不了義經」。如佛在《地藏十輪經》說：「我昔諸餘契經說，應求大覺行大乘，捨離聲聞、獨覺乘，爲清淨者說斯法。」

◎為何小乘是不了義？因為佛是隨順眾生興趣、根基才說小乘。就像長者教導幼子，先教他簡單的半套學問（小乘），等他長大後再教他深奧的全部學問（大乘）。修小乘就像種田初耕，還未得到果實（圓滿成佛），所以稱為不了義。因此之故，修小乘以後還必須修大乘，並以大乘作為依止，因為佛法的目的是為了度化一切眾生。如佛在《涅槃經》說：「聲聞乘名不了義，無上大乘乃名了義……何以故？如來為欲度眾生故，以方便力說聲聞乘，猶如長者教子半字。善男子，聲聞乘者猶如初耕未得果實，如是名為不了義也，是故不應依聲聞乘。大乘之法則應依止，何以故？如來為欲度眾生故，以方便力說於大乘是故應依。是名了義。」

◎有些小乘者，看見深奧的大乘經典，就會懷疑不信，認為這是妖魔鬼怪的言論。不知道這是出自佛的大智慧海，就像嬰兒般無知無法理解大乘經典。因此佛說這種小乘者，是不了義。如佛在《涅槃經》說：「不了義經者，謂聲聞乘，聞佛如來深密藏處悉生疑怪，不知是藏出大智海，猶如嬰兒無所別知，是則名為不了義也。」

◎修大乘必須發菩提心（發誓要成佛、奉行六波羅蜜），然而許多大乘行者，不僅沒有弘法利生，還破戒、吝嗇、驕傲，讚美自己毀謗他人、追求享樂，心懷惡念，但卻掛著大乘的招牌，這種人就是騙子。就好像生病的驢子，披著獅子的外皮。如佛在《地藏十輪經》說：「破戒慳嫉懷憍慢，自讚毀他號大乘……意樂懷惡心，聞說大乘勝功德。詐號大乘為名利，如弊驢披師子皮。」

二、佛說，五乘，目的是成佛

　　佛說五乘法：人乘、天乘、小乘（聲聞乘）、緣覺乘（獨覺乘）、大乘（菩薩乘、無上乘），最終目的是要引導眾生成佛。佛先說「人乘、天乘」的端正法，即是指倫理、道德、布施、持戒、生天的道理。如佛在《中阿含經》說：「如諸佛法，先說端正法……說施、說戒、說生天法。」接著說「聲聞乘、緣覺乘」的解脫法，即是指修四諦證阿羅漢、修十二因緣證僻支佛的道理。最後說「大乘」的成佛法，即是指發菩提心（發誓成佛、奉行六波羅蜜），利益眾生，而成佛的道理。如佛在《大集經》說：「世有三乘，何等三？聲聞乘、緣覺乘、大乘。復有二乘，何等二？天乘、人乘。」

　　有些初學者希望來世做人、生天享福，因此只適合修人乘、天乘；有些初學者只適合修小乘；有些初學者只適合修緣覺乘；有些初學者能直接修大乘。所以佛隨眾生喜好、根基開示五乘法。但最終目的是希望最後都能轉修大乘，發菩提心，利益眾生圓滿成佛。如佛在《地藏十輪經》說：「今此眾具三乘器，有但堪住聲聞乘，心極憂怖多事業，彼非上妙菩提器。有痴樂靜住獨覺，彼非上妙菩提器。有堪安住上妙智，故隨所樂說三乘。」在《法華經》說：「諸佛以無量無數方便種種因緣譬喻言辭，而為眾生演說諸法，是法皆為一佛乘故。」

　　人乘、天乘是解脫的基礎；小乘是無上的解脫法；大乘是解脫乃至成佛的無上法。總之，禪、淨、密諸法門都能解脫生死，因此諸法平等。小乘解脫後，必須再修大乘；大乘解脫後也必須再修持、護持與弘揚其他四乘，最終才能圓滿成佛。如佛在《地藏十輪經》說：「於二乘法未曾修學……不堪憑入一切智海……普應弘護三乘法，欲得三乘最上乘，應善觀察三乘法。歡喜為他普開示，當得成佛定無疑……我今普告一切眾，若欲疾得勝菩提，當善修持十善業，護持我法勿毀壞。」

生天

佛說，行善、持戒、修地藏法門來世都能生天。天人雖然長壽快樂，但福報享盡又墮輪迴，所以天堂不是理想的歸宿。如佛在《大乘功德經》說：「昔來信樂人天乘者，聞佛爲說人天乘法。」

阿羅漢、僻支佛

阿羅漢、僻支佛是斷除心病，解脫輪迴，神通自在的聖者，其認爲所作已辦，沒有必要度化眾生。但從佛的角度來看，他們雖然斷除心病，但心病的習氣仍在，智慧、福德尚不及大菩薩與佛。因此必須改變心態，修大乘菩薩道，度化眾生，以成佛爲目的。如佛在《出曜經》說：「在閑靜處思惟止觀……自身作證而自娛樂。生死已盡，梵行已立，所作已辦，更不復受生死，如實知之。爾時諸比丘，皆得阿羅漢①，六通②清徹，無所罣礙。」

〔註解〕①阿羅漢：破除心病，解脫生死的聖人。如佛在《大集經》說：「破無明已，名爲獲得阿羅漢果。」②六通：六種神通，包括神足通、天眼通、天耳通、他心通、宿命通、漏盡通。

總之，佛說五乘法的目的，是爲了逐步引導眾生成佛。換句話說，佛教不僅爲了追求個人解脫，還要進一步修菩薩道，幫助眾生離苦得樂，最終福德、智慧圓滿才能成佛，成佛之後才具備無上的智慧、神通、辯才，才有足夠力量廣度一切眾生。

三、生老病死苦的起因、根本

眾生本來成佛，因被心病封印，才會出生於「穢土」世界，導致生老病死苦的輪迴。因此消滅心病，或往生「淨土」世界，就能解脫輪迴，最終解除心病封印，心的原力展現即是佛。更多說明如

下：

（一）《華嚴經》說：「心、佛及眾生，是三無差別。」

〔大意〕佛說，心①、佛、眾生三者沒有差別。佛就是心，心就是佛。佛心與眾生心的本質一樣。那爲什麼，我們沒有佛的智慧、神通、快樂呢？因爲眾生無始來就有無明、我執、貪嗔痴，導致生死輪迴。如佛在《大乘理趣六波羅蜜多經》說：「佛與眾生性不異……心性平等亦復然」在《雜阿含經》說：「眾生於無始生死，無明所蓋……長夜輪迴生死。」

〔註解〕①心：眞我。又稱佛性、如來藏、自性、眞心。如佛在《楞嚴經》說：「常住眞心性淨明體。」在《大般涅槃經》說：「我者，即是如來藏義。一切眾生悉有佛性，即是我義。如是我義，從本已來常爲無量煩惱所覆，是故眾生不能得見。」

（二）《增支部》①說：「心者，是極光淨者，卻爲客隨煩惱所雜染……能從客隨煩惱得解脫……故我言……聖弟子修心。」

〔大意〕佛在，南傳大藏經《增支部》說：心，極爲光明、清淨，卻被外來的貪嗔痴煩惱參雜汙染。只要精進修行，去除煩惱汙染，原本的清淨心彰顯，就能解脫生死輪迴。所以說，修行就是在修心。如禪修、念佛，都能清除煩惱。如佛在《勝鬘經》說：「一切眾生自性清淨……無始以來爲雜染所染。」

（三）《央掘魔羅經》說：「一切眾生有如來藏①，爲無量煩惱②覆，如瓶中燈」。《央掘魔羅經》又說：「瓶破則現③，瓶者謂煩惱，燈者謂如來藏。」

〔大意〕一切眾生的身體裡面有一個「內在如來」，雖然「內在如來」具有無窮的智慧光明。但它卻被無量煩惱覆蓋，好像一盞光明燈，放在黑瓶中無法綻放光明。只要打破黑瓶，不用外求，如來的智慧光明自然顯現。所謂成佛，就是「內在如來」的顯現。如佛在《央掘魔羅經》說：「譬如日月密雲所覆光明不現，雲翳既除光明顯照。如來之藏亦復如是，煩惱所覆性不明顯，出離煩惱大明普照，佛性明淨猶如日月。」此經文解釋，參考釋妙燁法師「內在的如來」。

〔註解〕①如來藏：如來的智慧光明，被煩惱覆蓋不能彰顯，故稱如來藏。如來藏，為佛性、真心、真我之別名。②煩惱：指貪瞋痴為主的心病。

（四）《華嚴經》說：「奇哉！奇哉！一切眾生，皆具如來智慧德相①，但因妄想執著②，不能證得。若離妄想，一切智③、自然智④，即得現前。」

〔大意〕佛證道時說：奇怪啊！奇怪啊！一切眾生，都具有佛一樣的智慧、福德、相好莊嚴，只因為被自己的我執（心病之一）給障礙了，因而不能證得佛的境界。如果把我執消滅，智慧德相便能彰顯，自然跟佛一樣擁有無上的智慧、神通、辯才、快樂。六祖惠能大師開悟時也說：「何期自性本自清淨；何期自性本不生滅；何期自性本自具足；何期自性本無動搖；何期自性能生萬法。」

〔註解〕①智慧德相：智慧、威德、相貌。②妄想執著：就是我執。執著四相「我相、人相、眾生相、壽命相」而生妄想執著。③一切智：佛智。了知一切法的智慧。④自然智：佛智。自然之智慧。

四、解脫，乃至成佛的「安穩正路」

　　學佛修行，依照「安穩正路」去走，才能快速地消除心病、所求如願、解脫生死，乃至成佛。反之，修行就會充滿波折，甚至走入魔道。佛說的「安穩正路」包括：（一）親近善友，聽聞佛法。（二）歸敬三寶。慈誠羅珠堪布說：必須對所有的佛法都有恭敬心，對所有的上師和出家人也應如此，這是作一個佛教徒的最基本原則；凡是修行人，就一定要團結，如果所有的修行人都團結起來，定能成辦廣大的弘法利生事業。（三）發菩提心。（四）遠離外道邪法及惡知識。（五）大乘佛教以六波羅蜜（布施、持戒、安忍、精進、禪定、智慧），作為基本修行方法，並以禪定、淨土法門作為修行代表。小乘以三十七道品，作為基本修行方法，並以四念處作為修行代表。（六）守護六根。

　　如佛在《大乘理趣六波羅蜜多經》說：「云何令諸有情趣大涅槃①安穩正路？……於一切智得不退轉？……佛告慈氏……譬如有智之人於險難中，求有力者以為救護……歸依三寶②以為其主，方能越渡生死大河……以清淨心歸依佛法僧寶，發阿耨多羅三藐三菩提心③……遠離外道邪法及惡知識④。應當親近修行布施⑤、持戒、忍辱⑥、精進⑦、禪定⑧、智慧⑨具足。行大乘者而為伴侶，應於自身聽聞正法精勤誦持。應常安住如是六種波羅蜜多⑩。精進修行降伏心意⑪攝護六根⑫。由此勢力疾證無上正等菩提⑬。……親近善友聞法信受⑭。」在《無量壽經》說：「如來淨土之行……十方眾生，至心信樂，欲生我國，乃至十念，若不生者，不取正覺。」

　　〔註解〕①大涅槃：指成佛。涅槃，含多義：ⓐ第一樂、終極之樂，沒比這更快樂。如佛在《大般涅槃經》說：「畢竟樂者，即是涅槃」在《大法鼓經》說：「得般涅槃第一之樂」。ⓑ熄滅煩惱的解脫境界，如《大般涅槃經》：「滅諸煩惱，名為涅槃。」ⓒ到達解脫

生死之彼岸，如《勝天王波羅蜜經》：「到彼岸者即是涅槃。」ⓓ小涅槃，指證阿羅漢或僻支佛，如《文殊師利問經》：「小涅槃者，如緣覺聲聞涅槃。」ⓔ大涅槃，指成佛，如《大寶積經》：「阿耨多羅三藐三菩提者即是涅槃。言涅槃者即是如來清淨法身」②歸依三寶：佛法僧三寶是佛教的全體。不歸敬三寶無法得戒，戒體不足無法入道。③發阿耨多羅三藐三菩提心：發菩提心。發心欲成佛度眾生。修持佛法有巨大功德力，如果不發菩提心，功德力就會轉變成魔鬼的福報力。因為有福報，不利益眾生，自然作威作福，成為魔鬼眷屬。如佛在《華嚴經》說：「忘失菩提心，修諸善法，是名魔業。」④遠離外道邪法及惡知識：歸依三寶後，不拜鬼神。勾結或護持惡人惡黨，謀求私利乃危害人類的「大惡」。⑤布施：為眾生、為佛教，付出心力和金錢。布施表面上給人，實際上布施如播種，後必豐收得福報。⑥忍辱：忍受各種苦。慧律法師說：不要逃避逆境那是你成佛的必經之路。如佛在《雜阿含經》說：「住四念處……身諸苦痛能自安忍。」在《大乘理趣六波羅蜜多經》說：「住安忍時……八風不能動轉。」⑦精進：努力修行不懈，求解脫。如佛在《大般涅槃經》說：「勤行精進，速求離此生死火坑。」⑧禪定：禪，為梵語 dhyāna 之音譯；定，為梵語 samādhi 之意譯。禪與定皆為令心專注於某一對象，而達於不散亂之狀態。⑨智慧：又稱「般若」。智慧能洞察真相，破煩惱，斷生死。智慧是解脫的智能，也是生活的智能。如佛在《維摩經》說：「以智慧劍破煩惱賊……通達世間、出世間慧……永斷病根，超越死畏。」⑩六種波羅蜜多：布施、持戒、安忍、精進、禪定、智慧。⑪降伏心意：降伏貪瞋痴心。⑫攝護六根：守護眼耳鼻舌身意，不向外攀緣。⑬證無上正等菩提：成佛。⑭親近善友聞法信受：親近善知識，聽聞佛法，相信及修持佛法。

五、佛菩薩的法藥，才能救療眾生

一切眾生都被貪瞋痴心病燒煮，唯有佛及大菩薩的法藥，才能救治醫療、去除眾生的心病，不再投胎，解脫生死輪迴，得到永恆的幸福快樂。如佛在《大般若波羅蜜多經》說：「無明如病」在《大乘菩薩藏正法經》說：「一切有情為三種病常所燒煮。何等為三？謂貪瞋痴⋯⋯以佛正法積集和合，為大良藥⋯⋯救療一切有情三毒熱惱重病⋯⋯唯是如來及大菩薩①。為大醫王施大法藥②。於諸有情三毒熱惱。皆能息除。」在《醫喻經》說：「汝等當知，如世良醫，知病識藥⋯⋯如來⋯⋯亦復如是⋯⋯為眾生說，而令斷除生法③、苦本。生法斷故，而老病死憂悲苦惱，諸苦永滅。」在《大般若波羅蜜多經》說：「拔諸有情生老病死憂悲苦惱，令得畢竟安樂涅槃④。」

〔註解〕①大菩薩：觀世音菩薩、地藏王菩薩、文殊菩薩、普賢菩薩⋯⋯等大菩薩，也都是大醫王，能以法藥救治眾生心病。②法藥：指佛及大菩薩所說的道法，也就是佛經。③斷除生法：不再投胎出生，脫離輪迴之法門。

「角色扮演」

佛經眾多佛、菩薩、人物，以「角色扮演」方式說法，因此無論修哪一尊佛菩薩的法門，都應該了解其他佛菩薩的經典。例如修觀音法門，除了解觀音法門，也要了解其他大、小乘經典。或「主」修觀音法門，其他佛菩薩的法門作為「伴」修，也就是主伴圓融，攝盡一切佛法。總之，佛法是一體的，佛佛道同、一切佛菩薩的義理相通，相輔相成，所以無論你修哪一位佛菩薩的經法，其他佛菩薩的經典你也應該了解，否則就容易造成誤解與偏見。

六、福慧雙修，能治病、改運、解脫、成佛

修「福德」累積修行本錢

「福德」是指一切善行所得之福利。例如「孝養父母」父母就把福利留給孩子。「奉事師長」師長就把福利留給弟子。「福德」是一種因果回報的現象。修行，首先要行善，積集「福德」，建立修行的本錢。好像出遠門，必需準備足夠的金錢、衣食。「福德」資糧積集夠了，就能精進修行，得到治病、所求如願、解脫，乃至成佛的目的。如佛在《過度人道經》說：「作善得其福德。」在《別譯雜阿含經》說：「譬如豐資糧，安樂越險道，修福者亦爾，安隱至善處。」

佛說，世間不如意事。例如多病、貧困、災禍、戰爭。都是因為缺少福德的緣故！如佛在《福力太子因緣經》說：「多病皆由無福因。」在《雜寶譬喻經》說：「薄福常患衣食不充。」在《占察善惡業報經》說：「眾生福薄，多諸衰惱，國土數亂，災害頻起。」

有福德的人，做任何事情都能得到護持而成功。有福德的人，具備忍耐、廣學多聞的智慧。如佛在《福力太子因緣經》說：「福者所作善護持……福者能具忍辱力……具多聞及智慧……福者諸所作皆成，復常處於快樂位。」

有福德之人，打坐坐得住。如佛在《三慧經》說：「本意欲坐行道十日，不能竟十日，前世福薄故。多福者，欲十日坐行便得」；有「福德」之人，即能往生淨土。如佛在《阿彌陀經》說：「不可以少善根福德因緣得生彼國。」

修集「福德」的方法

孝養父母、奉事師長、照護老病、布施貧困、拯救生命、護持佛法、供養三寶、選賢與能、守護自己國家、保護地球生態、維護

世界和平等都是修集廣福德的大善行。如佛在《分別善惡報應經》說：「何業獲大福德？……信崇聖賢……廣行惠施……愛恤孤貧……供養三寶。如是……獲福廣大。」在《大般若波羅蜜多經》說：「若有情類不近善友，未種善根，薄福德故」在《分別布施經》說：「施病苦人獲二倍福；施破戒人獲百倍福；施持戒人獲千倍福。」

修「智慧」滅除心病

　　無明是生死根本，智慧是解脫根本。我們必須透過「聞思修」佛法，才能獲得「聞慧、思慧、修慧」，以滅除垢濁的心病。因爲佛法乃「心法」它必須靠文字、語言來傳遞。因此學佛必須聽課、看佛經、思考、修持，才會慢慢的領悟、開智慧，而產生去除心病的作用。如佛在《海八德經》說：「吾道眾經，其義備悉……練去心垢。貪婬恚嫉，愚痴眾穢。猶若磨鏡，瑩垢盡之……照無不覩。……生死之源，得無不知。」在《大乘本生心地觀經》說：「一切菩薩修勝道，四種法要應當知，親近善友爲第一，聽聞正法爲第二，如理思量爲第三，如法修證爲第四。」在《大方便佛報恩經》說：「成就智慧，破壞無明」在《佛所行讚經》說：「生老死大海，智慧爲輕舟①。無明大闇冥，智慧爲明燈②。諸纏結垢病，智慧爲良藥③。煩惱棘刺林，智慧爲利斧④。痴愛駛水流，智慧爲橋梁⑤。是故當勤習，聞思修生慧，成就三種慧……離諸虛僞法⑥，逮得微妙樂⑦，寂靜安隱處⑧。」

　　〔註解〕①智慧爲輕舟：智慧好像輕快小船，能渡過生死大海。②無明大闇冥，智慧爲明燈：智慧好像光明燈，能破無明黑暗。闇冥，昏暗不明。③諸纏結垢病，智慧爲良藥：貪瞋痴煩惱諸心病，智慧是良藥。諸纏，指十種煩惱（無慚、無愧、嫉、慳、悔、睡眠、掉舉、昏沉、瞋忿、覆）。纏是煩惱的別名，因煩惱能纏縛眾生，使無法出離輪迴。結垢，貪瞋痴煩惱爲心之垢穢，令心遮蔽而起生死。結，煩惱之別名。④煩惱棘刺林，智慧爲利斧：煩惱如針刺林木，智慧如利斧能砍除林木。⑤痴愛駛水流，智慧爲橋

梁：痴愛如水流急速的江河，智慧如橋梁能助我們越過江河水。⑥
虛僞法：一切萬有緣起緣滅，只是暫存假相，故稱虛僞法。⑦微妙
樂：涅槃解脫是一種微妙的快樂。⑧寂靜安隱處：寧靜安穩沒有憂
慮之處。

（1）聞慧

聞慧爲聽善知識說法、讀經而得之智慧。佛在世，聽佛說法。
佛離世，依止佛留下的語言（佛經）。了解佛經義理，能開智慧，建
立正知見，治療心病。馬鳴菩薩在大莊嚴論經說：「治身心病唯有佛
語，是故應勤聽於說法。」如佛在《正法念處經》說：「聽法之
人……能種善根……令邪見①者，入於正見②……終得涅槃③。」
在《法句譬喩經》說：「唯有經戒④多聞慧義。以此明道療治心病，
拔除憂愛愚痴貢高⑤。制伏剛強豪富貪欲。積德學慧，乃可得除，
長獲安隱⑥。」

〔註解〕①邪見：歪曲事理的見解、外道的見解。②正見：正
確的見解。正見又稱正知見、大智慧、佛的知見。如佛在《涅槃
經》說：「以聞法故觀善境界，觀善境界故得大智慧。大智慧者名正
知見，得知見故於生死中……得解脫……滅生死故名爲滅度。」③
涅槃：第一樂、終極之樂。④經戒：佛經、戒律。⑤憂愛愚痴貢
高：憂愁、貪愛、愚痴、高傲，這些都是心病煩惱。⑥長獲安隱：
獲得永恆的安定和平靜。

要讀甚麼經呢？如果修觀音法門，要讀《觀世音菩薩普門品》。
修地藏法門要讀《地藏菩薩本願經》，修藥師法門要讀《藥師經》。
但無論修哪位佛菩薩法門，都應該讀淨土三經。因爲觀音、地藏、
藥師統統屬於淨土範疇；反之，修彌陀法門，也應了解觀音、地
藏、藥師的經典。因爲佛法是一體的，彼此相輔相成。無論修哪個
法門，只要有時間，大小乘經典統統要閱讀了解。

（2）思慧

思慧是聞法後，思考佛法義理而得之智慧。思考這是佛說的法？是佛說的戒律？與事實吻合？如佛在《無量壽經》說：「得佛經語，當熟思之①。」在《大般涅槃經》說：「聞如是法，善解其義……隨所聞法善自思惟，爲修多羅②。爲是毘尼③。爲是法相④，有此法耶？若修多羅，及以毘尼、法相之中，有此法者，宜應受持。」

〔註解〕①熟思之：仔細思考，反覆研究，叫熟思之。②修多羅：佛經。③毘尼：戒律。④法相：宇宙人生的眞相。

（3）修慧

修慧爲依佛經指示修行，而得之智慧。了解佛經理論後，依法修行就能得大智慧而去除心病，得到解脫。慧律法師表示：修行就是修心，修心要觀照內在，抓出心中煩惱賊，滅除貪瞋痴。如佛在《楞嚴經》說：「從聞思修而入三摩地①」在《大乘理趣六波羅蜜多經》說：「聞此經典，信解受持，思惟修習，我說是人速能成就無上菩提②。」

〔註解〕①三摩地：梵文 samādhi 音譯爲三摩地或三昧。三昧，即定慧等持，也就是禪定和智慧同時存在。三昧，三昧即是正定，正定就是具足定與慧。三昧有百千種，如佛在《勝天王般若波羅蜜經》說：「首楞嚴三昧、如幻三昧、金剛喻三昧、金剛三昧、不動意三昧……。」②無上菩提：成佛。

「福慧雙修」能治病、改運、解脫、成佛

智慧比如眼睛，讓我們看清眞相；福德比如雙腳，讓我們能夠行走。眼睛和雙腳並用，才可以到達目的地。所以「福慧雙修」才能不斷的完善生命，改造「身、心、世界」，亦即促進身心健康、所求如願、改善命運、解脫生死，乃至成佛。如果只修福，或只修

慧，就會偏離正道，無法成就。如佛在《大般若波羅蜜多經》說：「福慧攝諸有情，方度世間至一切智。如人遠行多齎寶物，爲得利故。」在《如來不思議祕密大乘經》說：「諸菩薩摩訶薩一切勝行。皆從福智二行中出……菩薩修福行故，即能圓滿善巧方便波羅蜜多。修智行故，即能圓滿般若波羅蜜多。故此二行即是菩薩二種聖道。普攝一切道行。……不退轉於阿耨多羅三藐三菩提。」

以癌症爲例：從宏觀上來說，癌症是「身、心、世界」也就是「生理、心理、社會因素」交互作用下的產物。改變「心」與「世界」就能間接改變「身」而破壞癌症，創造奇蹟痊癒，說明如下：

1.修福德，能改善「世界」，也就是改善「社會因素」：人類的身心健康，建立在家庭、社會、地球環境的基礎之上。故促進自己與家庭、社會、地球環境的和諧發展，這種行爲就是「修福」。「修福」能改善「世界」（社會因素），提高癌症奇蹟痊癒的機率。

修「福德」方法：例如孝養父母、奉事師長、照護老病、拯救生命、修十善業、護持佛法、選賢與能、保護自己國家、保護地球生態。如佛在《觀無量壽佛經》說：「修三福①：一者，孝養父母②，奉事師長③，慈心不殺，修十善業④。」在《大般若波羅蜜多經》說：「法供養最爲第一，若有護持佛正法者，當知彼類二世安樂。」在《輪王七寶經》說：「善御兵眾，守護國界，甚爲賢善。」

〔註解〕①福：梵語 punya，巴利語 puñña。又稱福德。指能夠獲得世間、出世間幸福的行爲。②孝養父母：供給父母生活所需，使父母生活快樂。③奉事師長：師長教我們知識、謀生技能、解脫生死之道，我們對師長，應當恭敬、回報、護持。④十善業：不殺生、不偷盜、不邪淫、不妄語、不兩舌、不惡口、不綺語、不貪欲、不瞋恚、不邪見。

　　2.修智慧，能改造「心」，也就是改善「心理因素」：「聞思修」佛法，能開啓智慧，找到生命的意義與目的。從此心中有依靠、有目標、安詳、平和、心開意解。回歸自然的生活方式，找回身體的自癒力，健全免疫機能。所以「聞思修」佛法，這種行爲就是「修慧」。「修慧」能改造「心」（心理因素），促進身體健康，提高癌症奇蹟痊癒的機率。

　　修「智慧」方法：例如，聽善知識說法、研讀佛經、專心念佛菩薩名字、觀呼吸。如佛在《華嚴經》說：「譬如暗中寶，無燈不能見；佛法無人說，雖慧莫能了①」在《大方便佛報恩經》說：「讀誦翫習②，思惟其義③，如說修行④。」在《文殊師利所說摩訶般若波羅蜜經》說：「繫心一佛，專稱名字……念一佛功德無量無邊。」在《大乘隨轉宣說諸法經》說：「修習奢摩他定……身心快樂。」

　　〔註解〕①如果沒有善知識來解說佛法，無論多聰慧的人，都不會明白佛經的眞實含義；就好像在黑暗中的寶物，沒有燈光是看不見的。②讀誦翫習：讀誦與研讀佛經。③思惟其義：思考佛經的道理。④如說修行：依照佛經說的去做。

　　總之，佛教「身、心、世界」與醫學「生理、心理、社會因素」義理相通，佛法跟醫學都是建立在自然現象與因果法則之上。只要依照佛經說的去做，持續努力一段時間，就能夠啓動心的力量、行善修福的力量、定慧的力量、發菩提心的力量、佛菩薩的神通力量、懺悔的力量、集體共修的力量……眾多力量，共同促進身心健康，而奇蹟痊癒。如佛在《華嚴經》說：「以智慧藥滅身心病故。」

七、禪定、淨土統攝一切修行法門

佛教有大乘、小乘、密乘三個主要分支，分支之下又有眾多宗派。雖然派系眾多，修行入門不同，但入門後一切法門都相通。如佛在《楞嚴經》說：「歸元性無二，方便有多門，聖性無不通，順逆皆方便。」

因為眾生的喜好、習氣不同，佛因材施教才能攝受一切眾生。如佛在《華嚴經》說：「諸佛知眾生樂欲不同，隨其所應，為其說法以調伏。」然而八萬四千法門都是佛法的一部分，就像一棵樹由根、莖、葉、花、果組成。如佛在《大方便佛報恩經》說：「八萬法者……如樹根莖枝葉名為一樹。」聖嚴法師說：「佛教雖有藏傳、南傳與漢傳等傳承的不同，在修行方式上有所差別，但佛法的基本精神與原則都是一致的。」

禪定、淨土統攝一切修行法門

聖嚴法師說：淨土是一切法門共同的歸宿，修淨土念佛法門，依彌陀願力求生西方淨土，是最可靠最安全的。禪定是成佛必修的法門，若不修禪定，佛法大門難以開啟，因為有禪定才有智慧，所以無論修哪一種佛法，都必須修禪定。如佛在《大乘理趣六波羅蜜多經》說：「佛果大菩提，定慧為根本……眾生妄心起，如翳見空花，唯定慧能治……若不勤修定，甘露門難啟。」在《圓覺經》說：「無礙清淨慧，皆從禪定生。」

修禪定法門，再發願往生淨土，等於加一個保險，解脫更為穩當。佛國淨土就是禪定世界，一旦往生就會進入正定的境界。如佛在《無量壽經》說：「生彼國者，皆悉住於正定之聚。」禪定與淨土可以單修、雙修、交替修。若能彼此融合，禪淨雙修，乃第一善根。

　　淨空法師說：止觀（禪定），是佛家修行總原則，無論修學哪一個法門，都離不開止觀。淨土法門也是修止觀，攝心念佛，就是修止（定）；聞法，就是修觀（慧）。念佛的最高境界稱念佛三昧，念佛三昧就是一種禪定。往生淨土就是到淨土修禪定而成佛。噶千仁波切說：無論南傳、北傳、顯經密續，所依止的佛說正行修持，都不出止觀法門。

　　如佛在《大乘隨轉宣說諸法經》說：「如來大慈憐愍一切，設諸方便說奢摩他①、三摩鉢提②、禪那③，止觀法門，令彼攝心、漸漸熏修，證於佛果。」在《中阿含經》說：「以止觀爲車⋯⋯便能捨惡，修習於善。」

　　〔註解〕①奢摩他：巴利文Shamatha譯爲「止、寂靜、能滅」。②三摩鉢提：巴利文 samāpatti 意譯爲「如幻觀」。③禪那：巴利文 jhāna 意譯爲「思惟修或靜慮」。

八、一切法門可單修、複修、交替修

　　禪、淨、密作爲一種修行法門，都有各自殊勝的地方。有的人適合專修；有的人必須雙修或複修，才能找到解脫生死的答案。例如 1.《密勒日巴尊者傳》作者張澄基博士 16 歲就閉關修行，是精通藏密行者，最後在淨土法門中找到解脫生死的答案，詳《淨土今說》。2.現代禪創辦人李元松老師，最後也是在淨土法門中找到解脫生死答案。3 包括編者在內許多修淨土行者，都是在修大、小乘禪法之後才眞正見證禪定的力量。4.許多學佛者離開自己國家，到人生地不熟、語言、手機不通的情況下，才找到解脫生死的答案。

淨土是學佛者共同的歸宿

佛於因地修菩薩道，奉行六波羅蜜，目的是爲了修建佛國淨土①。並以所修淨土接引眾生。因爲有淨土環境，才能調伏、教化眾生②。從大乘佛經③顯示，淨土是佛救度眾生的主要方法，也是成佛的必經途徑。

〔註解〕①如佛在《大乘悲分陀利經》說：「莊嚴佛土爲度眾生。」在《悲華經》說：「我於來世便當久久行菩薩道，要得成就如是清淨佛土。」在《無量壽經》說：「法藏比丘……發斯弘誓……一向專志莊嚴妙土。所修佛國，開廓廣大，超勝獨妙……行六波羅密……積功累德……法藏菩薩今已成佛。」②如佛在《大寶積經》說：「清淨佛國土，攝受諸聲聞，及諸菩薩等……所有諸過及八難，彼佛國土悉皆無，既修清淨佛刹已，眾生便即易調伏。」③如佛在《大般若經》說：「由諸功德不圓滿故，不能嚴淨佛土及成熟有情。由不能嚴淨佛土及成熟有情故，則不能證得阿耨多羅三藐三菩提。」

解脫生死兩種途徑

解脫生死有兩種途徑：一穢土解脫。二淨土解脫。穢土解脫需靠自己斷除心病，必須與世隔絕，長時間修行才有可能，所以難度高。淨土解脫，只要聞法建立信心，配合「往生條件」，就能仗著佛力，往生淨土永斷心病，達成容易。所以修小乘、禪宗與密宗，應當發願往生淨土，配合「往生條件」，這樣就能解脫生死。慈誠羅珠堪布說：在修其他法的同時，一定要選擇修往生極樂世界的阿彌陀佛的法。

以上說明可以知，修任何佛法，都應發願往生淨土，而不一定要追求（穢土）證道解脫，但是功夫到了自然水到渠成。淨空法師表示：淨土是最容易，最穩當，成功率最高的法門。廣欽老和尚說：在家居士想要修得如何，那是不可能的事，還是捨下一切，一

心念佛，求帶業往生，不要再墮娑婆，才是最穩當的。

　　慈誠羅珠堪布表示：雖然密宗的修法非常殊勝，但它是有條件的，首先需要上等根基；還要找到有證悟的上師，能如實地賜予灌頂並傳授訣竅，其次還需要很多複雜的修法，在各方面的條件都圓滿具足的情況下，才能夠獲得成就。淨土的修法則不需要那麼多條件，對一個不十分精進，根基一般的人而言，淨土修法比密宗的修法還要好，從這個角度來看，淨土修法非常重要。

　　所謂「往生條件」即是《無量壽經》往生淨土的五個條件：一聞法。二發菩提心（發誓成佛、奉行六波羅蜜）。三發願往生淨土。四專念無量壽佛，或修其他佛法。五把修行功德迴向求生淨土。據我所知大部分修淨土的都沒有「發菩提心」，有的只是嘴巴念過就忘了。其實發菩提心很容易，只要對佛宣誓「我要成佛、我要奉行六波羅蜜」，並把這個誓言放在心上，即使只做一點點也可以往生。對照《無量壽經》漢譯五本的三輩往生就可以知道，發菩提心，達到中輩往生或下輩往生的程度非常容易。

第 7 章　禪定法門

禪定（梵語 Dhyāna-samādhi）。禪，為梵語 dhyāna 之音譯；定，為梵語 samādhi 之意譯。禪與定皆為令心專注於某一對象，而達於不散亂之狀態。

人類靜心思考，就能創造偉大的科技成就。例如手機、電腦、電視……讓我們穿越時空，掌握全球資訊。汽車、火車、飛機……讓我們踏遍世界各個角落。

坐禪，心極靜到達「三昧」境界，就能擁有無窮的定力和智慧，了知身心世界真相，遠離貪瞋痴之虛妄境界，而解脫生老病死苦的輪迴，並擁有超越一切的神通力。

我們這一念「心」是多麼不可思議啊！讓一切都成為可能。如佛在《大乘本生心地觀經》說：「心有大力世界生。」在《華嚴經》說：「心如工畫師，能畫諸世間，五蘊悉從生，無法而不造。……若人欲了知，三世一切佛，應觀法界性，一切唯心造。」

一、禪修須知

（一）禪定解脫的基本功

1.持戒，三業清淨，是禪定成就的根本要件

持戒，身口意三業清淨，是禪定成就的首要條件。因三業清淨，才能得正定，有正定才能開啓智慧而解脫、乃至成佛。

如佛在《大寶積經》説：「修奢摩他、毘婆舍那，離三業惡。常修三業清淨之行離於破戒……速能證得阿耨多羅三藐三菩提①。」在《大薩遮尼乾子所説經》説：「欲離諸生死，安隱到涅槃②，一切如來説，持戒最第一。戒如清涼池，能生諸善花……常當持淨戒，身口意業淨，諸惡皆不行，是能到菩提，一切智③現前。……能速到彼岸④，住佛果菩提。」在《佛遺教經》説：「當尊重珍敬波羅提木叉⑤。如暗遇明，貧人得寶，當知此是汝等大師⑥。若我住世無異此也。……戒是正順解脫之本。……依因此戒得生諸禪定及滅苦智慧。是故比丘。當持淨戒勿令毀犯。若人能持淨戒是則能有善法。若無淨戒諸善功德皆不得生，是以當知，戒爲第一安隱功德之所住處。勿令放逸入於五欲。」在《占察善惡業報經》説：「使身口意得清淨……所有五蓋展轉輕微，堪能修習諸禪智慧。」

〔註解〕①阿耨多羅三藐三菩提：修行最高境界，有多種名稱：成佛、無上智慧、涅槃。②涅槃：究極之快樂。③一切智：知道宇宙萬有的總相，這是聲聞（阿羅漢）、緣覺（僻支佛）之智慧。④彼岸：解脫生死的境界。⑤波羅提木叉：巴利語 Pātimokkha 之音譯，指佛制訂的戒律。⑥大師：修道成就者，大師通常指佛。

2.守護六根，遠離五欲少欲知足

　　少欲、少事、不攀緣、不愛聚會，心念才容易平靜下來，專心修道。守護六根，遠離五欲六塵，才能成就定力。

　　如佛在《大乘大集地藏十輪經》說：「若修定者隨有一行，終不能成諸三摩地。設使先成尋還退失。何等爲十。一者樂著事業。二者樂著談論。三者樂著睡眠。四者樂著營求。五者樂著豔色。六者樂著妙聲。七者樂著芬香。八者樂著美味。九者樂著細觸。十者樂著尋伺。大梵當知。是名十種無依行法。若修定者隨有一行。終不能成諸三摩地。」在《大乘理趣六波羅蜜多經》說：「聽聞正法精勤誦持，應常安住如是六種波羅蜜多①精進修行，降伏心意攝護六根②，由此勢力疾證無上正等菩提③。」在《中阿含經》說：「若比丘・比丘尼成就護六根爲守閣人者。便能捨惡，修習於善。」又說：「當淨身行、淨口、意行。住無事中④，著糞掃衣⑤。常行乞食，次第乞食。少欲知足，樂住遠離⑥而習精勤。」又說：「不樂聚會，說少欲，說知足。」在《阿那律八念經》說：「道法少欲，多欲非道。道法知足無厭非道，道法隱處樂眾非道。」

　　〔註解〕①六種波羅蜜多：持戒、布施、安忍、精進、禪定、智慧。②攝護六根：守護六根，勿染著諸欲，例如眼貪好色、耳貪妙聲、鼻貪香氣、舌貪珍味、身貪細滑、意貪一切快樂。③無上正等菩提：成佛。④住無事中：修行人又稱無事道人。顏宗養老師說：修行的第一步，就是不再追求。⑤著糞掃衣：穿著糞掃衣，便可遠離貪著，增長求道之心。糞掃衣，破舊的衣服。⑥住遠離：居住遠離城市，遠離欲樂。

3.精進修行，才能成就道果

修道人應該全心全意修行，不可懈怠。例如難陀尊者，每天凌晨約 2~3 點就起床修行，到晚上約 10 點才入睡，因爲努力修行，所以證阿羅漢果。

如佛在《阿那律八念經》說：「道法精進懈怠非道。道法制心放蕩非道。」《雜阿含經》說：「善男子①難陀②初夜③、後夜④精勤修業者，彼難陀畫則經行⑤、坐禪，除去陰障⑥，以淨其身。於初夜時，經行、坐禪，除去陰障，以淨其身。於中夜⑦時，房外洗足，入於室中，右脇而臥⑧，屈膝累足⑨，繫念明想⑩，作起覺想⑪。於後夜時，徐覺徐起，經行、坐禪，是名善男子難陀初夜、後夜精勤修集。」在《長阿含經》說：「斷除無明，生於慧明，捨離闇冥，出智慧光。……所以者何？斯由精勤，念不錯亂。」

〔註解〕①善男子：學佛修行的好男人。②難陀：比丘。他是釋迦佛俗家最小的弟弟。③初夜：晚上 6 點到 10 點。④後夜：凌晨 2 點到 4 點。⑤經行：在一定的路徑上專心地往返步行，是一種修行方法。⑥除去陰障：除去修行的種種障礙，如五蓋：貪欲、瞋恚、睡眠、掉悔、疑。⑦中夜：晚上 10 點到凌晨 2 點。⑧右脇而臥：向右側躺的睡姿。⑨屈膝累足：膝蓋彎曲、將左腳放在右腳上。⑩繫念明想：連續不斷地念著光明的相。⑪作起覺想：不貪睡，作要醒起來的想法。

4.適量均衡的飲食，可幫助修行

飲食的目的是爲了維持生命與修行。吃太飽會昏沉，吃太少體力不濟。吃對的食物，才能維持健康，預防疾病的發生。如佛在《四資具省察文》說：「我省思鉢食的目的，既不是爲了好玩，也不是爲了驕逸、打扮、裝飾，只是爲了維持生命，爲了停止飢餓的傷

害，爲了支持清淨的梵行①。如此，我將滅除飢餓的痛苦，又不令
自己吃太飽，我將維持生命，不因不適量的食用而引起過失，且生
活安樂。」

〔註解〕①梵行：斷淫欲之修行。梵天斷淫欲，故斷淫之行稱
梵行。

5.在不受干擾的地方修行

禪修者常在寺廟、深山、樹下、小屋、洞窟、墓地等安靜、不
受干擾的環境修行。達摩祖師說：「外息諸緣，內心無喘，心如牆
壁，可以入道」。例如證道高僧：台灣廣欽老和尚、救世師父、西藏
密勒日巴尊者、泰國阿姜曼尊者，他們都曾經獨居山林深處，精進
禪修而證道。

如佛在《雜阿含經》說：「當於樹下，或空露地、山巖窟宅①，
敷草爲座，善思正念。」在《雜阿含經》說：「汝當於上所說諸法，
獨於一靜處，專精思惟，觀察其義。」在《大悲經》說：「當於阿蘭
若②處，塚間③、樹下、空舍、露地。應當一心勤修止觀，思滅苦
本，愼莫放逸。」在《阿那律八念經》說：「道法隱處，樂眾非
道。……比丘隱處，謂避人間，不入眾會，遠居山澤巖石樹間。」

以上總說，如佛在《雜阿含經·801 經》說：「有五法，多所饒
益④修安那般那念。何等爲五？住於淨戒波羅提木叉律儀，威儀行
處具足⑤，於微細罪能生怖畏，受持學戒，是名第一多所饒益修習
安那般那念。復次，比丘！少欲、少事、少務，是名二法多所饒益
修習安那般那念。復次，比丘！飲食知量，多少得中⑥，不爲飲食
起求欲想，精勤思惟，是名三法多所饒益修安那般那念。復次，比
丘！初夜、後夜不著睡眠，精勤思惟，是名四法多所饒益修安那般
那念。復次，比丘！空閑林中，離諸憒鬧，是名五法多種饒益修習

安那般那念。」在《長阿含經》：「云何八生法？謂八大人覺。道當少欲，多欲非道。道當知足，無厭非道。道當閑靜，樂眾非道。道當自守，戲笑非道。道當精進，懈怠非道。道當專念，多念非道。道當定意，亂意非道。道當智慧，愚痴非道。」在《阿羅漢具德經》說：「梵行少貪欲……恒持清淨戒……精進力難思……常行於布施，少語恒默然……常樂住山巖，已生煩惱斷，未生令止息，恒入三摩地……能斷貪瞋痴……得定慧解脫……具得神通力……恒行寂靜心……具如是功德，故名阿羅漢。」

〔註解〕①山巖窟宅：深山岩洞。②阿蘭若處：寂靜適合修行的地方。③塚間：墳墓地。④多所饒益：有很多助益。⑤威儀行處具足：無論何時何地，行住坐臥，言行舉止都要保持莊嚴。⑥多少得中：飲食適量。

（二）禪修注意事項

1.一定要讀經，了解佛法：禪修者必須常讀經、了解佛法、建立正知見、依法而修，方能親證佛法得到解脫。淨界法師說：修止觀的人每一天要讀經聽經半個小時！妙境長老說：你不要只是靜坐，一定要讀經……讀經是屬於聞慧，靜坐是思慧和修慧……聞思修三種智慧要具足……才能由凡而聖。如佛在《大乘隨轉宣說諸法經》說：「一切眾生非學佛智，不到彼岸。」

2.禪修須良師指導：掛著佛教招牌，教授禪定的邪師到處都有。凡是不守戒律、自誇功德、現奇特相、現超能力者，都可能是邪師。所以建議初學者參加寺院的禪修活動，實際操作才能掌握禪修要領，及藉由大眾約束力，督促自己專心入道。聖嚴法師表示：禪修不可隨便自己修習，一定要有老師指導，而且要慎重選擇老師。若方法不明，姿勢不正，反而有害。尤其幻覺產生時，若無老

師在旁糾正，便易走入魔境。

3.靜坐前要做暖身運動，結束需全身按摩。禪修姿勢有坐禪、行禪、立禪、臥禪。修定的所緣境有隨息法、數息法、念佛法。延伸閱讀，聖嚴法師「禪修方法指導」。

4.聖嚴法師說：禪修，需要付付出耐心和毅力，不斷練習，不斷反覆的認同，或在觀念上作糾正。又說，禪修就像吃飯一樣，並非吃第一口就會飽，必須累積的修行，通過受苦受難及救苦救難的磨鍊，才能見性的。

5.禪修要避免著魔：
（1）有正知正見，持戒清淨，就不易著魔。慧律法師說：修行不要急，急容易走火入魔。
（2）禪修要把「有所求」的貪欲心，轉為「無所求」的清淨心。追求神通、異相就背道而馳，長久下去，將招來魔、鬼、精靈、邪靈附身。禪坐中看到的一切現象、境界、靈感，都是虛妄的，千萬不能執著，執著可能會著魔。
（3）修行用功到一定程度，可能會產生種種的幻覺，不論真假，均不能執著。魔辯才無礙，會冒充聖者，魅力無窮。有人著魔以後本事變大，還會講經說法迷惑信徒。聖嚴法師說：禪修的人如遇到靈體附身或異象出現時，切記要懂得處理……佛來佛斬，魔來魔斬。就是處理異象的最好方法。夢參長老表示：修定之時，魔來魔斬，佛來佛斬，心裡貪求感應，一定會著魔。禪修境界現前當知，凡所有相皆是虛妄，心魔一起，就會招引外魔入侵。南懷瑾老師說：現代的社會中，精神病人越來越多……尤其搞修道、打坐的，很容易走上精神病，因為在打坐中看到東西了，一不小心就精神分裂去了。

　　如佛在《楞嚴經》說:「爾時天魔候得其便,飛精附人①,口說經法②,其人不覺是其魔著,自言謂得無上涅槃。……忽自見身坐寶蓮華,全體化成紫金光聚。……是人愚迷,惑爲菩薩。」

　　〔註解〕①飛精附人:邪魔具有神通能分身,從外飛入附到禪者身上。②口說經法:著魔後便擁有魔的辯才本事,到處講經說法,信徒無法分辨正法與邪法,結果把魔當成菩薩。

二、成佛三種方法

　　修行成佛的法門無量,但可歸納爲「奢摩他、三摩鉢提、禪那」三種法門。勤修這三法門皆可證得「圓滿覺性」而成佛。「圓滿覺性」就是心的本來面目。這三種法門,可以單修、複修、交替修,於是又演變成 25 種修行法門。這些法門,雖然入門不同,但最後都可並行無礙,成就定慧,破除無明、我執、貪嗔痴,脫離輪迴,最終成佛。

　　如佛在《圓覺經》說:「無上妙覺①遍諸十方,出生如來與一切法②……於諸修行……方便隨順③其數無量,圓攝所歸循性差別當有三種:……奢摩他……三摩鉢提……禪那……如是三種事業,若得圓證即成圓覺④……先修奢摩他,中修三摩鉢提,後修禪那……三法頓漸修,有二十五種。」

　　在《楞嚴經》說:「十方如來,得成菩提⑤;妙奢摩他、三摩、禪那最初方便⑥。」在《雜阿含經‧464 經》:「修習於止,終成於觀,修習觀已,亦成於止。謂聖弟子止、觀俱修,得諸解脫界。」在《大寶積經》:「成就諸禪定,證無上智⑦不爲難。」

〔註解〕①無上妙覺：佛的無上智慧。②出生如來與一切法：一切的佛與法，都從佛的無上智慧生出來的。③方便隨順：順應眾生根器所衍生的修行法門。④圓覺：佛的證智，又稱無上智慧、圓滿菩提、無上正等正覺。⑤菩提：覺悟、證悟的智慧。⑥最初方便：最初的修行方法。⑦無上智：佛智、無上智慧。

（一）第一種成佛方法：奢摩他

奢摩他，梵文 śamatha、巴利文 Shamath 音譯為奢摩他，意譯為「止、寂靜、能滅」。

「止」，能讓急躁、衝動的身心，停止下來進入定境。例如近代高僧廣欽老和尚，坐禪入定，沒呼吸也沒心跳逾 120 日。如佛在《大集經》說：「奢摩他，名心寂靜。云何復名身寂靜耶？是人入定滅於入息①，既無入息何有出息？是則名為身心寂靜。身心寂靜即奢摩他之因緣也。」

「寂靜」，能讓攀緣的身口意三業安靜不動。三業寂靜不動，就能開啟大智慧。如佛在《大般涅槃經》說：「奢摩他者名曰寂靜，能令三業成寂靜故。」在《華嚴經》說：「三業調伏不退輪，六根寂靜三昧箱」。《華嚴經》又說：「眾生大海痴蔽心，為現寂靜微妙法，能然無上智慧燈，是則方便真淨眼。」

「能滅」，能滅貪瞋痴、惡業與無明。所以佛說，奢摩他行者分為三等級：下等是凡夫，中等是阿羅漢和辟支佛，上等是佛和大菩薩。如佛在《大寶積經》說：「奢摩他智慧者，能除三毒貪瞋痴……及惡業……除一切無明冥。」在《大般涅槃經》說：「奢摩他者……有三種，謂下中上：下者謂諸凡夫。中者聲聞緣覺。上者諸佛菩薩。」

奢摩他，是「靜」的修行。「靜」是智慧和清晰思慮的基礎。心靜下來，就能產生智慧，有了智慧就能看清真相，解開真相後一切難題都能在思慮清晰中迎刃而解，因此不管前途多麼渺茫，解決人生疾苦最好的辦法，就是讓心靜下來。冷靜思考，作對的事情，持之以恆，無論學業、事業、家庭、健康、修行等，一切都能漸漸地邁向美好的境界。如佛在《長阿含經》說：「修定②獲智。」在《除蓋障菩薩所問經》說：「修止息行③，已得現前寂靜。由寂靜故……有勝功德④。」

〔註解〕①息：呼吸。吸入稱入息。呼出稱出息。②修定：奢摩他能得定，故修定與奢摩他意思一樣。③止息行：奢摩他即止息行。④勝功德：超越、勝出一切的功效、作用和利益。例如「身」：降低壓力、改善失眠、促進生理機能能正常運作。「心」：思考、學習、工作效率變好。「世界」：正確的人生觀、情緒調控，家庭和睦，與人和諧共處。

以下摘錄佛經，解釋奢摩他，及其修持方法：

1.眾生心，無法寂靜，導致輪迴

現代人的心總是靜不下來，整日追求名利、新知、美食、飲酒、唱歌、跳舞，追求種種享受；每天都在追求刺激以麻痺自己；刺激過後，心卻更亂；心亂，則生活就變得更糟，結果就是惡性循環。

眾生的心，散亂、急躁、衝動、盲目的抓取五欲六塵裡的一切，抓取一個又一個，不停的造身語意業，無法停止下來，導致生死輪迴，這背後的推動力量，就是貪瞋痴、我執、無明等心病。所以終結輪迴的方法之一，就是修奢摩他定，攝心、專注，讓心靜下來，靜到極點。心就會澄澈如鏡，心鏡清澈，就能看清世界真相，

這就是由定生慧。有定力和智慧，就不再造業，能解脫業力與輪迴，心病徹底痊癒，也就成佛了。

眾生的心性就像猴子一樣，抓取物質世界裡的一切，丟掉一個又拿起一個，永遠不停的抓取。抓取甚麼？抓取六塵，即眼睛抓取漂亮美色，耳朵抓取悅耳聲音，鼻子抓取好聞香氣，嘴巴抓取可口美食，身體抓取舒適觸感，意念抓取一切美好的感覺。尤其現代人擁有手機與便利交通，更是無所不能，極盡貪欲之能事。所以現代人的心，比歷史以往都更加散亂、急躁、衝動、瘋狂。

如佛在《大般涅槃經》說：「眾生心性①猶如獼猴，獼猴之性捨一取一，眾生心性亦復如是，取著②色聲香味觸法無暫住時。」在《華嚴經》說：「言心病者，顛狂心亂而爲其主。」

〔註解〕①眾生心性：眾生心有無明、我執、貪瞋痴等心病，故心性如獼猴。②取著：愛深便占據拿取成爲己有，擁有便上癮染著。

以下再舉佛經，說明亂心與輪迴的關聯

（1）《大乘本生心地觀經》說：「從無始至于今日，輪迴六趣①無有出期，皆自妄心②而生迷倒，於五欲境貪愛染著③。」

〔淺釋〕一切眾生從無始到今生，都在六道：天人（神仙）、阿修羅、人、動物、鬼道、地獄中輪迴受苦，沒有解脫之時。爲何如此？因爲眾生的「妄心」起迷惑顛倒，對於金錢、淫欲、名譽、飲食、住處的貪愛染著，導致六道輪迴不止。所謂「妄心」就是貪瞋痴心病的心。如佛在《雜阿含經》說：「以彼愚痴無聞凡夫不了知故，於諸五欲生樂受觸，受五欲樂，受五欲樂故……爲貪、恚、痴所繫，爲生老病死憂悲惱苦所繫。」

〔註解〕①六趣：六道的別名。②妄心：妄想執著的心。有貪瞋痴三種心病的心。真心與妄心同是一個心，迷了叫妄心，妄心破了、悟了就是真心。③染著：好像衣服沾染汙點，洗不掉。

(2)《雜阿含經》說：「一切燒然。云何一切燒然？謂眼燒然，若色、眼識、眼觸、眼觸因緣生受，若苦、若樂、不苦不樂，彼亦燒然。如是耳、鼻、舌、身、意燒然，若法、意識、意觸、意觸因緣生受，若苦、若樂、不苦不樂，彼亦燒然，以何燒然，貪火燒然、恚火燒然、痴火燒然，生老病死憂悲惱苦火燒然。」

〔大意〕貪瞋痴的火，焚燒一切。看見美色，貪欲的火在心中燃燒。看見討厭的，瞋恨的火在心中燃燒。看不清楚狀況的，愚痴的火在心中燃燒。就像這樣耳、鼻、舌、身、意接觸五欲的乾柴，火勢越燒越猛烈，輾轉相續，生老病死苦的輪迴如火焚燒。如佛在《大集經》說：「三界所有一切眾生，皆為貪欲、瞋恚、愚痴三毒猛火焚燒熾然，生老病死憂悲苦惱皆亦熾然不得解脫。」在《大乘本生心地觀經》說：「如無量薪……以貪愛火燒五欲薪①。」

〔註解〕①五欲薪：手機、網路、美食、淫欲……等五欲如同乾柴，添加在貪欲心的烈火上，火勢越燒越旺。五欲雖是滋養生命所必需，但貪求、沾染就會招來禍患與解脫魔障。

(3)《四十二章經》說：「使人愚蔽①者，愛與欲也。」在《大般涅槃經》：「往昔已來輪轉生死，情色所醉，貪嗜五欲。」在《方廣大莊嚴經》說：「染著五欲……五欲昏冥，能令失念，常為可怖，諸苦之因。」在《長阿含經》：「為五欲所染，愛著堅固，不見過失，不知出要，彼為五欲之所繫縛。」

〔大意〕1.貪愛和欲望，能遮蔽覺心使人變笨、盲目。例如一時色慾薰心、利慾薰心，便鑄下大錯。2.過去以來的生死輪迴，全

因為迷戀情愛與美色，對於五欲非分占有，或貪得無厭所導致。換句話說，追求五欲須取之有道，適可而止。3 五欲上癮，使人神智不清、失去理性和正念，常成為恐怖與眾多痛苦的原因。4.被五欲沾染，貪愛執著堅固，始終放不開，這種人看不到自己過失，不知解脫之道，就是被五欲綑綁之人。

〔註解〕①使人愚蔽：比如沉迷網路，會使人變愚笨、變盲目。

2.奢摩他，使心寂靜

修奢摩他，能令人專注、攝心，隨時隨地，把這顆紛亂、焦躁、衝動的心，控制下來，進入定境，成就一切佛法。勤修奢摩他，心會越來越平靜，靜極入定，有定就有慧，智慧現則無明滅。即能擺脫五欲、六塵，消滅貪瞋痴火，使心平靜、安定，讓狂亂的心，歇止下來，心歇止之後，就能恢復本性光明，看清宇宙人生真相，證入解脫，圓成佛道。所以一切佛法都是在靜的基礎上去修，才能獲得成就，所以學佛一定要學會奢摩他攝心、靜心的方法。如佛在《華嚴經》說：「煩惱病①者，令服法藥；生老死者，授甘露法②；三毒盛③者，滅以定水，令得清涼。」在《楞嚴經》說：「狂心若歇，歇即菩提④。」在《楞嚴經》又說：「攝心為戒，因戒生定，因定發慧，是則名為三無漏學。」在《大方便佛報恩經》說：「成就智慧，破壞無明。⑤」在《長阿含經》說：「斷除無明，生於慧明，捨離闇冥，出智慧光。」

〔註解〕①煩惱病：貪瞋痴煩惱是一種心病。《華嚴經》說：「寂滅諸煩惱……究竟成菩提。」②甘露法：喻為不會死亡的法。解脫法、不死法。③三毒盛：貪瞋痴三毒火旺盛。④狂心若歇，歇即菩提：凡夫心為狂亂心，覺心靜止不動，所以狂心停止就是覺悟解脫。菩提：梵語 bodhi 音譯菩提，意譯為「覺、智、知、道」。⑤

成就智慧，破壞無明：智慧光明一出現，無明黑暗便消失。所以奢摩他成就三等境界：下等是凡夫，中等是阿羅漢和辟支佛，上等是佛和大菩薩。如佛在《大般涅槃經》說：「奢摩他者……有三種，謂下中上：下者謂諸凡夫。中者聲聞緣覺。上者諸佛菩薩。」

（1）《圓覺經》說：「若諸菩薩①悟淨圓覺②，以淨覺心，取靜為行，由澄諸念③。覺識煩動④，靜慧⑤發生，身心客塵⑥從此永滅。便能內發寂靜輕安。由寂靜故十方世界諸如來心於中顯現。如鏡中像。此方便者名奢摩他。」又說：「若諸菩薩唯取極靜，由靜力故，永斷煩惱，究竟成就，不起於座，便入涅槃⑦。此菩薩者，名單修⑧奢摩他。」

〔大意〕諸位菩薩知道自己有一顆清淨圓滿的覺心（眾生本來成佛），便以此覺心，在不受干擾的地方坐禪修行，貪瞋痴煩惱會逐漸消除，心會逐漸安定、平靜，就好像一盆濁水保持不動泥沙就會慢慢沉澱，水會變清淨。這時覺識裡的煩惱還是會起來躁動，例如坐禪時「出現異象」，這時該怎麼辦？聖嚴法師說：禪修的人如遇到靈體附身或異象出現時，切記要懂得處理……佛來佛斬，魔來魔斬。就是處理異象的最好方法。

持續這樣用功下去，心念愈來愈平靜就會產生靜慧，不斷地靜下去，於是進入貪瞋痴煩惱永遠斷除的境界。煩惱斷除之後，第一個現象是身心進入輕鬆安詳的入定境界。接著十方諸佛在你寂靜的心中顯現，就好像鏡中的影像。這種修行方法就是奢摩他，就是修定。

〔註解〕①菩薩：菩提薩埵 Bodhisattva 之簡稱。發菩提心的修行人，稱菩薩。②悟淨圓覺：了解，我們的心跟佛一樣具備「清淨圓滿的覺性」，因被無明、貪瞋痴遮蔽導致輪迴。③由澄諸念：凡夫的心像一盆不停攪動的濁水，心靜下來濁水就會漸漸澄清、淨化，

而能透視。④覺識煩動：例如禪坐時出現氣動，有時晃動，有時彈
跳，有時頭搖，你不理它，它慢慢就過去了！⑤靜慧：靜心產生的
智慧。世俗的智慧是思維「轉動」而生；靜慧是意識「不動」直覺
而生。靜慧是從真心、覺性生出來的。靜慧發生時，眾生妄心所造
的「身心世界」從此消失了。⑥身心客塵：貪瞋痴，五欲六塵就是
客塵。⑦不起於座，便入涅槃：釋迦牟尼佛在菩提樹下靜坐，不起
於座當下成佛。⑧單修：指專修。學佛須先廣學多聞，增長智慧，
然後在這基礎上專修。勿以為專修一法，其他佛法都不用學，因為
若沒有佛法基礎，想專修也進不去。如佛在《八大人覺經》說：「廣
學多聞，增長智慧……精進行道……速登正覺。」

　　（2）《菩薩藏正法經》說：「云何奢摩他？謂令心淡泊，寂靜極
靜，至極寂靜①。攝護諸根②，不動不搖，無有高下。口唯慎密亦
無諂詐。心一境性③。遠離憒鬧及諸險難，樂處空閑，於其身命清
淨調適。威儀道行④而常謹密，乃至具足資養。知時知分及知數
量。設聞誹謗亦應安忍，轉復深心常樂宴坐。是故定分作意⑤，於
慈悲喜捨。以方便無礙安住修觀。從初禪定乃至第八禪定⑥。於奢
摩他，應先修習我說。於此復有無量奢摩他行，於是行中亦當隨
順。是名奢摩他。」

　　〔淺釋〕所謂奢摩他，就是清心寡欲，讓身口意三業安靜不
動，極度的安靜，最高度的安靜。守護六根，心意堅定不受任何境
界動搖，視一切眾生平等。謹言慎行，不虛偽、諂媚。行住坐臥，
心都安住在所緣境中。譬如專注呼吸，其他念頭不起。又如念佛，
整個心裡都是佛號，其他念頭不起。遠離喧鬧與危險之地，喜歡獨
處靜思，身不造業、心不迷惑散亂，身心調和舒適。做一個修道
者，行住坐臥、言談舉止，都要保持莊嚴的儀態。行事謹慎低調，
知所進退，這樣便具備接受信眾供養修福的資格。接受供養時，要
知道時機因緣及數量，容易供養，容易滿足。假設被罵、被毀謗，
也要安靜忍受，並以對治法門安住身心。常愛好坐禪，止息妄念，

入於靜定，生慈悲喜捨心，在此寂定心中修觀，於是從初禪，依序證到八定。修奢摩他，首先應依照佛說的去修，除了佛說，凡是佛弟子所傳的奢摩他也要隨順修學。成就以上之人，就可以稱爲奢摩他。

〔註解〕①寂靜極靜，至極寂靜：寂靜，爲身口意三業安靜不動。寂靜（入定）有許多層次，如四禪八定：初禪、二禪、三禪、四禪、空無邊處定、識無邊處定、無所有處定、非想非非想處定。以及斷盡貪愛、煩惱的無漏定（出世間定），還有更高的寂靜。如佛在《雜阿含經》說：「初禪正受時，言語寂滅；第二禪正受時，覺觀寂滅；第三禪正受時，喜心寂滅；第四禪正受時，出入息寂滅……佛告阿難：復有勝止息、奇特止息、上止息、無上止息。如是止息，於餘止息無過上者。」②攝護諸根：守護六根不攀緣、不接觸五欲。③心一境性：心與所緣境融爲一體的狀態，即入定狀態。④威儀道行：佛教注重「行如風、立如松、坐如鐘、臥如弓」四威儀。「行如風」走路姿勢，如風一樣輕快無聲；「立如松」站立時，如松樹般筆直；「坐如鐘」坐下來，要如鐘一樣端坐、莊嚴；「臥如弓」睡姿像彎弓一樣，例如右脅而臥的「吉祥臥」。⑤作意：能警覺於心所緣境界，而令心引起運作，所有作意皆與受想行識相應。作意，爲五十一心所之一。⑥初禪定乃至第八禪定：奢摩他有八種境界，如佛在《深密解脫經》說：「奢摩他有八種：所謂初禪奢摩他，如是二禪、三禪、四禪、無邊空處、無邊識處、見少處、非想非非想處。」定，收攝散亂之心而歸於凝然不動之狀態。

（3）《大般涅槃經》說：「奢摩他者名爲能滅①，能滅一切煩惱結故。又奢摩他者名曰能調，能調諸根惡不善故。又奢摩他者名曰寂靜，能令三業成寂靜故。又奢摩他者名曰遠離，能令眾生離五欲故。又奢摩他者名曰能清，能清貪欲瞋恚愚痴三濁法故。以是義故，故名定相②。」

〔淺釋〕奢摩他稱為「能滅」，因奢摩他能滅一切貪瞋痴煩惱、能滅一切無明。奢摩他又稱為「能調」，因奢摩他能調伏六根使人不造惡業。奢摩他又稱為「寂靜」，因奢摩他能使身口意業安靜不動。奢摩他又稱為「遠離」，因奢摩他能使眾生遠離五欲六塵之誘惑。奢摩他又稱為「能清」，因奢摩他能清除被貪瞋痴汙染的心。由於這些的緣故，所以奢摩他展現出來的面貌就是「定」，例如老僧入定，如如不動。淨空法師說：「迷的心是動的，覺的心是不動的，懂得這個道理，才知道禪定的重要。……無論大乘小乘……顯教密教，無量法門，統而言之，全是修禪定。為了把這個心定下來，所用的方法不同而已。」如佛在《金剛三昧經》說：「寂靜三業，不住身心……是名解脫。何以故？解脫之相，無相、無行、無動、無亂，寂靜涅槃，亦不取涅槃相。」

〔註解〕①能滅：修奢摩他能成就智慧，破除煩惱、惡業與無明。如佛在《大寶積經》說：「奢摩他智慧者，能除三毒貪瞋痴……及惡業……除一切無明冥。」

(4)《長阿含經》說：「佛告阿難。世有八眾。何謂八。一曰剎利①眾。二曰婆羅門眾。三曰居士眾。四曰沙門眾。五曰四天王眾。六曰忉利天眾。七曰魔②眾。八曰梵天眾。我自憶念，昔者。往來與剎利眾坐起言語，不可稱數。以精進定力，在所能現。彼有好色，我色勝彼。彼有妙聲，我聲勝彼。彼辭我退，我不辭彼。彼所能說，我亦能說。彼所不能，我亦能說，阿難，我廣為說法，示教利喜已，即於彼沒，彼不知我是天、是人。如是至梵天眾，往返無數，廣為說法，而莫知我誰。……汝等當知我以此法自身作證，成最正覺。謂四念處、四意斷、四神足、四禪、五根、五力、七覺意、賢聖八道。汝等宜當於此法中和同敬順，勿生諍訟。」

〔大意〕世間有八種修道眾生：剎利、婆羅門、居士、沙門、四天、忉利天、魔天、梵天等八種。我回憶往昔未成佛之前，我以

禪定產生的智慧神通，對王公貴族說法，對方帥氣，我比他更帥氣；對方聲優，我比他的聲更優；對方說的道理我都能反駁，我說的道理對方無法反駁。我爲他們廣說佛法，讓他們法喜充滿，之後便消失無蹤，他們不知道我是神、是人。像這樣，我到天上、人間往返無數次的說法，這些眾生都不知道我是誰。我擁有這些神奇的能力乃至於成佛，都來自四念處、四正勤、禪定……八正道等修行而生。因此你們在修持禪定法門時，彼此應當互相尊敬、和睦相處，不要互相攻擊。

〔註解〕①刹利：指擁有政治、軍事權勢的王公貴族。②魔：魔修善得福，卻仗福報惱害眾生。

（5）《雜阿含經‧212 經》說：「專精勝進，身心止息①，心安極住不忘②，常定一心，無量法喜③，但逮得第一三昧正受④。」

〔大意〕坐禪非常專注，到達某個境界，呼吸、雜念都會停止。常安住在定中，心中便充滿無窮喜悅，很快就能進入正定的境界。

〔註解〕①身心止息：南懷瑾老師表示：修安那般那（觀呼吸），從數息、隨息到某個階段，呼吸停下來，止息了，息滅了，雜念也停了，稱之爲止。……止爲定之母，功夫到了止，下去就是四禪、八定與九次第定，則神通自然具有。②心安極住不忘：心念極爲安定、穩固且持續不消失。③無量法喜：入於禪定，心中充滿怡悅，綿綿不斷的快樂。④三昧正受：正定現前，能獲得正確的感受、覺知。

（6）《大乘隨轉宣說諸法經》說：「修習奢摩他定，觀想自性清淨①。了知貪嗔癡悉皆虛妄。安住法中得彼定力，身心快樂。」

〔淺釋〕修奢摩他，在定中照見自心本性清澈、潔淨。了解知道貪欲、瞋恨、愚痴皆是自心所生的幻相。把心安住在奢摩他中，就能獲得身心快樂。

〔註解〕①自性清淨：我們的眞心清澈、潔淨無染猶如明鏡。如佛在《大集經》說：「本心清淨猶如鏡。」在南傳大藏經《增支部》說：「此心極光淨，而客塵煩惱雜染。」

(7)《生經》說：「常志精進，志常定止，有大聖智無極之慧，卒問①對之言辭，應機發遣，博達能了，尋音答報，一切能通，智慧爲寶，眾德具足。」

〔淺釋〕精進修定之人，會得到聖人般的無窮盡智慧，思維敏捷、辯才無礙，與人對談反應敏捷。知道宇宙人生眞理，對一切問題都有精深獨到的見解，與其交談都能得到啓發。因爲定能生慧，而智慧具足一切的作用、能力，連無量的神通變化都是智慧的延伸。

〔註解〕①卒問：急速發問。

(8)《佛遺教經》說：「當制五根，勿令放逸，入於五欲……此五根者，心爲其主，是故汝等當好制心。心之可畏，甚於毒蛇、惡獸、怨賊、大火越逸，未足喻也。……譬如狂象無鉤，猿猴得樹，騰躍踔躍，難可禁制。當急挫之，無令放逸。縱此心者，喪人善事；制之一處，無事不辦。是故比丘，當勤精進，折伏汝心。……若攝心者，心則在定。心在定故，能知世間生滅法相。是故汝等，常當精勤修習諸定，若得定者，心則不散。」

〔大意〕

1.修行人不可縱欲，因爲心比毒蛇、猛獸、盜賊、大火還可怕，只要縱欲，心就像狂象無鉤、猿猴上樹一樣，難以制止。

2.俗話說：「天下無難事，只怕有心人」。佛說：「制心一處，無事不辦」把自己的心，安住在一處，無論做什麼事都能成功。因爲專注，心念歸一，這就是「定」，有定就有慧，有智慧就知道做正確的事，所以遭遇任何困難最後都能圓滿解決。如何制心一處？例如觀呼吸或稱念佛菩薩聖號。

3.心在定中，就不會迷惑，就能看清，萬物緣起緣滅的眞相。擁有定力的人，心不會散亂，所以修奢摩他（修定），就是尊貴之人，有智慧者應該予以供養。

如佛在《大乘大集地藏十輪經》說：「修定能斷惑，餘業所不能，故修定爲尊，智者應供養。」

（9）《雜阿含經‧814 經》：「修安那般那念①，多修習已，身不疲倦，眼亦不患②，樂隨順觀住③，樂覺知，不染著樂④……如是修安那般那念者，得大果大福利⑤。是比丘⑥欲求離欲、惡不善法，有覺有觀，離生喜樂，初禪⑦具足住，是比丘當修安那般那念。如是修安那般那念，得大果大福利。是比丘欲求第二、第三、第四禪⑧，慈、悲、喜、捨⑨，空入處⑩、識入處⑪、無所有入處⑫、非想非非想入處⑬，具足三結盡，得須陀洹果⑭；三結盡，貪、恚、癡薄，得斯陀含果⑮；五下分結盡，得阿那含果⑯，得無量種神通力，天耳⑰、他心智⑱、宿命智⑲、生死智⑳、漏盡智㉑者。如是比丘當修安那般那念。如是安那般那念，得大果大福利。」

〔大意〕修安那般那念，就是觀呼吸之禪修。禪修時須放下一切追求、幻想，身體坐直，心念專注於呼吸，吸氣滿時數一，呼氣盡時數二，察覺失念時，就回到呼吸上，從一開始數起，如此從一

數至十的循環，就這樣數息著，沒有別的。努力禪修能得到許多好
處：包括身體不疲倦、眼睛不疲勞（近代高僧廣欽老和尚與救世師
父，長年「不倒單」就是明證），身心喜樂，證入初禪、二禪、三
禪、四禪。見證空性，證入初果須陀洹、二果斯陀含、三果阿那
含、四果阿羅漢，解脫生死，獲得無量的智慧、神通與快樂。

〔註解〕①安那般那念：（梵文 ānāpāna-smṛti。巴利文 ānāpāna-
sati），意譯入出息念、數息觀，以觀呼吸作為修止（奢摩他）的方
法。數息，從一數至十的循環，吸氣滿時數一，呼氣盡時數二，察
覺失念時，從一開始數起。如佛在《坐禪三昧經》說：「入息至竟數
一，出息至竟數二。若未竟而數為非數，若數二至九而誤，更從一
數起。」在《雜阿含經》說：「觀滅出息時如滅出息學，是名修安那
般那念。」②身不疲倦，眼亦不患：身體不會疲倦，眼睛也不會疲
勞。③樂隨順觀住：快樂生起時，保持仔細觀察。④樂覺知，不染
著樂：覺察到快樂生起時，心不貪著。⑤大果大福利：大成果、大
利益。⑥比丘：出家受具足戒者之通稱。男曰比丘，女曰比丘尼。
⑦初禪：離於感官欲樂，離於惡的、不善的事情，覺與觀兩者皆
有，由捨離而生起喜與樂，而達到的禪定境界。⑧第二、第三、第
四禪：二禪是離於覺與觀，內心止靜、專注，覺與觀兩者皆無，由
定而生起喜與樂，而達到的禪定境界。三禪是離於喜，安住在捨
心、安住在正念、正知中，體驗到樂，安住於這聖者所說的捨中，
而達到的禪定境界。四禪是離於苦、樂，先前憂、喜已斷了，沒有
苦也沒有樂，只有因捨而生的純淨之念，而達到的禪定境界。⑨
慈、悲、喜、捨：在此指以「慈、悲、喜、捨」為專注對象（所緣
境），擴充至無量所成就的定，又稱「四無量心三昧、無量三昧」。
⑩空入處：以無邊的空間作為意念專注的對象（所緣境）所成就的
定境，是無色界第一天的層次。又譯為「無量空入處」、「空處」、
「空無邊處」。⑪識入處：以無邊的識為意念專注的對象（所緣
境）所成就的定境，是無色界第二天的層次。又譯為「無量識入
處」、「識處」、「識無邊處」。⑫無所有入處：以無所有為意念專注

的對象（所緣境）所成就的定境，是無色界第三天的層次。又譯爲「無所有處」。⑬非想非非想入處：沒有一般粗重的想陰（心中浮現的相），但想陰仍未眞正斷盡的定境，是世間最深的定境。猶如油已經倒光的油筒，倒不出油來了，但表面還是黏著一些油；非想非非想入處已幾乎沒有想陰，但又不能說斷盡想陰。是無色界天的最高層次。⑭須陀洹果：斷身見（執著於五陰有「我」的見解）、戒取（執著於無益解脫的禁戒、禁忌）、疑（對於眞理的懷疑猶豫；對佛法僧戒的疑惑）的聖人，最多於天界與人間投生七次就能涅槃。是四沙門果（解脫的四階段果位）的初果，又稱爲預流果。⑮斯陀含果：斷身見、戒取、疑，貪、瞋、痴薄的聖人，最多投生至天界再投生人間，往返一次，就能涅槃。是四沙門果（解脫的四階段果位）的第二果，又稱爲一來果。⑯阿那含果：斷五下分結（身見、戒取、疑、欲貪、瞋恚）的聖人，不再生於欲界。例如下一生生於色界或無色界的天界，並在天界證得涅槃。是四沙門果（解脫的四階段果位）的第三果，又稱爲不還果。⑰天耳：能聽到不論遠近的聲音的神通。又譯爲「天耳通」、「天耳智通」、「天耳智」。⑱他心智：知道他人現在心裡想什麼的神通。⑲宿命智：能了知過去世的種種的神通。⑳生死智：能見到死者往生到哪裡的神通，即「天眼通」。㉑漏盡智：斷盡煩惱、解脫生死的智慧。

〈以上大意及註解參考，好讀雜阿含經〉

（10）《法句譬喻經》說：「比丘……樹下，數息相隨①止觀還淨，獲道果證成阿羅漢②。」

〔大意〕出家修行人，在樹下觀呼吸，用止觀法門把身心徹底淨化後，便證阿羅漢果而解脫生死。

〔註〕①數息相隨：觀呼吸配合計數。數息，計算呼吸次數由一到十循環。吸氣滿時才數一，呼氣盡時才數二，呼吸中間不數。

察覺失念時，應從頭由一開始數起。②阿羅漢：斷盡煩惱、不再輪迴的聖人。斷五上分結（色愛、無色愛、掉舉、慢、無明）；貪瞋痴永盡、煩惱永盡。證得涅槃、解脫輪迴。阿羅漢具備了三明、六通。所謂三明是指宿命明、天眼明、漏盡明。六通是天眼通、天耳通、知他心通、宿命通、身如意通、漏盡通。《大般涅槃經》說：「得阿羅漢，具足三明及以六通。」《大方便佛報恩經》說：「得阿羅漢果，三明六通，具八解脫。」《佛說阿羅漢具德經》說：「具大神通，目乾連芯蒭是……定慧多聞第一，阿難芯蒭是……能說妙法，富樓那彌多羅尼子芯蒭是……智慧與神通……能斷貪瞋痴……證得慧解脫……具少分辯才……具如是功德，故名阿羅漢。」

3.奢摩他的修持方法

以下摘錄佛經段落，以進一步了解觀呼吸的基本概念：《雜阿含經》的經文、大意、註解、取自「好讀雜阿含經」如何修止，即觀呼吸（安那般那念）之禪修？

（1）《解深密經》說：「奢摩他，所緣境事①，謂無分別影像②。」

〔大意〕修奢摩他，須專注「所緣境」。例如「以數息為所緣境」，坐禪時心念專注，觀察呼吸的入與出，吸氣滿時數一，呼氣盡時數二，察覺失念時就回到呼吸上，從一開始數起，從一數至十的循環，就這樣「數息」，沒有別的。在專注「數息」中，散亂、動盪的心，就會逐漸地安定、平靜下來。持續的專注，定力會逐漸增長，煩惱逐漸消滅，久之就能夠入定，入定就能夠產生智慧光明，有智慧光明，無明黑暗就會消失。聖嚴法師說：譬如念佛的人，佛號就是所緣境；參話頭的人，話頭就是所緣境；數息的人，數數就是所緣境……緣一境，然後繼續不斷地修。

　　禪修姿勢包括行、住、坐、臥，其中以坐禪、行禪爲主要修行方法。坐禪時，放下一切追求，身體坐直，專注於「所緣境」。

　　〔註解〕①所緣境事：又稱所緣境。心專注的對象，稱爲「所緣境」。例如觀呼吸、念佛、持咒、讀佛經、背佛經、參話頭、觀佛像都是修奢摩他的「所緣境」。②無分別影像：對「所緣境」不作分析、思考，只是「無分別」地專注於所緣境，令心寂靜下來，例如專心念佛。影像，所緣境。

　　(2)《雜阿含經・803 經》：「修習安那般那念。若比丘修習安那般那念，多修習者，得身心止息①，有覺有觀②，寂滅、純一③，明分想④修習滿足。〈如何修安般那念？〉何等爲修習安那般那念？多修習已，身心止息，有覺有觀，寂滅、純一，明分想修習滿足？是比丘若依聚落、城邑止住，晨朝著衣持鉢，入村乞食，善護其身，守諸根門，善繫心住⑤。乞食已，還住處，舉衣鉢，洗足已，或入林中、閑房、樹下，或空露地⑥，端身正坐，繫念面前⑦，斷世貪愛，離欲清淨，瞋恚、睡眠、掉悔、疑斷，度諸疑惑⑧，於諸善法心得決定⑨。遠離五蓋⑩煩惱於心，令慧力羸⑪，爲障礙分⑫，不趣涅槃。〈身念處〉念於內息⑬，繫念善學⑭，念於外息⑮，繫念善學。息長息短，覺知一切身入息⑯，於一切身入息善學，覺知一切身出息⑰，於一切身出息善學。覺知一切身行息入息⑱，於一切身行息入息善學，覺知一切身行息出息⑲，於一切身行息出息善學。〈受念處〉「覺知喜，覺知樂。心念處覺知心行⑳。覺知心行息入息㉑，於覺知心行息入息善學；覺知心行息出息㉒，於覺知心行息出息善學。〈心念處〉覺知心㉓，覺知心悅㉔，覺知心定㉕，覺知心解脫入息㉖，於覺知心解脫入息善學，覺知心解脫出息㉗，於覺知心解脫出息善學。〈法念處〉「觀察無常，觀察斷㉘，觀察無欲㉙，觀察滅入息㉚，於觀察滅入息善學；觀察滅出息㉛，於觀察滅出息善學，是名修安那般那念，身止息、心止息，有覺有觀，寂滅、純一，明分想修習滿足。」

〔大意〕勤修，觀呼吸，能獲得身心安祥、思考清晰、觀察敏銳、消除煩惱妄想，心念純淨無瑕，智慧圓滿的成果。如何觀呼吸呢？譬如住在村落或城郊的修行人，清晨進入村落乞食，須守護六根，保持正念。乞食後回到自己住處，在林中、房舍、樹下、空地，找一個安靜的地方，開始坐禪，腰桿挺直，拋開妄想，把念頭安住在當下，斷除五蓋，貪欲蓋、瞋恚蓋、惛眠蓋、掉舉蓋、疑蓋等，遠離這五種讓智慧消弱、障礙解脫的煩惱。將注意力集中在【身體】的呼吸上，依著呼吸，覺察每個呼吸的長、短，明白身體配合呼吸的律動順序，放鬆肌肉，舒緩心情，覺察到呼吸變得細勻的情形。隨著每一個呼吸，清清楚楚地明白心中的【感受】和變化：是在進入了，初禪或二禪時的喜，還是進入了三禪時的樂，或是所有的覺受，都已經平息下來了。再進一層，依著呼吸，覺察【心念】的變化：是在趨於歡悅的情況，還是已經收攝，專注於一境而入定，或是已經清淨離雜染了。最後，依著呼吸，覺察【法理】的變化，覺察到在修習安那般那念當中，無常的變化，一階階修習的完成，一層一層貪欲的消除，以及達到捨離，寂滅的情形。這就是修習安那般那念。

〔註解〕①身心止息：南懷瑾老師表示，修安那般那（觀呼吸），從數息、隨息，到某個階段，呼吸停下來，止息了，息滅了，雜念也停了，稱之為止。……止為定之母，功夫到了止，下去就是四彈、八定與九次第定，則神通自然具有。②有覺有觀：「覺」與「觀」兩者皆有。「覺」又譯為「尋」，是投向的注意力；「觀」又譯為「伺」，是持續的注意力。例如打坐時將心念投向呼吸，就是「尋」；接著將心念持續地省察呼吸，就是「伺」。③寂滅、純一：內心寂靜安穩，沒有雜念。④明分想：能成就智慧的觀察與思惟。明，指智慧。「分」此處作「要素；成分」。⑤善護其身、守諸根門、善繫心住：要謹守律儀，對六根所接觸的一切事物，心中要清楚明白，不起貪愛、瞋恨、愚痴等煩惱，心心念念都要守護著六根。⑥空露地：室外空曠的地方。⑦繫念面前：心念專注於當下。

⑧度諸疑惑：超越種種疑惑。⑨於諸善法心得決定：對於種種善法，心中十分確定，不會猶豫遲疑。⑩五蓋：貪欲蓋、瞋恚蓋、睡眠蓋、掉悔蓋、疑蓋這五種覆蓋心識、阻礙善法發生的煩惱。「五欲六塵」是攀緣外境所引起的魔障；「三毒五蓋」是從內心意念所產生的魔障，一切的魔障都因此而起。⑪慧力羸：五蓋會將心矇蔽，使慧力衰弱。羸，衰弱。⑫障礙分：五蓋是障害解脫的成分、原因。⑬內息：吸氣。⑭繫念善學：「繫念」是「念」的加強語氣，「專注」的意思，「善學」是「正確地；充分地修學」。⑮外息：呼氣。⑯覺知一切身入息：吸氣時感受著吸氣的整個過程，此處的「覺」是「感受、覺察」的意思，「身」指「呼吸時身體的相關變化」。⑰覺知一切身出息：呼氣時感受著呼氣的整個過程。⑱覺知一切身行息入息：吸氣時感受著呼吸變得寧靜沉細。「身行」指「呼吸」。⑲覺知一切身行息出息：呼氣時感受著呼吸變得寧靜沉細。⑳覺知心行：專注觀察感受。「心行」指「感受」。㉑覺知心行息入息：吸氣時觀察到感受變得平靜。㉒覺知心行息出息：呼氣時觀察到感受變得平靜。㉓覺知心：專注觀察心。㉔覺知心悅：專注觀察心的喜悅。㉕覺知心定：專注觀察心的集中專注。㉖覺知心解脫入息：吸氣時覺察到心的解脫。㉗覺知心解脫出息：呼氣時覺察到心的解脫。㉘觀察斷：觀察斷念，完全放棄所有執著。㉙觀察無欲：觀察欲望的捨離。㉚觀察滅入息：吸氣時觀察煩惱的止息。㉛觀察滅出息：呼氣時觀察煩惱的止息。

4.專心念佛、讀經、持咒就是奢摩他

（1）《楞嚴經・大勢至菩薩念佛圓通章》說：「彼佛教我，念佛三昧①……都攝六根，淨念相繼②，得三摩地③，斯為第一。」

〔淺釋〕超日月光佛教大勢至菩薩念佛三昧……收攝眼耳鼻舌身意六根，不向外攀緣，一心專注念佛，相續不斷，不起其他念頭，這樣持續一段期間，心清淨到極度，念佛三昧就會現前，這就

是第一名的修行人。印光大師說：用口念出聲音來，耳朵聽回去，心裡再起來，就能都攝六根。紹雲法師說：眼不亂望、耳不亂聽、鼻子不亂聞，舌根不亂說話，身不要亂跑，意不要亂打妄想。……你念四個字（阿彌陀佛）或是念六個字（南無阿彌陀佛），一個字、一個字念得清清楚楚，耳朵聽佛號，聽得清清楚楚……妄念不起了，淨念相繼……這叫淨念……如此，一句佛號相繼，時間一長，心真正清淨下來，就得到三昧地（定慧等持）。淨空法師說：「整個佛法修學樞紐就在定，無論哪一個法門，哪一個宗派，修的統統是禪定。所以大家不要誤會只有禪宗才修定；只是各宗各派，用的名稱不一樣，禪宗叫禪定，淨土宗叫念佛三昧。」

〔註解〕①三昧：梵文 samādhi 音譯為三昧或三摩地。意譯為定、等持、心一境性。定，心念定止於一處而不動之狀態。等持，離掉舉故云等，心不散亂故云持。心一境性，心與境融為一體的狀態。②淨念相繼：一心繫念在佛號上，不起任何妄念。除念佛外，無其他念頭稱為淨念。③三摩地：正定。譬如念佛，念至整個心裡都是佛號，其他念頭不起。例如廣欽老和尚就曾經入念佛三昧。

（2）《文殊師利所說摩訶般若波羅蜜經》說：「善男子善女人，欲入一行三昧①，應處空閑，捨諸亂意，不取相貌，繫心一佛，專稱名字。隨佛方所，端身正向，能於一佛念念相續，即是念中，能見過去、未來、現在諸佛。何以故？念一佛功德無量無邊，亦與無量諸佛功德無二。」

〔大意〕全心全意，專修一位佛的聖號，淨念相續，久而久之，得到正定時，就能在念念中見過去、現在、未來諸佛。如佛在《觀無量壽經》說：「得念佛三昧……即見十方一切諸佛。」

〔註解〕①一行三昧：指心專於一行而修習之正定，如念佛三昧。

（二）第二種成佛方法：三摩鉢提

巴利語 samāpatti，音譯為三摩鉢提，意譯為「如幻觀」。「如幻」即指我們身心世界裡的一切存在都是緣起的，所以一切都是變化、如幻、如夢、不可得。「觀」指靜觀，靜觀能看清真相，破除心病。

從虛擬實境走出來，我們知道那是幻相，現實才是真的。但佛說，現實也是心的虛擬幻相。真相又是甚麼？佛說，覺悟之後，才能打破謎局，洞悉真相。

修三摩鉢提（如幻觀），能看清楚身心世界裡的一切存在，都是變化的假相，於是就能速滅我執、貪瞋痴。譬如，知道這是假鈔，就會拋棄它。觀五欲如幻，貪瞋痴念就會消失，知道美色如幻，欲心便消失。修三摩鉢提，洞悉宇宙人生的一切現象，全是「自心」的創造與作用，知道一切如幻，於是不再執著，於是貪瞋痴不見了，迷夢醒了，而證得如幻三昧，解開被無明封印的真如本性（真心），彰顯智慧神通，解脫輪迴，乃至成佛。

如佛在《大般若波羅蜜多經》說：「諸有情愚痴顛倒執為實有①，輪迴生死受苦無窮，為度彼故求趣無上正等菩提，得菩提已斷彼我執，及令解脫生死眾苦。」在《占察善惡業報經》說：「一切外諸境界，唯心所作②，虛誑不實，如夢如幻。」在《楞嚴經》說：「諸法所生，唯心所現③」在《佛遺教經》說：「若有智慧④……能得解脫……智慧者，則是度老病死海堅牢船也，亦是無明黑暗大明燈也，一切病者之良藥也。」在《長阿含經》說：「斷除無明⑤，生於慧明。捨離闇冥，出智慧光。」在《大乘本生心地觀經》說：「三界唯一心。心有大力世界生，自在能為變化主，惡想善心更造集，過現未來生死因。依止妄業有世間，愛非愛果恒相續，心如流水不暫住，心如飄風過國土。亦如猿猴依樹戲，亦如幻事依幻成，

如空飛鳥無所礙，如空聚落人奔走。如是心法本非有，凡夫執迷謂
非無，若能觀心體性空，惑障不生便解脫。」

〔註解〕①執爲實有：凡夫執著以爲眞的很可愛，所以起貪瞋
痴念，造作諸業，招來輪迴。②唯心所作：我們遭遇到的一切，都
是自心造作出來的。③唯心所現：感知的一切，都由心呈現。④智
慧：又稱「般若」。智慧能洞察眞相，破煩惱，斷生死。智慧是生活
的智能，也是解脫的智能。如佛在《維摩經》說：「以智慧劍破煩惱
賊。」在《大乘本生心地觀經》說：「法寶猶如智慧利劍，割斷生死
離繫縛故。」⑤無明：無知、黑暗、對宇宙人生眞相不了解。如佛
在《雜阿含經》說：「無明者無知。」在《大乘稻芊經》說：「大黑
暗故，故名無明。」在《大乘舍黎娑擔摩經》說：「以邪見爲正見，
以是無智，故名無明。」

下面，以三個角度，解說三摩缽提（如幻觀）：

1.眾生執著幻境、幻覺，導致輪迴

因爲無明遮蔽導致「感官錯覺」，認爲我們身處的世界，是一個
眞實存在。於是貪愛、執取①世界中的一切人事物，造身語意業，
導致輪迴。其實身體、財富、權力、健康、美貌、愛情、美食……
一切存在都是緣起的幻象②。未曾聽聞佛法的凡夫，把幻象當作
「人生的目的」於是拼命的追求、造業。常聽聞佛法的佛弟子，知
道「借假修眞」的道理。把身體、財富、權力、健康……作爲修
行、解脫的「工具」，所以能解脫輪迴之苦。

〔註解〕①取：執取、付諸身語意行動。取，十二因緣第九
支。②幻象：由幻想或幻覺產生的虛幻場景。

以下引用佛經說明我們的世界如幻、如夢：

（1）《雜阿含經・265 經》說：「諸所有色①……無實②……譬如幻師③……幻作象兵、馬兵、車兵、步兵……諸識法如幻④……無有我⑤我所⑥。……幻僞誘愚夫，如殺如毒刺。」《雜阿含經》說：「欲者，虛妄不實，欺誑之法，猶如幻化，誑於嬰兒⑦。……五家財物⑧亦如幻化。」《雜阿含經・45 經》說：「愚痴無聞凡夫以無明故，見色是我、異我⑨、相在⑩，言我眞實不捨。」《雜阿含經・294 經》說：「彼愚痴無聞凡夫無明所覆，愛緣所繫，得此識身，彼無明不斷，愛緣不盡，身壞命終，還復受身；還受身故，不得解脫生老病死憂悲惱苦。」

〔大意〕一切物質和欲望，都是因緣和合的假相，本身沒有不變的實體。好像魔術師所變現的假相，一下子變有，一下子變無。一下子變美，一下子變醜，變來變去，迷惑、欺騙沒有智慧的人。未曾聽聞佛法的愚痴凡夫，把假的當成眞的，認爲這是我的身體，我的財產，一輩子貪求不捨，導致無盡的輪迴。

〔註解〕①諸所有色：一切物質。②無實：非實際存在。因爲一切物質現象都是成、住、壞、空。形成之前是空，最後壞了也是空，只是中間暫時的有。③幻師：魔術師。④諸識法如幻：感知到的一切如幻，如《雜阿含經》說：「緣眼、色，生眼識，三事和合觸，觸俱生受、想、思。」⑤我：自己的代稱、世人以爲的輪迴主體。⑥我所：我之所有、所有權屬於我的東西。⑦誑於嬰兒：凡夫的心智就像嬰兒一樣，被欲望騙得團團轉。⑧五家財富：五家指帝王、盜賊、水、火、惡子，這五者都可能奪走你的財富，因此說財富是五家共有的。⑨異我：我擁有的東西。⑩相在：外在世界。

（2）《大乘理趣六波羅蜜多經》說：「一切有爲法①，如乾闥婆城②。眾生妄心③取④，雖現非實有。諸法非因生，亦非無因生⑤，虛妄分別有⑥，是故說唯心。無明妄想見⑦，而是色相因⑧，藏識⑨爲所依，隨緣現眾像。如是目有翳⑩，妄見空中華，習氣⑪

擾濁心，從是三有⑫現。眼識依賴耶，能現種種色。譬如鏡中像，分別不在外⑬，所見皆自在，非常亦非斷，賴耶識所變⑭。」

〔淺釋〕一切依靠因緣和合而生的宇宙萬有，如同幻術所變的假相，看似真實，其實是假的。因為凡夫妄心的衝動、盲目，只能看到事物的表相、假相、扭曲之相。例如色慾薰心，碰到甜言蜜語的女人便沉迷其中，不知美女的企圖及禍患。因此說，妄心所感知的東西均非真實。又，萬有無法自己出生自己，也無法憑空產生。所有的東西都依靠因緣和合而生，譬如一支手機，是由眾多技術與人工組裝而成。所以說手機是「人造」的。而「人」的主宰是「心」，所以「人造」就是「心」造。

由於無明遮蔽本性智慧，產生妄想知見，於是貪戀六塵（色聲香味觸法）境界，並依據阿賴耶識儲存的身口意業作基礎，然後在光線、環境的輔助下形成世界的景象。好像眼睛生病的人，看見虛空中生出許多花朵，便以為虛空真的生出花朵來。我們的心識被習氣擾濁而看不到深層的宇宙人生真相，才把如幻的世界看成真實世界，於是生起貪瞋痴，造身語意業，招來生死輪迴。眼睛的意識是依靠前世阿賴耶識裡的記憶，顯現出自我世界。幻夢般的身心世界就好像是阿賴耶識所投射的鏡像（虛像），因此說一切法都是「唯識所變」。「識」指「阿賴耶識」。「阿賴耶識」與「妄心」同是一心，因作用不同才區分成兩種名詞。物理學家 James Jeans 爵士說：宇宙的存在目前看起來更像是巨大的思想而非巨大的機械。對物質領域來說，心靈不再是偶然出現的入侵者。我們反而應該將其視為物質領域的創造者以及領導者。

〔註解〕①一切有為法：因緣和合所生的萬事萬物都是有為法，有為法都是暫時存在、組合的假相。如佛在《大莊嚴經》說：「譬如鑽火，木鑽人功，三種和合，得有火生，於三法中，本無有火，和合暫有。……譬如咽喉，及以脣舌，擊動出聲，一一分中，

聲不可得，眾緣和合，有此聲耳，智者觀聲，念念相續，無有實法。」②乾闥婆城：喻虛幻的假相。天上樂神乾闥婆以幻術變化城樓供天人觀賞。③妄心：妄心即是凡夫之心，是被無明遮蔽之心，故無法照見宇宙人生眞相。④取：據爲己有。例如妄心看見美好的東西就想據爲己有。⑤諸法非因生，亦非無因生：萬有不是自己出生自己，也不是憑空而產生。指凡夫妄心，不知道事物緣起緣滅的全部眞相。⑥虛妄分別有：妄心能創作各種物品。如食衣住行，都是人造（心造）的。⑦無明妄想見：無知會產生妄想，故所見皆是幻覺、錯覺。⑧色相因：與物質相依。色，指物質或感官能見之物。⑨藏識：第八識，又稱阿賴耶識。阿賴耶識可定義爲雜染的心，儲藏一切善惡業的種子。⑩瞖：眼疾。⑪習氣：阿賴耶識儲藏過去的業行、習慣和氣氛，過去的業行習慣和氣氛，又推動未來的業行。⑫三有：三界生死輪迴。⑬鏡中像，分別不在外：鏡中的影像，好像有內外，但是實際是光影的折射，所見內外只是一種錯覺。⑭賴耶識所變：阿賴耶識將前世身口意業寫下的劇本，轉變出今生的身心世界。「阿賴耶識」與「妄心」同是一心，因作用不同，才分成兩種名詞，「阿賴耶識」具儲存、變化作用。「妄心」具認識、思量、創造作用。

（3）《密嚴經》說：「阿賴耶識①雖種種變現而性甚深，無智之人不能覺了。譬如幻師幻作諸獸，或行或走，相似眾生都無定實。阿賴耶識亦復如是，幻作種種世間、眾生而無實事，凡愚不了妄生取著，起微塵勝性自在丈夫有無等見。諸仁者，意能分別一切世間②。是分別見如畫中質③，如雲中形。如瞖、夢者所見之物。如因陀羅弓④。如乾闥婆城。如谷響音。有陽焰水⑤。如川影樹⑥。如池像月⑦。分別之人於阿賴耶如是妄取⑧。若有於此能正觀察，知諸世間皆是自心⑨。」

〔大意〕

1.前世所造的身語意業，儲藏在阿賴耶識，轉世投胎，就幻化成的今生的身（身體）、心（意識）、世界（環境）。淨界法師說：人類對現實世界的感知，其實是前世業力的釋放……外在的世界，是第八識（阿賴耶識）的業力釋放，接受者是第六意識，全部是內心的影像。

2.今生的身體、意識和環境，全是幻化的假相。我們因為無明，看不到真我（佛性、如來藏），並把假我（身體、緣慮心）當成真我。如同，玩電動遊戲（幻境），把遊戲中的主角當作自己，沉迷其中，成為痛苦的根源。

3.凡人的感官（視覺、聽覺、味覺、嗅覺、觸覺），只能感知事物的表相、幻相，無法洞悉事物的本質。證道者，轉識成智後，才能以真心之智慧，照見諸法實相，了解整個身心世界的實相。

4.淨蓮上師表示：第八識阿賴耶識，依真心而生。一切法都是「唯心所現」。離開了心，一切法沒有辦法存在。離開了真心，就沒有妄心、無明，也無身心世界，正報、依報的存在。為何會有無明呢？它沒有開始，無始之始，十二因緣好像一個圓，它沒有起點、也沒有終點。淨空法師說：心是能現、能變，虛空法界一切萬物都是心變現的。如佛在《大乘入楞伽經》說：「意從賴耶生⑩，識依末那起⑪，賴耶起諸心，如海起波浪，習氣以為因，隨緣而生起。」在《楞嚴經》說：「諸法所生，唯心所現，一切因果，世界微塵，因心成體。」在《華嚴經》說：「一切唯心造」

〔註解〕①阿賴耶識：阿賴耶識被定義為受雜染的心；真心定義為不受汙染的心。②意能分別一切世間：第六意識能分析、思考世上的人事物。意，指第六意識，它和前五識（眼識、耳識、鼻識、舌識、身識）共同作用，也能單獨活動。③畫中質：如畫中人物，並非真實人物。④因陀羅弓：因陀羅（Indra）為帝釋天，即戰神天帝，他是三十三天之王。戰神天帝的因陀羅箭射出，就像一萬個太陽那麼亮，能使千萬敵人暫時失去戰鬥力。⑤有陽焰水：口渴

把陽焰看成流水。⑥川影樹：河川邊樹的倒影。⑦池像月：池中月。⑧分別之人於阿賴耶如是妄取：分別之人，即凡人。凡人把阿賴耶識幻化的身心世界當作真實境界。分別，為前六識之作用，以前六識分別、感知六塵外境即為凡人。真心之智沒有分別，無分別才是真心的作用，無分別之人，才能照見諸法實相。如佛在《大寶積經》說：「從境界生，是名為識。從作意生，是名為識。從分別生，是名為識。無取無執，無有所緣，無所了別，無有分別，是名為智。」在《金剛三昧經》說：「如是如義即佛菩提。菩提之性，則無分別；無分別智，分別無窮；無窮之相，唯分別滅。如是義相不可思議，不思議中乃無分別。」⑨知諸世間皆是自心：知道世界裡的一切，都是自心所造、所變、所現。⑩意從賴耶生：第六意識，從第八識阿賴耶識出生。⑪識依末那起：第七末那識，執此心體為自我，引發習氣種子形成各種境界，如風吹動大海一樣，興起眼耳鼻舌身意等諸識的波浪，形成了自己獨有的身心世界。末那，第七意識。

(4)《方廣大莊嚴經》說：「境界相生，智者觀察，曾無相狀，如幻夢等。譬如鑽火，木鑽人功，三種和合，得有火生。於三法中，本無有火，和合暫有……譬如咽喉，及以脣舌，擊動出聲，一一分中，聲不可得，眾緣和合，有此聲耳。智者觀聲，念念相續，無有實法，猶如谷響，聲不可得。譬如箜篌，絃器及手，和合發聲，本無去來，於諸緣中，求聲不得。離緣求聲，亦不可得，內外諸蘊，皆悉空寂。無我無人，無壽命者，尊於往昔，值然燈佛，已證最勝，真實妙法。」在《長阿含經》說：「出於木……以斧破木求火，不得火。復斬之令碎，置於臼中，杵搗求火，復不能得。……以鑽鑽木出火，積薪而燃。……夫欲求火，法應如此，不應破析杵碎而求。」

〔大意〕一切現象，都是因緣和合而生，沒有真實獨立存在之事物。

（5）證道者說：人生是一場，知覺的錯覺。

◎證道的永嘉大師在〈證道歌〉說：「夢中明明有六趣①，覺後空空無大千②。」

〔註解〕①六趣：即六道，包括天、人、修羅、畜生、鬼道、地獄。②大千：三千大千世界，謂世間一切現象。

◎咕嚕大師，在《佛陀的生死觀與臨終前準備》時說：

※為何我們能夠看到、摸到？因為我們的感官能夠接收到這些頻率，其實看到、摸到，依據科學證明物質與精神的背後都只是能量，一切都是能量也就是波動。換句話說一切都是「知覺遊戲」，沒有生與死，只有「業」與「知覺」在發生。

※你的知覺都是幻象。一切都是能量，能量凝聚成物質，物質形成生命，生命形成知覺。

※當打坐進入深定，腦波調低，你會進入不同時空，看到不同世界。

※這世界沒有時間、空間的存在，這是「知覺的錯覺」只有知覺，沒有物質，什麼都沒發生過，所以是「一切唯心所造」生命是「業的循環」生命的本質是「能量、知覺」而已，而且不生不滅不增不減。

（6）科學家：人類眼中的世界並非真實世界。

◎愛因斯坦說：所謂物質、世界、時間和空間，只不過是人類的幻覺。

◎2016年第17屆艾薩克‧阿西莫夫辯論會，在美國自然歷史博物館舉行，會議邀請了哈佛大學、麻省理工等著名大學的頂級科學

家，就「我們是否眞的生活在一個模擬世界中」這一問題展開辯論，作爲結論，與會的科學家最終確認，即使我們眞的生活在一個模擬世界中，我們也將永遠無法證實。

◎倫敦大學的物理學家戴維・鮑姆（David Bohm）認爲，次原子粒子之間的超光速連接現象，其實是在告訴我們……現實中的一切都是由這些幻影粒子所組成，於是宇宙並不存在，儘管宇宙看起來具體而堅實，其實宇宙只是一個投影，一個幻象，一個巨大而細節豐富的全息攝影相片。

◎物理學家在電子雙縫實驗中發現：「電子你不觀察它時，它是看不見且不存在的，必須直到你觀察它時，它才會一躍而出。」也就是說，必須要有「意識」的觀察，由電子組成的宇宙才會瞬間存在。原文網址：https://kknews.cc/news/4xlopxg.html

（7）神經學家表示：世界是感官營造出來的。

紐約大學醫學院的神經學家魯道夫・李納斯（Rodolfo Llinas）博士指出，我們所看到、聽到、觸到、嘗到和嗅到的一切實際上是純粹的精神營造。如果沒有大腦，也就沒有了這五感。實際上我們的感知，形成於我們大腦中已有的資訊，而不是外部的刺激。惠特利 1996 年的研究顯示，建立感知的資訊中至少 80%來自大腦內部，只有 20%的資訊來自外部世界。諾貝爾獎得主普里高金（Ilya Prigogine）的話來說：「我們所稱爲現實的一切，都是通過我們所參與的積極營造，來顯現的。」

2.三摩鉢提，從幻境、幻覺中醒來

（1）《圓覺經》說：「若諸菩薩悟淨圓覺，以淨覺心，知覺心性及與根、塵①皆因幻化②。即起諸幻，以除幻者③。變化諸幻而開幻眾。由起幻故便能內發大悲輕安。一切菩薩從此起行漸次增進。

彼觀幻者非同幻故，非同幻觀皆是幻故，幻相永離。是諸菩薩所圓妙行，如土長苗，此方便者，名三摩鉢提。」又說：「若諸菩薩，唯觀如幻。以佛力④故，變化世界種種作用。備行菩薩清淨妙行⑤。於陀羅尼⑥，不失寂念，及諸靜慧⑦。此菩薩者，名單修三摩鉢提。」

〔大意〕如果各位菩薩知道自己有一顆清淨圓滿的覺心，便以此覺心，觀察得知自己的「身、心、世界」全是幻化境界。無論有形、無形的事物，例如時間、空間、身體、金錢、知覺、感情、權力統統如幻。因爲世界上的一切都在建立無明妄心之上，所以一切如鏡中花、水中月，沒有實體可得。一旦證悟就像從夢中醒來，方知是一場夢！

三摩鉢提（如幻觀），就是以如幻的佛法，修證如幻三昧，破除如幻的身心世界，獲得智慧神通，並以智慧神通，開示教導如幻眾生，使其在迷夢中覺醒。例如金山活佛、廣欽老和尚以智慧神通度化眾生。由於菩薩修如幻觀，夢醒證眞後，身心安詳，看到眾生依然在幻夢中，繼續貪愛、瞋恨、沉淪苦海，故生起廣度眾生的大悲心。一切菩薩都是從了解生命如幻的眞相，開始修行，於是定力、智慧、神通、悲心逐漸增長。

如幻觀，就是以能觀的幻智、幻法起修，漸漸所觀的幻境（身、心、世界）也消除，這個時候連能觀的幻智、幻法也要一併捨棄，因爲一切法皆是幻化。幻身、幻心、幻境、幻智、幻法全都消滅，從此幻相永離，剩下的就是清淨圓滿的覺心（成佛）。菩薩所修的清淨圓滿覺心，就像幼苗從泥土裡漸漸成長，覺醒後廣度眾生，最後成就佛果，這就是三摩鉢提的修行法門。馬鳴菩薩在大乘起信論說：「一切法⑧皆從心起妄念而生……當知世間一切境界，皆依眾生無明妄心⑨而得住持，是故一切法，如鏡中像無體可得，唯心虛妄。以心生則種種法生，心滅則種種法滅。」如佛在《大乘智

印經》說：「觀察五蘊如塵幻，印證四大體非眞，一切有爲皆生滅，妄心造作成輪迴。」在《大乘本生心地觀經》說：「我從無始至于今日，輪迴六趣無有出期，皆自妄心而生迷倒，於五欲境貪愛染著。」

〔註解〕①心性及與根、塵：「心性」指心。「根」指六根，也就是身體。「塵」六塵（色塵、聲塵、香塵、味塵、觸塵、法塵），指物質世界裡的萬有。簡單說就是，身心世界。②幻化：好像魔術、電影、電視，看似眞實，卻非眞實。幻化乃因緣和合的假相，無實體、無自性，卻宛然現。又如影子、谷響。龍樹菩薩說：「幻相法爾，雖空而可聞可見」。③起諸幻，以除幻者：藉假修眞。以各種幻智、幻法，破諸幻境。念佛也是以幻除幻的法門。④佛力：覺性的力量。⑤備行菩薩清淨妙行：菩薩修六度萬行。⑥陀羅尼：梵語 dhāranī 之音譯。意譯總持、能持、能遮。即能總攝、憶持無量佛法而不忘失，及能遮蔽一切惡法不起作用。陀羅尼分爲四種：一法陀羅尼，聞法不忘。二義陀羅尼，於法義不忘。三咒陀羅尼，於咒憶持不失。四忍陀羅尼，安住於諸法實相。⑦不失寂念，及諸靜慧：寂念是「正定」。靜慧是「智慧」。⑧一切法：指一切事物、道理、有形、無形、眞實、虛妄、皆悉爲法。⑨妄心：被無明遮蔽、被貪嗔痴汙垢、被我執綑綁的心。有病的心。迷惑的心。

（2）《大般涅槃經》說：「得二十五三昧，壞二十五有①。……得如幻三昧，能斷閻浮提②有。」

〔大意〕修如幻三昧，能斷除生死輪迴。

〔註解〕①二十五三昧，壞二十五有：「三昧」指正定、有智慧的定。「有」指三有，即三界。有業因必有輪迴的果，故稱有。如佛在《大般涅槃經》說：「得二十五三昧壞二十五有。善男子。1 得無垢三昧能壞地獄有。2 得無退三昧能壞畜生有。3 得心樂三昧能壞

餓鬼有。4 得歡喜三昧能壞阿修羅有。5 得日光三昧能斷弗婆提有。6 得月光三昧能斷瞿耶尼有。7 得熱炎三昧能斷郁單越有。8 得如幻三昧能斷閻浮提有。9 得一切法不動三昧能斷四天處有。10 得難伏三昧能斷三十三天處有。11 得悅意三昧能斷炎摩天有。12 得青色三昧能斷兜率天有。13 得黃色三昧能斷化樂天有。14 得赤色三昧能斷他化自在天有。15 得白色三昧能斷初禪有。16 得種種三昧能斷大梵天有。17 得雙三昧能斷二禪有。18 得雷音三昧能斷三禪有。19 得霆雨三昧能斷四禪有。20 得如虛空三昧能斷無想有。21 得照鏡三昧能斷淨居阿那含有。22 得無礙三昧能斷空處有。23 得常三昧能斷識處有。24 得樂三昧能斷不用處有。25 得我三昧能斷非想非非想處有。」②閻浮提：我們所居住之世界。

3.三摩鉢提的修持方法

修三摩鉢提，首先要了解佛說的經法，並依法而修。

（1）《金剛經》說：「凡所有相，皆是虛妄……一切有爲法，如夢幻泡影，如露亦如電，應作如是觀。」又說「」在《大般若波羅蜜多經》說：「見一切法如幻事、如夢境、如像、如響、如光影、如陽焰、如空花、如尋香城、如變化事，都非實有。」

〔大意〕觀，一切依靠因緣而生的宇宙萬有，好像在作夢，在夢裡以爲是眞的，醒來後才發現是假的。大寶法王噶瑪巴尊者說：這個世界只是一個夢。你一輩子執著的子女，只是你的一個緣。你一輩子放不下的家庭，只是你生命裡的一個驛站。你所追逐的感情和名利只是一個自我意識的幻影。夢醒時分，空空如也……夢醒了就會殘酷地面對六道輪迴。

坐禪時凡是眼看、耳聽、鼻聞到的一切異象，全是幻境、幻覺。聖嚴法師說：幻境、幻覺有可能是眞的，多半是假的……即使是眞的，依然要當幻覺處理，否則你就有很多麻煩了。所謂走火入

魔，便是這樣形成的。……「佛來佛斬，魔來魔斬」就是處理異象的最好方法。……當然如果有重大的禪修經驗，就應該到禪師那兒請求勘驗了。淨界法師說：魔境會干擾你……冤親債主也會干擾你，給你一些錯誤的訊息；還有你內心的煩惱也會反彈，你要調伏它，它也要調伏你。這個時候內外交攻，怎麼辦呢？不要亂動！所以在整個修學當中，先求「不變」，再求「隨緣」，你一妄動，可能就前功盡棄了。

（2）《圓覺經》說：「彼新學菩薩①及末世眾生②，欲求如來淨圓覺心③，應當正念遠離諸幻④。先依如來奢摩他行，堅持禁戒⑤，安處徒眾，晏坐靜室。

〔淺釋〕前面說：「一切眾生本來成佛」。為什麼我們現在不是佛呢？因為我們的如來淨圓覺心（真心），被無明、我執、煩惱等心垢給障礙住了，所以不是佛。普眼菩薩問：那要用什麼方法才能去除心垢，達到成佛境界？

佛說，想成佛，應當端正心念，遠離幻身、幻心、幻塵的虛妄境界。首先依照奢摩他的方法修行，堅守戒律，在身心安定的狀態下，或與大眾共修坐禪，或獨自在靜室坐禪。

〔註解〕①新學菩薩：初學佛且發菩提心之人。②末世眾生：這時代的我們。佛法興衰分正法、像法、末法。③如來淨圓覺心：佛心。如來淨圓覺心，彰顯時即成佛之時。④諸幻：指我們感知到的身心世界全是幻化的境界。⑤禁戒：五戒、八關齋戒、比丘戒、菩薩戒等。

恒作是念，我今此身四大和合。所謂髮毛爪齒皮肉筋骨髓腦垢色皆歸於地。唾涕膿血津液涎沫痰淚精氣大小便利皆歸於水。暖氣歸火。動轉歸風。四大各離。今者妄身，當在何處？即知此身畢竟

無體。和合爲相，實同幻化①。

〔淺釋〕坐禪時，持續這樣觀想：我的身體，由地水火風四大組成。「地大」如頭髮、毛、指甲、牙齒、皮膚、肌肉、筋、骨頭、骨髓，腦髓，和污垢等等。「水大」如唾液、鼻涕、膿、血液、體液、涎、沫、痰、眼淚、精液、屎、尿等等。「火大」如體溫和熱量。「風大」如呼吸、運轉和動能。四大分離（死亡）之時，我的身體在哪裡呢？於是知道，身體究竟沒有永恆的實體，因爲身體乃因緣和合所生之相，這跟幻術變化出來的東西一樣，看起來像眞的，其實是假的，因爲它的本質是空，把身體觀空，是修如幻觀的第一個下手處。

〔註解〕①幻化：因緣和合的假相、無自體、無自性，看似眞實，其實是幻象。例如寶可夢（Pokemon），把 GPS、地圖、動畫、衛星服務等技術，結合起來，看似眞實，其實是幻相。

四緣假合①，妄有六根，六根四大②，中外合成，妄有緣氣，於中積聚，似有緣相，假名爲心。善男子，此虛妄心若無六塵，則不能有。四大分解，無塵可得③，於中緣塵各歸散滅，畢竟無有緣心④可見。

〔淺釋〕我們的身體由四大假合而生，所以六根（眼、耳、鼻、舌、身、意）也是虛幻的。內六根對著外四大（六塵色、聲、香、味、觸、法），內外和合生六識（眼識、耳識、鼻識、舌識、身識、意識），六識生起感受、認知……積聚統合起來便成爲一個好像能感覺、能思想的相貌，給他取個名字叫做心。善男子，這個能感覺、能思想的心，叫虛妄心。虛妄心由六根、六塵的接觸而存在，倘若沒有六塵，那麼虛妄心就不存在。把六塵分解，分解到最後六塵也是空。其中能攀緣的六識、六塵各自散滅，那麼你再觀察，終究沒有這個心可見。如佛在《雜阿含經》說：「緣眼、色，生眼識，

三事和合觸，觸俱生受、想、思。」所以我們可以得到一個結論，我們所感知到的身心都是幻身、幻心，都不是眞實的我。

〔註解〕①四緣假合：四大合成身體的因緣叫四緣假合。因緣和合的東西只是暫存現象，故稱假；永恆存在的佛性（又稱如來藏、眞如本性、眞心或眞我）才能稱爲眞。②四大：指外四大。外四大即六塵，六塵也是地、水、火、風合成的。組成人體的四大（基本粒子）與組成六塵的四大（基本粒子）是一樣的。如佛在《楞嚴經》說：「見身微塵，與造世界所有微塵等無差別。」③四大分解，無塵可得：把六塵的四大分解，從分子、原子、電子、質子、中子、夸克……分析到更小的單元，也沒有「孤立」存在的堅實粒子（微塵）。④有緣心：由六根、六塵、六識等眾緣和合而生之心，此心緣生緣滅，故非眞心。

善男子。彼之眾生幻身滅①故幻心亦滅。幻心滅故幻塵亦滅。幻塵滅故幻滅亦滅②。幻滅滅故非幻不滅③。譬如磨鏡垢盡明現。善男子，當知身心皆爲幻垢，垢相永滅十方清淨。」

〔淺釋〕善男子，這位修行者在定中持續觀察，就能破除幻化的身見，身見破了，幻化的幻心也滅了。幻心滅了，幻化的六塵世界也滅了。幻身、幻心、幻塵消滅之後，連能觀的幻法、幻智也要消滅。一切虛假的幻化全都消滅，那個非幻（永恆存在）的「如來淨圓覺心」就顯現出來了，也就成佛了。

就像磨鏡子一樣，每天擦拭污垢，污垢去掉鏡子的光明就會顯現出來。各位善男子，大家應當知道，我們的身體和緣起的虛妄心，都是幻化的污垢。一切幻化污垢徹底清除以後，「如來淨圓覺心」即刻現前，十方世界即變成清淨光明。懷海禪師說：心性無染，本身圓成；但離妄緣，即如如佛。

〔註解〕①幻身滅：有定力的觀察，分析到最後，我執不見了，才能破除身見。②幻滅：能觀想的幻智也滅。③非幻不滅：非幻，指是眾生的本體「如來淨圓覺心」。「如來淨圓覺心」又稱真心、佛性、如來藏、妙明真淨妙心，此真心永生不滅。如佛在《楞嚴經》：「妙明真淨妙心……本元真如，即是如來成佛真體。」在《金剛三昧經》說：「心本淨故，理無穢故，以染塵故，名為三界。三界之心，名為別境。是境虛妄，從心化生；心若無妄，即無別境。」

（3）《圓覺經》：「云何無明？善男子！一切眾生從無始來，種種顛倒。猶如迷人，四方易處。妄認四大①為自身相，六塵緣影為自心相②。譬彼病目，見空中華，及第二月。善男子！空實無華，病者妄執。由妄執故，非唯惑此虛空自性，亦復迷彼實華生處。由此妄有輪轉生死，故名無明。」

〔淺釋〕何謂無明呢？一切眾生從無始以來就有種種顛倒，好像迷路的人，把東邊當作西邊，把南邊當作北邊。把四大組合之身，誤以為是「我的真實身體」。其實四大組合之身，生滅無常，死亡的時候，我的身體在那裡呢？可見身體不是真我。身體就像衣服一樣，把它當成真我，就是顛倒。

把第六意識的緣慮心（攀緣外境，思慮事物之心），誤以為是「我的真心」，其實六塵外境出現，緣慮心就起作用，不出現就不起作用。緣慮心隨著六塵生滅，這說明緣慮心無自性、不是真心。分析緣慮心，除了六塵的影像記憶外，裡面沒有真心。那什麼才是「我的真心」？佛說，真心是清淨圓滿具足一切、智慧、神通、快樂、永恆不變，是生命的主人。真心有多個名稱：如來淨圓覺心、佛性、本性、自性、如來藏。如佛在《圓覺經》說：「欲求如來淨圓覺心，應當正念，遠離諸幻。」在《大般涅槃經》說：「為調眾生故……是故說言，諸法無我，實非無我。何者是我？若法是實、是

眞、是常、是主、是依、性不變易，是名爲我……佛言，善男子，
我者即是如來藏義，一切眾生悉有佛性，即是我義。如是我義，從
本已來常爲無量煩惱所覆，是故眾生不能得見。……佛性無生無
滅，不從一切因緣生，是名常，常者即是如來，即是僧法。不爲一
切分別意識所攝持故名常寂。」

　　空實無華，病者妄執。由妄執故，非唯惑此虛空自性，亦復迷
彼實華生處。由此妄有輪轉生死，故名無明。

　　〔淺釋〕就好像一個眼睛生病的人，看見虛空裡有很多的花
朵、有兩個月亮。實際上虛空中沒有花朵、沒有兩個月亮，是眼睛
生病產生的錯覺，由於不知道空中的花朵是病眼所生。所以不但認
爲虛空能生出花朵，還把它當成是可愛的花，於是想盡辦法把它採
下來。眾生就是因爲妄想執著，起貪瞋痴而造業，結果就隨業生死
輪迴，這就是無明。

　　〔註解〕①四大爲自身相：我的身體是由四大，地大（固態，
如骨骼）、水大（液態，如血液）、火大（熱能，如體溫）、風大（氣
態，如呼吸）組成的暫時形相。②六塵緣影爲自心相：眼見色塵是
由眼識與第六意識交互作用。聲塵、香塵、味塵、觸塵、法塵亦
同。因此能見、能聞、能覺、能知是第六識與前五識的共同作用。
第六識刹那生滅，沒有自體，它必須要依託六塵境界才能夠生起。
所以非眞心。

　　善男子！此無明者，非實有體，如夢中人，夢時非無，及至於
醒，了無所得。如眾空華，滅於虛空，不可說言有定滅處。何以
故？無生處故。一切眾生於無生中妄見生滅，是故說名輪轉生死。

　　〔淺釋〕善男子啊！這個無明並沒有一個實體，就好像作夢，
夢裡所見的一切人事物都是眞實的，等待醒來才發覺一切都是假

的。好像眼病之人，看見虛空中生出許多花朵，病眼痊癒後發現，虛空中的花朵滅了。但卻不能說，這些花朵在虛空中滅了，為什麼？因為虛空本來就不會生出花朵，又怎麼會有消滅之處呢？所以一切眾生也是在本無生滅中，誤以為真有生滅。一切眾生由於無明遮蔽，真心變妄心，妄心生妄見，才會在本無生滅的世界中，看見生滅假相，於是生起貪瞋痴念，造身語意業，才招受輪迴果報。

善男子！如來因地①修圓覺者，知是空華，即無輪轉，亦無身心受彼生死。非作故無，本性無故。

〔淺釋〕善男子！如來最初在因地修圓覺法門，觀察知道身心世界就像虛空花，知道是幻覺，所以不執著不造業，也就沒有生死輪迴。我們的本性（真我）本來就沒有輪迴，不是刻意操作才沒有輪迴，而是本來就沒有輪迴。換句話說，是因為執取幻象，造身語意業，才導致輪迴。

〔註解〕①因地：對佛而言，成佛以下階位悉為因地。

彼知覺者，猶如虛空。知虛空者即空華相，亦不可說無知覺性。有無俱遣，是則名為淨覺隨順。何以故？虛空性故，常不動故。如來藏①中無起滅故、無知見②故，如法界性，究竟圓滿徧十方故，是則名為因地法行。菩薩因此於大乘中發清淨心，末世眾生依此修行，不墮邪見！……

〔淺釋〕那知覺空花者，其知覺的體性，猶如虛空一樣。知覺一切外在境界都如空花，知覺也如空花不可得，但知覺卻有知覺能力。因此知道空花的這個「知覺」是有，還是無呢？無論有無，全部予以排除，因為眾生本具的清淨覺心一塵不染，所以執著有，被有染；執著無，被無染。把清淨覺心打掃得乾乾淨淨，這樣就可以叫，隨順清淨覺心。清淨覺心就是眾生的真心、自性，因為清淨覺

心離一切念，所以要把有無，全都排遣之後，剩下的那個才是眞正的眞心、聖智，這樣才能夠叫隨順「清淨覺心」。

爲什麼呢？因爲眾生的眞心，就是如來藏。如來藏又稱佛性、清淨覺心、自性清淨心，其體性如同虛空恆常不動，它沒有生滅，不含任何知見，如同萬有本質，它可以徧滿十方世界與十法界，這就是如來在因地修行的圓覺法門。所以菩薩及末世眾生要在大乘佛法中，發起清淨心，並依此修行，就能夠不墮邪見。

〔註解〕①如來藏：梵語 tathāgata-garbha。指於一切眾生之煩惱身中，所隱藏之本來清淨的如來法身。如來藏就是眾生的眞心。如來藏雖覆藏於煩惱中卻不爲煩惱所污。一切善惡因皆緣如來藏而起，隨染緣就變成了六道眾生，隨淨緣就成四聖眾生。如佛在《楞伽經》說：「如來之藏是善不善因故，能與六道作生死因緣，譬如伎兒（歌舞藝人）出種種伎，眾生依於如來藏故，五道生死。大慧！而如來藏離我我所，諸外道等不知不覺，是故三界生死因緣不斷。」在《勝鬘經》說：「如來性，住在道前爲煩惱隱覆，眾生不見，故名爲藏，是眾生藏如來也。」在《占察善惡業報經》說：「復次彼心名如來藏，所謂具足無量無邊不可思議無漏清淨之業。」②無知見：眞心本性遠離一切有、無、亦有亦無、非有非無，等一切戲論。這知見你不明白，再起一個知見了解它，知見愈來愈多，就是在增長無明，如《楞嚴經》說：「知見立知，即無明本；知見無見，斯即涅槃。」

世尊！若彼眾生知如幻者，身心亦幻，云何以幻還修於幻？若諸幻性一切盡滅，則無有心，誰爲修行？……

〔淺釋〕普賢菩薩問佛，如果眾生知道身心世界的一切，如同空花一般，那怎麼靠著如幻的身心，來修如幻的法門？如果一切幻相、幻心都滅盡了，也就沒有心，那誰來修行呢？

231

爾時，世尊告普賢菩薩言：善哉善哉！善男子！汝等乃能為諸菩薩及末世眾生，修習菩薩如幻三昧，方便漸次，令諸眾生得離諸幻。汝今諦聽！當為汝說。時普賢菩薩奉教歡喜，及諸大眾默然而聽。

〔淺釋〕這時，佛讚歎普賢菩薩問得好！你能向菩薩及末世眾生，請佛講解修習如幻三昧的方法。你們仔細地聽，我現在為你們解說。這時普賢菩薩和與會大眾，都靜靜的聽佛說法。

善男子！一切眾生種種幻化，皆生如來圓覺妙心。猶如空華，從空而有。幻華雖滅，空性不壞。眾生幻心，還依幻滅；諸幻盡滅，覺心不動。

〔淺釋〕一切眾生種種的幻化境界，都是因為無明，依著如來圓覺妙心（真心）而生。就像空花，因為眼病，依著虛空而顯現。雖然眼病痊癒，空花滅了，但虛空的本性，不動不滅、不受任何影響。眾生由無明所起的幻境、幻心，還是要依如幻的身心修習才能除滅，也就是以幻除幻。等到一切的幻境、幻心全都滅盡了，還剩下圓覺妙心，就如虛空一樣，不動不滅，不受任何影響。

依幻說覺，亦名為幻；若說有覺，猶未離幻；說無覺者，亦復如是。是故幻滅，名為不動。

〔淺釋〕因為圓覺妙心清淨無念。如果認為我覺悟了，仍未離幻；如果認為我尚未覺悟，也未離幻。因為不動的圓覺妙心，遠離一切念頭與妄想。清淨的圓覺妙心，好像眼睛，不容許掉入一粒沙子。因為真心離念，只要還有起心動念，無論是有覺還是無覺，都沒有離幻。一直要到有無俱遣，妄念、觀念殘留滅盡，圓覺真心，自然顯現，這時才發現原來圓覺真心如如不動就在那兒。

　　善男子！一切菩薩及末世眾生，應當遠離一切幻化虛妄境界①。由堅執持遠離心故，心如幻者，亦復遠離。遠離為幻，亦復遠離。離遠離幻，亦復遠離。得無所離，即除諸幻。

　　〔淺釋〕一切菩薩及末世眾生，修行的第一步，就是要遠離一切虛妄境界。當要遠離一切虛妄境界時，就會生起堅固、執持一個能遠離的心，這個能遠離的心也如幻，也要遠離。就如淨蓮上人說：碰到境界來的時候，你就生起：「喔！那個是假的啦！不要執著啦！我們就遠離就好了！」這個要遠離的「境界」，及能遠離的「心」，兩個都如幻，也都要遠離，幻境離了，幻心離了，離到沒有東西可離了，到究竟無所得的境界，諸幻才被你清除掉。

　　〔註解〕①虛妄境界：宇宙萬有，乃因緣和合而生，一切法如夢、不可得、百年後都不存在，故知萬有的自性是空，但它會隨不同因緣，作不同展現，所以它不是沒有，只是如幻、虛妄、假相的存在。所以不著空，明白一切法的真實面貌之後，才能進入諸法實相的境界。首先為了破我執，修道的第一步，便要遠離一切虛妄境界、照見一切境界皆是虛妄，當你看清某個東西是「假的」你自然會斷除貪欲、放下我執。如佛在《除垢斷結經》說：「從因緣起，從因緣滅。」在《金剛經》說：「凡所有相，皆是虛妄……一切有為法，如夢幻泡影；如露亦如電，應作如是觀。」不僅手機、網路、煩惱是虛妄境界，家庭、事業、子女也是虛妄境界。

　　譬如鑽火，兩木相因，火出木盡，灰飛煙滅。以幻修幻，亦復如是。諸幻雖盡，不入斷滅。以幻修幻，亦復如是。諸幻雖盡，不入斷滅。

　　〔淺釋〕這種情況，就好像鑽木取火，兩個木材互相摩擦生起火來，火又把兩個木材都燒掉了，最後連煙也滅了，灰燼也散了，什麼都沒剩。今以如幻身心修持，去除如幻的無明，也是同樣道

理。但不同的是，一切幻化境界都滅盡了，還是會留下不滅的常住
真心，也就是圓覺妙心，我們修行的目的就是要離諸幻，破無明、
斷煩惱，讓真心顯現出來。

　　善男子！知幻即離，不作方便；離幻即覺，亦無漸次。一切菩
薩及末世眾生，依此修行，如是乃能永離諸幻。

　　〔淺釋〕善男子啊！只要知道一切境界是幻化虛妄的，當下就
已經離幻。因為知道它是假的，自然就不會去執著、造業，因此不
用再藉助其他方法來離幻；既然已經離幻，覺性（真心）即刻現
前，所以也無須一步步慢慢的修證。就好像作夢，當你醒過來，馬
上就知道一切都是假的，幻化的虛妄境界，當下就遠離了，一切都
遠離之後，剩下的那個就是真心現前。一切菩薩和末世眾生，依此
法門來修就能永離諸幻。諸幻遠離就是把真心找回來，新佛就出現
了。

　　爾時，世尊欲重宣此義，而說偈言：一切諸眾生，無始幻無
明，皆從諸如來圓覺心①建立。猶如虛空華，依空而有相，空華若
復滅，虛空本不動。幻從諸覺生，幻滅覺圓滿，覺心不動故。若彼
諸菩薩，及末世眾生，常應遠離幻，諸幻悉皆離。如木中生火，木
盡火還滅，覺則無漸次，方便亦如是。

　　〔淺釋〕這時，世尊為了重新說明這個道理，於是說了偈語：
一切眾生無始以來，如幻的無明及一切虛妄境界，都是依著如來淨
圓覺心而建立。因為我們的真心常住不動，卻能隨不同的緣，起不
同作用，所以「無明」才能夠依真心而建立虛妄的身心世界。真心
雖為「無明」所依，但它不會被「無明」所染，這就是「不動」，無
論你造多大的業，還是不會染污真心。因為它本自清淨，所以不會
被染，但是它能夠隨染緣，生起無明、輪迴，所以等到斷盡一切無
明，圓證圓覺的時候，就成佛了。

好像空中花，依空而有相，等到病眼好了，才發覺空中本來沒有花。空花好像在虛空中滅掉了，但虛空不會跟著花朵滅了。同樣的無明幻化身心世界，依著圓覺心而生，無明幻化滅盡後，圓覺心便顯現出來，因為圓覺心本來就如虛空常住不動。

如果你是修行者，應當時常遠離一切幻化境界，不但虛妄的境界要離，堅執遠離的心也要遠離，連「遠離」這一念也要離，最後一切幻化統統離開了，剩下的那個不能夠遠離的，就是我們的圓覺妙心（真心）。譬如鑽木取火，火起燒木，等到一切都燒盡，什麼都沒有了，真心就顯現。所以，在了知一切如幻的當下就已經離幻，不用再藉助任何方法，既然已經離幻，真覺自然現前。

〔註解〕①如來圓覺心：又稱，如來淨圓覺心、真心。眾生的身心世界，都是依靠真心才能建立，離開真心一切法都無法成立。

問：人生如幻，修行還有什麼意義？

答：1.雖然人生如幻，但未覺醒（破無明）前，我們所做的一切都會招來果報。如果不修持佛法從幻夢覺醒，就會讓自己墮落受苦。徹悟禪師說：作夢還沒有醒時，苦樂乃真實存在，與其在「穢土」受苦，不如在「淨土」受樂，並在「淨土」漸漸甦醒，達到清醒大覺。2.萬物的本性雖空，但「業力不空」，所謂萬般帶不去，唯有業隨身，例如前世造惡業，今生就招來苦報。

（三）第三種成佛方法，禪那

禪那，巴利語 jhāna 梵語 dhyāna。音譯為禪那。意譯為「思惟修」或「靜慮」。「思惟修」指靜、定下來，對所緣境，做深入的觀察思惟。「靜慮」靜，是寂靜，也就是止或定；慮，是思慮，也就是觀察或慧見。

　　禪那是最常見的修行方法。禪那，就是止觀雙修，就是奢摩他（止）和毘婆舍那（觀）結合俱修。止觀雙修，相輔相成，證得三昧，獲得大智慧，照見五蘊（身心世界）皆空，無明滅，我執滅、貪瞋痴滅，真心的智慧光明顯現，解脫生死。

　　如佛在《方廣大莊嚴經》說：「奢摩他①資糧是法門，證得如來三昧②故。毘鉢舍那③資糧是法門，獲得慧眼④故。」在《勝天王般若波羅蜜經》說：「修……毘婆舍那如實見法⑤，奢摩他者一心不亂⑥。」在《雜阿含經》說：「止觀⑦和合俱行，作如是正向多住，則斷諸使⑧。」在《金光明最勝王經》說：「於奢摩他、毘鉢舍那，同時運行，心得安住⑨。」在《大集經》說：「慧能莊嚴定，定能莊嚴慧⑩。」在《長者子六過出家經》說：「止觀……止者，諸結⑪永息。觀者……觀一切諸法……在閑靜處而思惟此義。……出家學道修無上梵行⑫……時尊者僧伽羅摩便成阿羅漢果⑬。」在《楞嚴經》說：「世間一切所修心人，不假禪那，無有智慧⑭。」

　　〔註解〕①奢摩他：巴利文 Shamatha 譯為「止、寂靜、能滅」。②三昧：為 samādhi 的音譯，意為心寂止於一處的狀態。③毘鉢舍那：梵文 vipaśyanā 譯為勝觀、內觀，簡稱「觀」。④慧眼：智慧能洞察事物，故稱慧眼。⑤如實見法：了解事實真相。⑥一心不亂：入定，三昧。⑦止觀：止為梵語 śamatha（奢摩他），觀為梵語 vipaśyanā（毘婆舍那）之譯；止息一切外境與妄念，專注於所緣境（止），並生起智慧以觀此一對象（觀），稱為止觀，也就是定慧雙修。⑧斷諸使：斷除貪瞋痴諸心病（煩惱）。使，因貪瞋痴能驅使人不能休息。⑨安住：面對欲望心不動，也不攀緣六塵境界，叫安住。⑩慧能莊嚴定，定能莊嚴慧：定、慧，兩者相輔相成。⑪諸結：諸煩惱。結，煩惱之別名，因煩惱集結而有生死輪迴。⑫梵行：梵天斷淫欲，故斷淫之行稱梵行。⑬阿羅漢果：斷盡煩惱，不再輪迴的四果聖人，但智行尚不及大菩薩與佛。如佛在《大集經》說：「破無明已，名為獲得阿羅漢果。」⑭智慧：明白一切事相叫

做智；瞭解一切事理叫做慧。智慧能滅無明心病。如佛在《大方便佛報恩經》說：「成就智慧，破壞無明。」

以下摘錄佛經，解釋禪那，及其修持方法：

1.眾生不離五蘊，如狗繫柱而轉

（1）《大般若波羅蜜經》說：「五蘊名爲世間①。」在《雜阿含經》說：「云何爲世間？謂六內入處②。云何六？眼內入處，耳、鼻、舌、身、意內入處。云何世間集？謂當來有愛③，喜、貪俱④，彼彼集著⑤。」在《佛藏經》說：「五陰⑥貪爲本，若不樂五欲，當斷諸貪著。」在《仁王護國般若波羅蜜多經》說：「色、心二法。色名色蘊，心名四蘊，皆積聚性，隱覆眞實。」《八大人覺經》：「懈怠墜落；常行精進，破煩惱惡，摧伏四魔，出陰界獄⑦。」

〔大意〕佛法把身、心、世界裡的一切，區分爲「色蘊、受蘊、想蘊、行蘊、識蘊」五蘊。「色」指身體及物質世界。「受、想、行、識」指心的作用。「五蘊」身心活動的特性包括：一貪愛五欲六塵。二不停的抓取積聚。三隱覆眞相。

五蘊（色受想行識），即是身心世界的互動。它從早到晚，運作不停。五蘊是身心世界的幻覺，這種幻覺就像一座監獄，將我們局限在物質欲望，人際感情裡。終結輪迴的方法，就是奢摩他與毘婆舍那一起修行，證悟我們的身心世界，都是「無常、苦、空、非我」眞相，就能脫離五蘊牢獄，照見五蘊皆空，度一切苦厄，解脫生死，以至成佛。

聖嚴法師說：「色蘊」指可以看得到、摸得到、接觸得到，甚至無法以感官接觸到的微細物質，都稱爲「色」。其他四蘊：「受」是

接受、感受的意思；感受以後便「想」，想自己剛剛接收到的是什麼；「行」是產生反應，該怎麼辦？或行動計畫。「受、想、行」加起來就是「識」，識包含兩種意思，一種是認識的「識」，是瞭解、分別、認知作用；另一種是指我們身心的反應，會變成一種「能」或一種「力」，儲藏在我們的「識」中，然後形成「因」；經過一段歷程後，在「緣」的促發下，就變成受「報」的結果出現。所以這一生做了壞事，到下一生還有果報，就是由於「識」的作用。

宣化上人說：我們為什麼得不到解脫？因為被五蘊所覆的緣故。一「色蘊」不空，眼見色被色塵迷惑。耳聞聲被聲塵迷惑……所以色蘊不空，便執著在色上，若著色上，見惑不能破。見惑，就是「對境起貪愛」。二「受蘊」是領納。境界來了，不加考慮，就接受了，譬如坐一輛好汽車，覺得很舒服，就是受。三「想蘊」是思想。六根領受六塵，就生出種種妄想、念頭。四「行蘊」作善作惡的動機，由妄心所支配，而反應於身口的行為。五「識蘊」識是分別。境界來了，就起分別心（並儲存成為業因種子）。

〔註解〕①世間：又稱世界、宇宙、時空。指時空下的萬有，也就是身心世界。②六內入處：同六根（眼、耳、鼻、舌，身、意）。③當來有愛：對未來存在渴愛；導致來生的渴愛。「有」即是十二因緣的「有」支。④喜、貪俱：伴隨著喜愛、貪欲。⑤彼彼集著：到處貪著。⑥五陰：同五蘊。⑦陰界獄：五陰如同牢獄，讓人無法脫離。

（2）《雜阿含經》說：「佛告羅陀：於色染著①纏綿②，名曰眾生；於受、想、行、識染著纏綿，名曰眾生。佛告羅陀：我說於色境界當散壞消滅，於受、想、行、識境界當散壞消滅，斷除愛欲，愛盡則苦盡，苦盡者我說作苦邊③。譬如聚落中諸小男小女嬉戲，聚土作城郭宅舍④，心愛樂著，愛未盡、欲未盡、念未盡、渴未盡，心常愛樂、守護，言：我城郭，我舍宅。若於彼土聚愛盡、欲

盡、念盡、渴盡，則以手撥足蹴⑤，令其消散。如是，羅陀！於色散壞消滅愛盡，愛盡故苦盡，苦盡故我說作苦邊。」

〔大意〕所謂眾生，就是被「五欲六塵」，沾染、執著、牢牢纏住、放不開稱為眾生。眾生的苦海無邊來自貪愛，如果打散、消滅「五欲六塵」，欲望斷盡，苦海也就結束了。譬如村落中的小孩玩遊戲，把泥土堆成城堡和房子，小孩對這些假屋，如此喜愛、著迷、當真、守護著它。眾生對五蘊身心的執迷，如同小孩對假屋的執迷。如果修持佛法，心智就會成長，而把假屋（五欲六塵）給摧毀拋棄，苦海也就結束了。

大人看小孩子在玩家家酒，覺得這是假的何必認真？然而大人在玩「金權性」遊戲，本質也是假的，最後還是一場空！

〔註解〕①染著：沾染、執著。②纏綿：情意深厚，牢牢纏住，不能解脫。③作苦邊：到達苦海的盡頭。④城郭宅舍：城牆房舍。⑤以手撥足蹴，令其消散：用手腳撥開、打散、粉碎泥土屋，不玩遊戲了。

（3）《雜阿含經・267 經》說：「眾生於無始生死，無明①所蓋，愛結所繫②，長夜輪迴生死，不知苦際③。諸比丘！譬如狗繩繫著柱，結繫不斷故，順柱而轉，若住、若臥，不離於柱。如是凡愚眾生，於色④不離貪欲、不離愛、不離念、不離渴，輪迴於色，隨色轉，若住、若臥，不離於色。如是受、想、行、識，隨受、想、行、識轉，若住、若臥不離於識。……

凡愚眾生不如實知色、色集⑤、色滅⑥、色味⑦、色患⑧、色離⑨，於色不如實知故，樂著於色；樂著色故，復生未來諸色。如是凡愚不如實知受、想、行、識、識集、識滅、識味、識患、識離。不如實知故，樂著於識；樂著識故，復生未來諸識⑩。當生未

來色、受、想、行、識故，於色不解脫，受、想、行、識不解脫，我說彼不解脫生老病死憂悲惱苦。

有多聞聖弟子如實知色、色集、色滅、色味、色患、色離。如實知故，不樂著於色；以不樂著故，不生未來色。如實知受、想、行、識、識集、識滅、識味、識患、識離。如實知故，不染著於識；不樂著故，不生未來諸識。不樂著於色、受、想、行、識故，於色得解脫，受、想、行、識得解脫，我說彼等解脫生老病死憂悲惱苦。」

〔淺釋〕眾生從無始以來，眞心本性，被無明覆蓋，被愛欲綑綁，導致無盡的生死輪迴，不知何時才能結束。就好像，狗被繩子綁在柱子上，只要繩子不解開，狗便永遠繞著柱子轉，或坐或臥，都離不開柱子。就像愚痴的眾生對於色（物質欲望），不離貪、不離愛、不離思念、不離渴望，一直在物欲裡徘徊，隨著物欲而轉，或坐或臥，都無法離開物欲。如此受、想、行、識，隨受、想、行、識轉，或坐或臥，都無法離開自己的意識。顏宗養老師說：「站在宇宙人生的觀點來看，人類幾千年來的文明，只不過是『前仆後繼、重蹈覆轍』而已。如果不了解佛法，帝王只不過是權力的管理員，富翁只不過是金錢的管理員，老師、教授也只是知識的管理員。」

愚痴凡夫，無法據實知道，色是什麼，色如何產生，色如何消滅，色的滋味、色所生的禍患、色的捨離方法。對色無法據實知道的緣故，所以貪著於色，貪著色的緣故，又產生未來的色。如是愚痴凡夫，無法據實知道，接觸色之後的感受、思想、造作、識知。以至於識如何產生，識如何消滅，識的滋味、識所生的禍患、識的捨離方法。對識無法據實知道的緣故，所以貪著於識，貪著識的緣故，又產生未來諸識。如此又生未來色、受、想、行、識的緣故，於色、受、想、行、識不能解脫，所以佛說愚痴凡夫，無法解脫生老病死憂悲惱苦。

常聽聞佛法的聖弟子，據實知道，色是什麼，色如何產生，色如何消滅，色的滋味、色所生的禍患、色的捨離方法。據實知道的緣故，所以不貪戀色，不貪戀色的緣故，不生未來色。據實知道，接觸色之後的感受、思想、造作、識知。以至於知道，識如何產生，識如何消滅，識的滋味、識所生的禍患、識的捨離方法。據實知道的緣故，所以不貪愛染著於識，不貪愛於識的緣故，不產生未來諸識。如此不貪愛色、受、想、行、識的緣故，於色、受、想、行、識皆得解脫，所以佛說，常聽聞佛法的聖弟子們，能解脫生老病死憂悲惱苦。

〔註解〕①無明：無智、愚痴。無明的反面是智慧，智慧出現則無明滅。②愛結所繫：貪愛如繩能繫綁心身，結成苦果。③不知苦際：不知生死輪迴苦的終點。④色：物質、一切有形色的東西。指五欲六塵。⑤色集：色是如何產生。⑥色滅：色如何消滅。⑦色味：色的真實滋味。⑧色患：色產生的後患。⑨色離：捨離色的方法。⑩諸識：眼識、耳識、鼻識、舌識、身識、意識。

2.照見五蘊皆空，度一切苦厄

(1)《文殊師利菩薩佛刹功德莊嚴經》說：「樂於寂靜住①禪那者，則能獲得十種功德。云何爲十？一者、得念。二者、得慧。三者、得正修行。四者、堅志勇猛。五者、得迅疾辯。六者、得陀羅尼。七者、於生於死而得善巧②。八者、於戒蘊等處而不動搖。九者、諸天奉事。十者、於他榮盛而不貪羨。舍利子！樂於寂靜住禪那者。獲得如是十種功德。」

〔淺釋〕喜歡在寂靜的地方，修持禪那，能得到十種利益：一提高記憶力、專注力、思考力。二獲得智慧。三走在正確的修行路上。四意志堅定勇猛。五義理通達，與人交談，言辭流利、反應快速。六得總攝無量佛法而不忘失，及能遮蔽一切惡法不起作用。七

得生死自在。八謹守戒律，遠離一切過錯，身心安定不動搖。九得到天神的侍候供養。十不貪求或羨慕別人的榮華富貴。如佛在《增壹阿含經》說：「與止觀相應……意不錯亂，恒一心故。當念專意，諸止觀故。諸念永息，入三昧故。意及無量③，由智慧故。」

〔註解〕①住：心安住在禪那修行。②善巧：善良巧妙之方法。③意及無量：思維能力沒有窮盡。

（2）《大般涅槃經》說：「奢摩他者名為能滅，能滅一切煩惱結故。又奢摩他者名曰能調，能調諸根惡不善故。又奢摩他者名曰寂靜，能令三業成寂靜故。又奢摩他者名曰遠離，能令眾生離五欲故。又奢摩他者名曰能清，能清貪欲瞋恚愚痴三濁法故，以是義故故名定相。毘婆舍那名為正見①。亦名了見②。名為能見③。名曰遍見④。名次第見⑤。名別相見⑥。是名為慧。」

〔淺釋〕奢摩他稱為「能滅」，因奢摩他能滅一切貪瞋痴煩惱、能滅一切惡業、能滅無明黑暗。奢摩他又稱為「能調」，因奢摩他能調伏六根使其不生惡念。奢摩他又稱為「寂靜」，因奢摩他能使身口意業安靜不動。奢摩他又稱為「遠離」，因奢摩他能使眾生遠離五欲六塵之誘惑。奢摩他又稱為「能清」，因奢摩他能清除被貪瞋痴汙染的心。由於這些的緣故，所以奢摩他展現出來的面貌就是「定」不動。

毘婆舍那稱為「正見」，因毘婆舍那能正確知道事物真相，又稱「了見」因能完全明白事物真相，又稱「能見」因能見凡人見不到的真相，又稱「遍見」因能全面的知道事物真相，又稱「次第見」因能依序了解萬物真相，又稱「別相見」因能微細觀察理解一切現象。由於我們的覺心（真心）具有觀照諸法的能力，所以能觀察知道一切現象。

〔註解〕①正見：正確的覺知眞相。見，指「見聞覺知」就是六根（眼耳鼻舌身意）、六識接觸六塵（色聲香味觸法）後產生的認識。《除蓋障菩薩所問經》說：「如實觀察諸法自性，是毘鉢舍那。」②了見：完全明白事物眞相。③能見：能見凡人所見不到的眞相。④遍見：全面的知道一切事物眞相。⑤次第見：依序見，不雜亂。⑥別相見：了知種種差別相。

(3)《大集經》：「云何名爲毘婆舍那？若修聖慧，能觀五陰①次第生滅，是名毘婆舍那。復次，若觀諸法②皆如法性、實性、實相③眞實了知，是名毘婆舍那。」

〔淺釋〕爲何名爲毘婆舍那？就是修聖人智慧，觀察自己的五蘊身心世界，從出生到毀滅的順序及因緣，所以稱爲毘婆舍那。又，觀察了知諸法，內在的性質、實性、實相，眞正的了解知道，就是毘婆舍那。

〔註解〕①五陰：指我們的身、心、世界。同五蘊。②諸法：一切萬事萬物。③法性、實性、實相：法性，諸法本身內在具有的性質。實性，「無常、苦、空、非我」就是諸法的眞實本性。實相，諸法眞實體相，非語言文字所能顯示。如佛在《法華經》說：「唯佛與佛乃能究盡諸法實相，所謂諸法如是相，如是性，如是體，如是力，如是作，如是因，如是緣，如是果，如是報，如是本末究竟等。」

(4)《大乘菩薩藏正法經》說：「云何毘鉢舍那？謂於智慧分觀諸法空。無有我人眾生壽者。觀彼五蘊猶如幻化①。觀十八界②即法界性③。……觀因必招果報。」

〔淺釋〕什麼是毘婆舍那的修行？就是運用智慧來分析、觀察，了知諸法的本性是空，看清諸法中沒有我相、人相、眾生相、

壽者相。觀察知道我們的身、心、世界，就好像，虛擬實境（virtual reality 縮寫 VR）讓人感覺身歷其境，但其實它是整合眾多零件和技術創造出來的假相，看似真實卻是幻化而成。觀察知道，我們的感官、意識與外境，三者結合，就是我們的身心世界。觀察知道，造什麼業因，必然招來相應的果報。

〔註解〕①幻化：例如魔術師、電影、網路……都是由眾多零件、智慧與人力整合而成的變化。這些看似真實，卻非真實。幻化乃因緣和合的假相，本身無實體、卻宛然現，例如影子、谷響。龍樹菩薩說：「幻相法爾，雖空而可聞可見」。幻化雖是假象，卻引人貪瞋、執著、造業、輪迴。②十八界：六根界、六塵界與六識界合稱為十八界。六根界（眼界、耳界、鼻界、舌界、身界、意界）。六境界（色界、聲界、香界、味界、觸界、法界）。六識界（眼識界、耳識界、鼻識界、舌識界、身識界、意識界）。③法界性：「法界」包含有情與無情世界。「性」是體性。十八界的體性就是法界的體性。如佛在《圓覺經》說：「法界性，究竟圓滿遍十方。」在《華嚴經》說：「若人欲了知三世一切佛，應觀法界性，一切唯心造。」

(5)《方廣大莊嚴經》說：「奢摩他資糧是法門，證得如來三昧故。毘鉢舍那資糧是法門，獲得慧眼故……常安住奢摩他、毘鉢舍那，深入緣起覺悟真實。恒自了知不因他解。遊三脫門①了知諸法。如幻如夢如影。如水中月。如鏡中像。如熱時焰。如呼聲響。……名渡生死大海……名得安隱處。名得無畏處。名摧伏煩惱魔……持十力②故名大力者……是法王，故名王中之王……名普智作大神通③……名光明遍照……名諸根寂靜……名永斷一切習氣障……奢摩他圓滿一切三昧④現前故……毘鉢舍那圓滿具足三明⑤故。」

〔淺釋〕修奢摩他法門能得正定，修毘鉢舍那法門能得智慧。常安住在奢摩他（定）與毘鉢舍那（慧）中，能深入了解萬物生起

的因緣，覺知萬物之眞相，這種覺知是自己覺察而知，不是他人傳授而知。優遊於「空三昧、無相三昧、無願三昧」的定慧境界，故了知整個世界皆如夢、如幻、如影子、如水中月、如鏡中花、如火焰、如聲響。所以安住在定慧中，即是渡過生死大海，又稱爲安穩之處，又稱爲無所畏懼，又稱爲摧毀煩惱魔。擁有佛的十種智慧力，故稱大力者。是法中之王，王中之王。又稱爲普智大神通，又稱爲光明遍照，又稱爲身心寂靜，又稱爲永斷一切習氣障礙。因爲奢摩他能圓滿具足一切禪定智慧，毗鉢舍那能圓滿具足一切智慧神通。

〔註解〕①三脫門：由禪定，通向解脫之三種門徑：一「空三昧」是觀五陰無常、本空，而入的定境。二「無相三昧」是觀色、聲、香、味、觸、法相斷，不念一切相，而成就的定境。三「無願三昧」是觀貪瞋痴相斷，沒有任何願求、造作，而入的定境。又譯爲「三三昧」。②十力：佛的十種智力（一）處非處智力：知道宇宙人生的全部眞相。（二）業異熟智力：知道過去、現在、未來三世的因果業報及生處。（三）靜慮、解脫、等持、等至智力：對於各種禪定境界自在無礙，知道如何成就這些定境。（四）根上下智力：了知各個眾生之根器特質，及因材施教之智慧。（五）種種意解智力：了知眾生的各種心想意向，及教化之智慧。（六）種種界智力：知道十方世界眾生的各種差別、分類。（七）遍趣行智力：知道通往六道之因果途徑。（八）宿住隨念智力：能憶念知悉自己及眾生的過去世發生的種種事。一世乃至百千萬世，死此生彼，姓名飲食、苦樂壽命，如實遍知。（九）死生智力：了知眾生未來世的往生去處，乃至美醜貧富等善惡業緣。（十）漏盡智力：了知永斷煩惱惑業而不再流轉生死之智力，也了知他人是否斷除煩惱之智力。③普智作大神通：神通是智慧的延伸，普智即能施展大神通。④一切三昧：三昧，定慧等持，也就是禪定和智慧同時存在。一切三昧，因三昧有百千種，如佛在《勝天王般若波羅蜜經》說：「首楞嚴三昧、如幻三昧、金剛喻三昧、金剛三昧、不動意三昧……。」⑤三明：一宿命

明，清楚知道自身及他人宿世發生之大小事。二天眼明，看清楚自身及一切眾生未來世將發生之大小事。三漏盡明，證知斷除一切煩惱，脫離生死之智慧。

(6)《大乘理趣六波羅蜜經》說：「修行靜慮波羅蜜多①起宿住隨念智證通②。……善能了知諸法實性，清淨智慧住奢摩他、毘鉢舍那止觀相應，於一切事心無忘失，智爲先導三業清淨，福德智慧二種莊嚴，自然覺悟不由師教③，到於涅槃常樂彼岸④。……以如是智，能憶過去一生二生，若十二十，乃至一劫百千萬億那庾多劫⑤，若成若壞，皆悉憶知。彼諸劫中如是有情，生如是家，如是父母，如是種族，如是姓字，如是相貌色力壽量苦樂等事，無不明了。」

〔大意〕修行禪那，能得到「宿命通」，能回憶知道自己前生，乃至百千萬億生，所發生的一切事情，例如知道生在什麼家庭，父母是誰，什麼種族，叫什麼名字、長相、壽命、苦樂等都能知道。

安住在禪那止觀中，能夠了知事物的本質眞相，對曾經發生的事都能記憶不忘。禪那以智慧爲前導，引領自己走向成佛之道，身口意三業清淨、福德、智慧圓滿。這一切靠自己領悟，不是老師傳授的。

〔註解〕①靜慮波羅蜜多：禪那到彼岸的智慧。②宿住隨念智證通：又稱宿命智通。隨意知前世、往昔之神通力。③自然覺悟不由師教：眞心本具的能力。④涅槃常樂彼岸：涅槃，爲究極之樂，因爲眞心的本質就是究極之快樂。⑤那庾多劫：那庾多，意爲「多到沒有數目可以計算」。劫，星球生成到毀滅的周期，代表長遠的時間。

(7)《眾許摩訶帝經》說：「貪火既爾，瞋痴亦然；由是輪迴生老病死憂悲苦惱。諸苾芻！三火熾盛由我爲本，欲滅三火當斷我

本，我本若斷三火自息，於是三界輪迴一切諸苦自然斷絕。」

〔大意〕由於貪瞋痴猛火，造成生死輪迴。爲何有貪瞋痴猛火？因爲「我執」的緣故，而生貪瞋痴猛火。斷除我執，一切諸苦自然斷絕，如佛在《心經》說：「照見五蘊皆空，度一切苦厄。」

(8)《心經》說：「觀自在菩薩①，行深般若②波羅蜜多③時。照見五蘊④皆空，度一切苦厄。」

〔大意〕修行人證入甚深的般若智慧，就能照破五蘊皆空，解脫一切苦難（解脫輪迴）。宣化上人說：我們爲什麼得不到自在、解脫？因爲被五蘊所覆的緣故。……見到色被色塵所迷惑，聞到聲被聲塵所迷惑……若能把五蘊破了，才能度一切苦厄。

〔註解〕①觀自在菩薩：觀世音菩薩。②深般若：般若是梵語，譯爲妙智慧。是指照見實相，超凡入聖的智慧。初發心菩薩，只是淺小智慧，不能叫「深般若」。③波羅蜜多：同波羅蜜。意爲到解脫的涅槃岸。④五蘊：五蘊是色蘊、受蘊、想蘊、行蘊、識蘊。「色」是身體，及外在世界；「受、想、行、識」是心的作用。「蘊」乃各種物質、精神元素的集聚，五蘊能蔭蓋我們的眞心。五蘊即對外境所起的身心活動。④空：什麼都沒有。把我執、煩惱、妄想全部空掉後，反而變成無障礙、無窮盡的「有」。眾生本來成佛，眞心是有覺知的空性，去除一切有，不滅的眞心便顯現成佛。

(9)《大寶積經》說：「一切諸見①，唯空能滅。……眞實觀故，生聖智慧……譬如然燈一切黑闇皆自無有。……實智慧生無智②便滅。」

〔淺釋〕眾生因爲執「有」而起種種知「見」流轉生死，唯有修「空觀」才能破除「有」病。空觀是引發聖智的方便。如佛在

《大乘本生心地觀經》說：「空藥爲除有病」。正確的觀察，能生聖人智慧，譬如把燈點亮，黑暗就消失。眞心的智慧產生，無明便會消滅。

〔註解〕①見：我的見解、我的執著。②無智：無明，的別名。

3.禪那的修持方法

（1）《雜阿含經》說：「先止後觀。若比丘、比丘尼①坐，作如是住心②：善住心③、局住心④、調伏心⑤、止觀一心⑥、等受⑦，分別於法、量度⑧，修習多修習已，得斷諸使⑨。……

復次，先觀後止。比丘、比丘尼正坐思惟，於法選擇、思量⑩。住心：善住、局住、調伏、止觀一心、等受，如是正向多住⑪，得離諸使。……

復次，掉亂所持後止。比丘、比丘尼爲掉亂所持⑫，以調伏心坐。正坐住心：善住心、局住心、調伏、止觀一心、等受化⑬。如是正向多住已，則斷諸使。……復次，止觀並行。比丘、比丘尼止觀，和合俱行⑭，作如是正向多住，則斷諸使。」

〔淺釋〕修習止觀的五種方法：
一、先修止（奢摩他），然後修觀（毘鉢舍那）。僧人坐禪，把自己的心安住下來，好好的安住下來。把心收攝，安住在所緣境上。調伏自己散亂的心，讓心專注、入定，在定中，身心到達平等安和的境界。然後修觀（毘鉢舍那）針對所緣境，仔細觀察、解析、思考。勤加修習之後，就得以斷除貪瞋痴煩惱。

二、先修觀（毘鉢舍那），然後修止（奢摩他）。僧人坐禪，針對所緣境，仔細觀察、解析、思考，持續保持正確的觀察方向。然後修止（奢摩他），把心安住下來，好好的安住下來。把心收攝，安

住在所緣境上。調伏自己散亂的心，讓心專注、入定，在定中，身心到達平等安和的境界，持續保持正確的止息方向，就得以斷除貪瞋痴煩惱。

三、內心被浮動不安把持時，便修止（奢摩他）。僧人為浮動不安的心所把持，便以調伏心坐禪。坐禪把心安住下來，好好的安住下來。把心收攝，安住在所緣境上。調伏自己浮動不安的心，讓心專注、入定，於是便化解了浮動不安的心，如是保持正確的方向把心安住在止息中，則能斷除貪瞋痴煩惱。

四、止（奢摩他）與觀（毘鉢舍那）融合並行。僧人坐禪，止觀雙修，保持正確的方向把心安住在止觀中，則能斷除貪瞋痴煩惱。

五、如果定力多者，就要多修習智慧；如果智慧多者，就要多修習定力。如佛在《大般涅槃經》說：「若三昧多者則修習慧，若慧多者則修習三昧。」

〔註解〕①比丘尼：出家受具足戒（完備出家戒律）的女子。②住心：把心安住。「住」是持續、穩固的意思。③善住心：把心好好地安住。④局住心：把心收攝（在所緣境上）。⑤調伏心：調教、馴伏心。⑥止觀一心：修行止觀到心專注、定的狀態。心與所緣境融為一體，而不動之狀態。⑦等受：正確地到達定境。又譯為「等至」、「正受」。⑧分別於法、量度：解析所緣境、思量觀察。⑨使：煩惱的別名，煩惱能使眾生沉溺生死苦海，故名為使。使有十使：貪欲、瞋恚、愚痴、慢、疑、我見、邊見、邪見、見取見、戒取見。⑩於法選擇、思量：於所緣境，辨析、思量。這是指「觀」法。⑪正向多住：多加保持正確的趣向。相當的南傳經文作「他實行那個道」。⑫為掉亂所持：被浮動不安所把持。「掉亂」即「掉舉」心浮動不安，是昏沉的對稱。相當的南傳經文作「心意被對法

的掉舉緊緊地握持」。⑬化：化解了掉亂。⑭止觀和合俱行：止與觀融合並行。

　　(2)《解深密經》說：「爾時，慈氏菩薩摩訶薩白佛言：世尊！菩薩何依何住於大乘中修奢摩他、毘缽舍那？佛告慈氏菩薩曰：善男子！當知菩薩法假安立①，及不捨阿耨多羅三藐三菩提願②，爲依、爲住，於大乘中修奢摩他、毘缽舍那。慈氏菩薩復白佛言：如世尊說四種所緣境事③，一者有分別影像所緣境事④。二者無分別影像所緣境事⑤。三者事邊際所緣境事⑥。四者所作成辦所緣境事⑦。於此四中，幾是奢摩他所緣境事？幾是毘缽舍那所緣境事？幾是俱所緣境事⑧？佛告慈氏菩薩曰：善男子！一是奢摩他所緣境事，謂無分別影像。一是毘缽舍那所緣境事，謂有分別影像。二是俱所緣境事，謂事邊際所作成辦。

　　慈氏菩薩復白佛言：世尊！云何菩薩依是四種奢摩他、毘缽舍那所緣境事，能求奢摩他、能善毘缽舍那？佛告慈氏菩薩曰：善男子！如我爲諸菩薩所說法假安立，所謂契經、應誦、記別、諷誦、自說、因緣、譬喻、本事、本生、方廣、希法、論議⑨，菩薩於此善聽善受⑩，言善通利⑪，意善尋思⑫，見善通達⑬，即於如所善思惟法，獨處空閑作意思惟，復即於此能思惟心，內心相續作意思惟，如是正行多安住⑭故，起身輕安及心輕安⑮，是名奢摩他，如是菩薩能求奢摩他。彼由獲得身心輕安爲所依故⑯，即於如所善思惟法，內三摩地所行影像⑰，觀察勝解捨離心相，即於如是三摩地影像所知義中，能正思擇，最極思擇，周遍尋思，周遍伺察，若忍若樂若慧若見若觀，是名毘缽舍那；如是菩薩能善毘缽舍那。」

　　〔大意〕止、觀、止觀雙運，三者之差別與關係。
　　A.修習止觀，除了聽法師說法，還須了解佛經的道理，熟記佛經內容，依據佛經而修，並鎖定「自己發下的成佛、度眾生的誓言」作爲修行目標。

　　B.修習止觀，要建立一個與佛法相應的「所緣境」，作為培養專注力（止）與智慧力（觀）的工具。

　　C.修止、修觀、止觀雙運，三者之差別與關係。
　　ⓐ修止（奢摩他）：對「所緣境」不作分析，只是「無分別」地專注於其上，令散亂的心寂靜下來，就是修止。例如專注於呼吸，把呼吸當作目標（所緣境），只跟隨呼吸的出與入，就只有這樣，沒有別的。修止時不要思考、掛念或渴望任何事情，一切都該放下。若發現失念，立刻把心拉回到呼吸上，如此精進修行，就會得到身心輕安，入定的現象，這就是修止。

　　ⓑ修觀（毘鉢舍那）：對「所緣境」作分析、觀察、尋思、簡擇，就是在修觀。例如觀察五蘊身心世界，究竟怎麼一回事？經過仔細的觀察思考，知道身心世界的一切，全都是無常、苦、空、非我。如佛在《除蓋障菩薩所問經》說：「如實觀察諸法自性，是毘鉢舍那。」

　　ⓒ止觀雙運：觀察諸法生起的因緣（事邊際所緣境），及觀察諸法成就之因緣（所作成辦所緣境），就是止觀雙運。例如在定中，觀察我們為何會老死？因為出生所以會老死。於是知道不再投胎出生，才能根除老死。如佛在《長阿含經》說：「觀察於諸法，老死何緣有？從何而得滅？彼作是觀已，生清淨智慧，知老死由生，生滅老死滅。」。另外，心念專注於所緣境（奢摩他），即能降伏煩惱妄想，如果止不住，則改用觀照（毘鉢舍那）來降伏煩惱妄想。

　　〔註解〕①法假安立：佛法就是「假」借語言文字概念來「安」置，建「立」的教「法」。雖然佛經不是事實本身，但佛經卻是接引凡夫到達解脫彼岸的船筏。②阿耨多羅三藐三菩提願：立下我要成佛及廣度眾生的誓願。這個偉大誓言，能破除一切障礙，踏上成佛坦途。③所緣境事：指被我們的心所攀緣、認知的對象。如

觀呼吸，呼吸就是所緣境事。④有分別影像所緣境事：對「所緣境」作分析、觀察、尋思、簡擇。如觀色無常，就是修觀。⑤無分別影像所緣境事：對「所緣境」不作分析、觀察、尋思、簡擇，而只是「無分別」地專注於所緣境，令心寂靜下來。如專注念佛，就是修止。⑥事邊際所緣境事：「事」指因緣所生法。因緣所生法都有緣起緣滅，到此為止的邊際。觀察諸法生起的因緣，這是修止觀。⑦所作成辦所緣境事：觀察諸法成就的因緣，也是修止觀。⑧俱所緣境事：止觀雙運。哪些是止與觀，共同要觀察的所緣境。⑨契經、應誦、記別、諷誦、自說、因緣、譬喻、本事、本生、方廣、希法、論議：佛說的法（佛經）的十二種體裁。⑩善聽善受：「善聽」專心聆聽；「善受」信受聽聞內容。⑪言善通利：讀誦流利。⑫意善尋思：記憶及思維內容。⑬見善通達：正確的理解與融會貫通。⑭安住：把心安置在「所緣境」上，即是安住。或失念時，立即把心拉回來。⑮輕安：修止時，由於心越來越專注及平靜，心安住於「所緣境」而不散亂時，亦即到達心一境性後，原本粗重的身心就轉變為輕鬆、愉悅、舒暢與安穩。⑯身心輕安為所依故：在止的基礎上修觀。⑰三摩地所行影像：在定中觀察所緣境。

〈以上大意及註解參考，如何修「止」，作者李嘉偉老師〉

（3）《圓覺經》：「若諸菩薩悟淨圓覺，以淨覺心。不取幻化及諸靜相①，了知身心皆為罣礙②。無知覺明③，不依諸礙永得超過礙無礙境④。受用世界及與身心。相在塵域⑤，如器中鍠，聲出於外⑥。煩惱涅槃不相留礙。便能內發寂滅輕安⑦，妙覺隨順寂滅境界⑧。自他身心所不能及。眾生、壽命皆為浮想⑨。此方便者名為禪那，善男子，此三法門，皆是圓覺親近隨順。十方如來因此成佛，十方菩薩種種方便，一切同異皆依如是三種事業，若得圓證即成圓覺⑩。」又說「若諸菩薩唯滅諸幻⑪，不取作用，獨斷煩惱，煩惱斷盡，便證實相⑫，此菩薩者名單修禪那。」

〔大意〕諸位菩薩知道自己有一顆清淨圓滿的覺心，便以此覺心，止觀雙修，了知身心世界都是修行的障礙。止觀成就後，無明黑暗即刻轉為智慧光明，從此超越一切身心障礙，享受身心世界裡的一切。人生在世，全被我們的身體、思想、環境、物質慾望，所困所用。止觀成就後，便能反過來善用這個身心世界。這時一樣吃飯做事，但是身心寂靜、清醒，無論面臨老病死或涅槃解脫，完全自在沒有障礙。止觀成就便斷除貪瞋痴，身心生起無比的輕鬆安詳，整個世界，都是寂靜、清淨、快樂，超越人世間的一切，一切的我執（我相、人相、眾生相、壽者相）妄想都不復存在，了知宇宙人生一切真相，這種修行就是禪那。

以上三種法門：一奢摩他（靜止）。二三摩鉢提（如幻觀）。三禪那（奢摩他與毘鉢舍那），皆能成就圓滿覺性。十方如來就是依靠這三種方法成佛。十方世界的菩薩有眾多修行法門，也是從這三種法門變化出來的。這三種法門若能修證圓滿，即能成就佛的智慧。

〔註解〕①不取幻化，及諸靜相：心不住觀（幻化），也不住止（靜相），即奢摩他與毘鉢舍那同時運行的止觀雙運。如《大乘理趣六波羅蜜多經》說：「云何名為菩薩摩訶薩修行靜慮波羅蜜多……清淨智慧，住奢摩他、毘鉢舍那止觀相應。」②了知身心皆為掛礙：例如坐禪才有一點進展，身體就這裡痛那裡不舒服；「心」總是胡思亂想，靜不下來。③無知覺明：「無知」與「覺明」是同一個心，未悟前是「無知」，悟道後是「覺明」。④不依諸礙，永得超過礙無礙境：照見五蘊皆空，便永超一切有障礙或無障礙的境界。⑤相在塵域：一切有形相的東西，都在物質領域。物質是由微塵粒子所組成。⑥如器中鍠，聲出於外：好像樂器中的簧片，所發的聲音不受樂器阻礙。⑦寂滅輕安：貪瞋痴滅了，身心便感受輕鬆安詳。⑧妙覺隨順寂滅境界：證悟佛智後，無論何時何處世界都是寂靜、清淨、快樂的。妙覺，佛的證智。⑨眾生壽命皆為浮想：你我的分別，壽命長短的概念，都不復存在。⑩圓覺：圓滿覺性、佛的證

智。同無上正等正覺。⑪唯滅諸幻：照見眞相，幻相即滅。⑫實
相：梵語 dharmatā。諸法實相的簡稱。指一切萬法之眞實相狀。系
佛覺悟之內容。世俗感知之一切現象均爲假相，唯有破除無明、貪
瞋痴煩惱才能了知萬事萬物之眞相。

(4)《修行本起經》佛言：「知眾生惑五陰①自蔽，一色像②，
二痛痒③，三思想，四行作④，五魂識⑤。皆習五欲，眼貪色，耳
貪聲，鼻貪香，舌貪味，身貪細滑，牽於愛欲，惑於財色思望安
樂，從是生諸惡本，從惡致苦。能斷愛習，不隨婬心大如毛髮⑥，
受行八道⑦則眾苦滅。譬如無薪亦無火，是謂無爲度世之道⑧。

〔大意〕坐禪時就知道，我們迷惑在自我的身心世界裡，是自
己把自心的智慧光明給蒙蔽了。我們的身心包括「身體、感受、思
想、意念、魂識」五個部分，統統在貪求五欲之樂，也就是「眼貪
美色，耳貪妙聲，鼻貪好香，舌貪美味，身貪細滑觸感，整個身心
被愛欲牽著走，以及迷惑金錢和淫欲，希望獲得一生的平安快樂。
爲了要得到這些欲樂，便成爲造惡的根本，造下惡業後便導致生死
輪迴的苦報。如果能，斷除五欲之貪愛及淫心，修持八正道，這樣
就能消滅一切痛苦。好像你不去添加貪欲的柴火，貪瞋痴的火焰自
然熄滅，也就解脫了，這就是所謂的「無爲救世之道」。「無爲」指
原本就存在，不是人爲造作而存在。譬如，心的本能即具備無上的
智慧、神通、辯才、快樂，而佛法目的只是恢復心的本能。

〔註解〕①惑五陰：迷惑於五蘊，也就是貪愛五欲六塵的身心
活動。②色像：身體及外在物質。③痛痒：感受。④行作：意念決
定如何去做。⑤魂識：覺知與造業的儲存。⑥不隨婬心大如毛髮：
不被一絲一毫的淫欲心牽引。⑦八道：八正道。正見、正思維、正
語、正業、正命、正精進、正念、正定。

（5）《雜阿含經・第1經》說：「爾時，世尊告諸比丘：當觀色①無常②，如是觀者，則爲正觀。正觀者，則生厭離③；厭離者，喜貪盡④；喜、貪盡者，說心解脫。如是觀受⑤、想⑥、行⑦、識⑧無常，如是觀者，則爲正觀。正觀者，則生厭離；厭離者，喜貪盡；喜貪盡者，說心解脫。如是，比丘！心解脫者，若欲自證，則能自證：我生已盡，梵行已立，所作已作，自知不受後有⑨。如觀無常，苦⑩、空⑪、非我⑫亦復如是⑬。」

〔淺釋〕照見五蘊是，「無常、苦、空、非我」那時，佛陀教導弟子：應該觀察物質世界裡的一切現象，都是「無常」的，不斷變動的。知道它是虛假，而且會帶來憂「苦」和禍患。因爲一切都是因緣組成，所以必會敗壞歸「空」。我們所感知到的身體與心識，都不是眞正的「我」。像這樣觀察這就是正確觀察，正確觀察就能看到身、心、世界的眞相，看清眞相，自然會討厭離開它，於是對物質世界的一切欲望、喜愛、貪欲的心不見了，貪欲心滅盡之時，心就能解脫。

就像這樣，繼續觀察自己內心的感受、想像、意念與覺知。全都是無常、痛苦、虛假與非我。像這樣觀察這就是正確觀察，正確觀察就會看到身、心、世界的眞相，了解眞相，自然會討厭離開它，於是對物質世界的一切欲望、喜愛、貪欲心不見了，貪欲心滅盡之時，心就能解脫。

就像這樣，一位內心解脫的出家人，自己就能證明：我不會再出生，我已經建立清淨的修行，該完成的都已完成，知道自己不會再受生死輪迴。

〔註解〕①色：物質世界的一切現象。②無常：不斷變動，無永恆存在。③厭離：知道它是虛假和痛苦，自然會討厭離開它。④喜貪盡：喜愛、貪欲的心不見了。⑤受：感受。⑥想：想像認知。

⑦行：意念思考。⑧識：識知、覺知。⑨後有：後世輪迴，未來世的果報。⑩苦：難以忍受的狀況。如買一輛車，要養車、修車，這過程就會產生苦。⑪空：勤奮而得的金錢、權力、愛情，終究一場空。⑫非我：指非「真我」。「真我」謂永恆、不變、獨存、能主宰的「我」，它是支配生命之主宰，也是輪迴的主體。我們把五蘊身心活動的「自我感覺」當成「真我」。例如把身體，當成「我的真實身體」，但身體死亡時，我在那裡？把六塵緣影心（攀緣外境，思慮之心）」，當成「我的真心」，但六塵緣影心，隨六塵外境生滅，真心又在哪裡？那「真我」在哪裡？佛說，佛性才是真我，佛性又稱如來藏、真心、清淨覺心、如來淨圓覺心、本性、自性。然而佛性無形相，唯佛能見，凡夫看不見。如佛在《大般涅槃經》說：「我者即是如來藏義。一切眾生，悉有佛性，即是我義。如是我義，從本已來常為無量煩惱所覆。是故眾生不能得見。……佛性無生無滅，不從一切因緣生。」⑬亦復如是：「無常」的觀法，也可以用苦、空、非我，替代置入。

（6）《雜阿含經・67 經》說：「常當修習方便禪思①，內寂其心②。所以者何？比丘！修習方便禪思，內寂其心已，如實觀察③。云何如實觀察？如實知此色③、此色集④、此色滅⑤；此受、想、行、識，此識集、此識滅。「云何色集，受、想、行、識集？愚痴無聞凡夫不如實知色集、色滅、色味⑥、色患⑦、色離⑧。不如實知故，樂著彼色，讚歎於色：樂著於色，讚歎色故取⑨；取緣有，有緣生，生緣老、死、憂、悲、惱、苦。如是純大苦聚⑩生，是名色集，受、想、行、識集。云何色滅，受、想、行、識滅？多聞聖弟子如實知色集、色滅、色味、色患、色離。如實知故，不樂著色，不讚歎色；不樂著、讚歎色故，愛樂滅；愛樂滅故取滅，取滅故有滅，有滅故生滅，生滅故老、病、死、憂、悲、惱、苦滅，如是純大苦聚滅。」

〔大意〕爲何要努力禪修，讓心平靜不起貪瞋痴呢？因爲內心寂靜，有了定慧力，才能完全明瞭五蘊（身心世界）的眞相，了知身心世界是無常、苦、空、非我的眞相後，便不再執著，於是→愛滅→取滅→有滅→生老病死憂悲惱苦滅。愚痴凡夫，由於內心躁動、紛亂，故不知道身心世界的眞相，因而不斷追求五欲六塵，結果輪迴於生老病死憂悲惱苦。精進禪修的佛弟子，能「如實觀察」身心世界的眞相，所以能解脫輪迴，消滅生老病死憂悲惱苦。

藉由止觀如實知五蘊（身心世界），不執著五蘊→愛滅→取滅→有滅→生老病死憂悲惱苦滅。換句話說，斷「愛欲」，即可滅掉十二因緣後續的苦果。

〔註解〕①方便禪思：精進於禪定。禪思，靜坐而專心思惟。②內寂其心：使心寂靜、安定、不起貪瞋痴煩惱。③如實觀察：因有一顆純淨的心，故能據實觀察不帶偏見。「如實」就是不添加任何人爲或主觀的感受。③色：泛指一切物質。④色集：色的起因。⑤色滅：色的解脫。⑥色味：色境（五欲六塵）的美好滋味。⑦色患：色境的禍患。⑧色離：色境的出離。⑨取：執取、執著。⑩純大苦聚：全是大苦的積聚。〈以上大意及註解參考，好讀雜阿含經〉

（7）《大乘理趣六波羅蜜多經》說：「欲修靜慮先應捨離一切世間治生、販賣、種殖根栽。何以故？若不捨離擾亂其心，何能安住甚深禪定？……復次……修靜慮者有五種障。一切有情皆被覆翳。所謂五蓋①：一者貪欲②、二者瞋恚③、三者掉悔④、四者昏眠⑤、五者疑蓋⑥。除此五蓋方得禪定身心不動。」

〔大意〕禪那解脫，必須捨離世俗工作，去除五蓋，否則就無法成就禪那。建議參加佛寺舉辦，爲期數天的禪修活動，此時就能與世隔絕，專心修習禪定。

〔註解〕①蓋：遮蓋眞心之智慧光明。②貪欲：貪求五欲六塵，而不知足。③瞋恚：生氣、忿怒。④掉悔：心情躁動，靜不下來。掉，又譯爲「掉舉」，心躁動不安；悔，即「追悔」，於所作的事心懷憂惱。⑤昏眠：昏沉、想睡。⑥疑蓋：於所習之法，未下定決心、猶豫不決，因而遮蓋心性。

三、禪宗、小乘行者，應當注生淨土

1.《勝天王般若經》說：「勤行精進不生懈怠，修諸禪定，離散亂法，以微妙慧而習多聞。諸根不缺①，具足利智，常修大慈，遠離瞋惱。以是因緣生淨佛國。」

〔大意〕勤修禪定，多聞佛法，遠離散亂，此人不必捨棄禪修，只要以禪修功德，迴向願生淨土，就能往生淨土。蕅益大師說：「禪者，欲生西方，不必改爲念佛，但具信願，則參禪即淨土行也。」

〔註解〕①諸根不缺：眼、耳、鼻、手、足，身體各部器官完好無缺。

2.《大乘隨轉宣說諸法經》說：「時彼世尊，說法教化三乘眾生：爲諸聲聞說四諦①法。爲諸緣覺說十二因緣法。爲諸菩薩說六波羅蜜法，甚深微妙諸善法要。令諸大眾安住法中各得解脫。……彼學法眾生一心了知四聖諦、四念處②、五根③、七覺支、八正道。如是等法一一修學已得到彼岸，生諸佛國。……非寂靜禪那，不能趣佛國。」

〔大意〕佛說法，因材施教：爲聲聞根器，說四聖諦。爲緣覺根器，說十二因緣。爲菩薩根器，說六度波羅蜜。使眾人安住在佛法中，各自得到解脫。……修小乘之人，只要依照佛經，精進修行，了知四聖諦、四念處、五根、七覺支、八正道。具足定慧，就能解脫生死，往生淨土。證阿羅漢，可在穢土實現，也可往生淨土後實現。

〔註解〕①四諦：又稱四聖諦。聖者所證「苦諦、集諦、滅諦、道諦」四項眞理。「苦諦」苦是世間眞相。體悟世間是苦，才會想要尋找苦的原因。「集諦」是苦的原因。找出苦因後，才知如何把集（苦因）給滅掉。「滅諦」滅除煩惱，到解脫彼岸。知道有解脫彼岸，就要找出解脫之道（無死之道）。「道諦」是解脫之道。如依小乘阿含經修行，就能邁向涅槃彼岸。②四念處：專注於當前的「身、受、心、法」四種目標之一，爲成就涅槃解脫方法。念，是能觀之智。處是，所觀之境。③五根：一信根，信三寶四諦。二精進根，勇猛修善。三念根，憶念正法。四定根，使心止於一境而不散亂。五慧根，觀察思惟眞理。此五根能生一切善法，故名爲根。

3.《稱讚淨土佛攝受經》說：「極樂世界淨佛土中，無量壽佛常有無量聲聞弟子，一切皆是大阿羅漢，具足種種微妙功德，其量無邊不可稱數。」

〔大意〕極樂世界眾多阿羅漢，從哪裡來？當然是從修禪定或小乘行者而來。

第 8 章　淨土法門

　　十方世界有無數的淨土（又稱佛國、極樂世界、極樂淨土、安養國）。修持任何一尊佛、或大菩薩的經法，都能往生淨土。淨土法門，以淨土三經：《佛說觀無量壽經》、《佛說無量壽經》、《佛說阿彌陀經》作爲主要經典。因爲佛佛道同，所以要往生其他的淨土，也應瞭解淨土三經的理論。

　　無論您現在修任何法門，當老病降臨，都應該回歸淨土，因這是治病、延壽、解脫生死最穩當的法門！台灣近代高僧，廣欽老和尚、救世師父，禪定解脫後都推薦信眾要修持淨土。法鼓山聖嚴法師說：「晚年學佛的在家居士，應該專心念佛」。藏傳佛教學者張澄基教授說：「大乘佛法中……歷史證明只有禪、密、淨三宗能開花結果。但禪宗和密宗都需要過人的稟賦才行，良師、機緣和充足的福慧資糧準備，缺一不可，所以皆是『難行道』，而不是像淨土般的『易行道』。淨土宗的重要性在多方面都超過其他各宗，因爲它是一個淺顯、易行，不論稟賦環境和教育程度，人人皆能行持的教法。」

一、淨土特色與修行重點

（一）淨土是「適合所有人」修行的法門

　　淨土是簡單、方便，適合所有人修行的法門。念佛，三歲小孩一教就會念佛。不拘場地、行住坐臥，到處都可念佛。不限智愚、

貧富，縱然是五逆十惡之人，只要眞心懺悔，依法修行，一樣可以往生淨土。如佛在《無量壽經》說：「十方眾生，至心信樂，欲生我國。」在《阿彌陀三耶三佛薩樓佛檀過度人道經》說：「八方上下，諸無央數天、人民，及蜎飛蠕動之類。若前世作惡。聞我名字，欲來生我國者。即便反正自悔過，爲道作善，便持經戒。願欲生我國不斷絕。……即生我國。」

（二）淨土是「世上最難信」的佛法

只要念佛菩薩名字，就能療癒疾病、所求如願、往生淨土嗎？佛說，是的！淨土是世界上「最難相信的法門」。爲何難信？1.一般人看不見淨土，所以難信。2.淨土理論廣大深奧，難以了解所以難信。3.一般人追求「速效神通」，但佛法必須努力「聞思修」一段時間，才會有感應，所以難信。如佛在《無量壽經》說：「深廣無崖底，二乘非所測，唯佛獨明了……若聞斯經，信樂受持，難中之難，無過此難。」在《阿彌陀經》說：「爲諸眾生，說是一切世間難信之法。」

（三）多聞法，就能生起信心「具足往生功德」

淨土是「難信之法」，所以修淨土的第一步就是要「生起信心」。只要信心足夠，即使沒有修行功夫也能往生淨土。如何才能生起信心？關鍵就是「多聞法」，只要勤於聞法，了解淨土的理論，及親身見證，心中自然生起堅定、足夠的信心。信心夠了，就會生起歡喜心，成就正知見。有足夠信心、正見之人，一定會發下往生淨土的誓願，依法修行。於是所求如願，臨命終時，往生淨土。淨界法師說：「淨土法門成敗的關鍵，就在于發願。」

如佛在《毘尼母經》說：「聞法有九利益：一生信心。二因信心歡喜⋯⋯五正見①成就。六斷無明，智慧心生⋯⋯內心踊躍，信心轉深不可沮壞，得離煩惱證涅槃道受解脫樂，以是義故應至心聽法。」在《華嚴經》說：「一切佛法以何爲本？不離聞法爲本⋯⋯思惟是智慧，從於多聞起，如是籌量已，勤求多聞法。」在《妙法蓮華經》云：「若有聞法者，無一不成佛。」在《無量壽經》說：「佛告彌勒，其有得聞彼佛名號，歡喜踊躍，乃至一念，當知此人爲得大利，則是具足無上功德②。」

〔註解〕①正見：正知見。正知見，就像眼睛，能看清楚修行的道路，故能穩當往生淨土。如佛在《大般涅槃經》說：「正見⋯⋯速離生死，到解脫處。」②歡喜踊躍，乃至一念，當知此人爲得大利，則是具足無上功德：聽聞淨土教法，把疑惑盲點統統掃除，獲得深信心，此時心中自然雀躍歡喜至極，甚至只有一念的雀躍歡喜。應知此人，已經得到最大的利益，也就是具足往生淨土的所有功德。

如何「多聞法」？

1.聽善知識說法：佛經深奧，開始學佛，必須多聽、多看善知識的文章、作品。對淨土了解一分有一分信心，了解十分有十分信心。如佛在《華嚴經》說：「佛法無人說，雖慧莫能了。」在《大般涅槃經》說：「一切眾生以聽法故則具信根。得信根故樂行布施、持戒、忍辱、精進、禪定、智慧。得須陀洹果乃至佛果。是故當知得諸善法皆是聽法因緣勢力。」

2.讀經：佛在《無量壽經》勸勉我們要「閱讀、了解佛經」前後講 16 次，可見讀經最重要。夢參老和尚說：「讀經就是與佛對話」。慧律法師說：「解如目，行如足。聽經聞法是修行人一生一世最重要的功課。」紹雲法師說：「如何才能確保今生今世就能往生極樂世界呢？你們需要把淨土宗的根本經典《大勢至菩薩念佛圓通

章》、《阿彌陀經》、《無量壽經》、《觀無量壽經》這幾部經仔細看
看。」

　　淨空法師說：學佛，我們一定要記住，一天都不能離開經
教……因為今天的環境太複雜，名聞利養的誘惑力量太強大……你
能夠抵擋得住嗎？除了天天聽經，天天讀經，時時刻刻提醒自己，
沒第二個辦法。我自己六十年來能保得住，就是天天讀經。

　　學佛一定要記住一個大原則：「依法不依人」，法就是佛經。信
願法師說：「能不能往生，誰說的都不算數，只有佛說的才算數。」

　　3.親身見證：除非親身經歷，否則難以深信。可到寺院道場，
訪查修行人的感應事蹟。或參加蓮友助念，看別人的往生瑞相。或
參加念佛共修，自己親身體驗念佛感應。這樣就能，建立堅固不壞
的信心。

二、往生淨土的因緣

　　往生淨土需具備什麼因緣？這答案，佛在淨土三經已經有完整
說明。淨土三經，包括：
　　（一）《佛說觀無量壽經》劉宋西域三藏法師畺良耶舍譯。
　　（二）無量壽經，漢譯有五種版本：1.《佛說無量壽經》曹魏
天竺三藏康僧鎧譯。2.《大寶積經‧無量壽如來會》大唐三藏菩提
流志譯。3.《佛說大乘無量壽莊嚴經》明教大師臣法賢譯。4.《阿彌
陀三耶三佛薩樓佛檀過度人道經》吳月支國居士支謙譯。5.《佛說
無量清淨平等覺經》後漢月支國三藏支婁迦讖譯。其中以康僧鎧
《佛說無量壽經》流通最廣。有些譯文差異頗大，故推測《佛說無
量壽經》佛起碼說了兩次。

（三）阿彌陀經，漢譯有兩種版本：1.《佛說阿彌陀經》姚秦三藏法師鳩摩羅什譯。2.《稱讚淨土佛攝受經》三藏法師玄奘奉詔譯。

梵文、巴利文佛經，譯成漢文，可分「直譯」和「意譯」兩種。「直譯」依梵文逐句直譯，傾向於保持原文的結構成分，注重意義的準確傳達，但不利於讀者閱讀。「意譯」，通過換句，重述一個句子或詞組，傾向隱含成分，更加照顧如何和讀者溝通，譯為漢文後，好讀、好記，有利於流通。由於同一部佛經的漢譯有多種版本與面貌。每種譯本都可能造成讀者誤解或意義損失，為了補償或抵消翻譯所帶來的問題，所以對照多種譯本，更能窺知佛法真義。

淨土法門廣大，眾生根性、福德因緣不同，上至等覺菩薩，下至五逆十惡。像這樣眾生的品類、修行千差萬別，自然相應果位眾多。所以佛在淨土三經，以各種方式來說明往生淨土的因緣。

阿彌陀佛、藥師佛、觀世音菩薩、地藏王菩薩，每一尊佛與大菩薩的經法都能治病、所求如願、往生淨土。一切佛菩薩的道法相通，所以也應該合併一起了解。可以專修一尊佛或菩薩的法門，也可複修、交替修。

了解淨土法門，也應當了解大乘佛經，因為淨土經典就是建立在大乘佛經之上。正確的了解「往生淨土的因緣」才知道怎麼用功而安穩往生，這對我們來說非常重要。以下蒐集淨土三經多種譯本，方便讀者對照了解。

（一）淨業三福－《佛說觀無量壽經》

　　《觀無量壽佛經》說：「爾時，世尊告韋提希①：汝今知不？阿彌陀佛②，去此不遠，汝當繫念，諦觀彼國淨業③成者。我今爲汝廣說眾譬，亦令未來世一切凡夫，欲修淨業者，得生西方極樂國土。

　　〔淺釋〕這時釋迦牟尼佛告訴韋提希夫人，你知道？阿彌陀佛淨土離我們這裡不遠。所以你應當專心思考、觀察往生淨土的修行人，如何修淨業才得以往生淨土。佛要爲韋提希夫人，及未來一切凡夫說很多譬喻，讓大家了解如何往生西方淨土。

　　〔註解〕①韋提希：阿闍世王之生母。阿闍世王企圖將其父頻婆娑羅王餓死，母韋提希爲救頻婆娑羅王而觸怒阿闍世王，故亦被禁。兩人乃於禁閉處，求佛爲之說法，佛遂顯神通，爲之演說《佛說觀無量壽經》。②阿彌陀佛：阿彌陀，譯爲無量壽、無量光。所以阿彌陀佛又稱無量壽佛、無量光佛。又釋迦牟尼佛即阿彌陀佛的化身。如佛在《無量壽佛名號利益大事因緣經》說：「阿難，彼久遠實成，法身常住，無量壽佛者，豈異人耶！今日世尊，我身是也。」③淨業：清淨國土之業、往生淨土之業因。修淨業之功德，迴向求生淨土，則必生淨土。三福又稱爲淨業。

　　欲生彼國者，當修三福①：一者，孝養父母，奉事師長，慈心不殺，修十善業。

　　〔淺釋〕想要往生淨土的人，應當修淨業三福：第一種福，「孝養父母」包括供給父母生活所需，使父母歡喜快樂。「奉事師長」世間的師長教我們知識、謀生技能。出世間的師長教我們了脫生死。對我們有恩的師長，應當恭敬、回報、護持，甚至幫他做事、奉養服侍。「慈心不殺，修十善業」修十善業首先要慈心不殺，不但不殺

人，任何低等、微小動物，都不能殺害。還有不偷盜、不邪淫、不妄語、不兩舌、不惡口、不綺語、不貪欲、不瞋恚、不邪見等就是修十善。

〔註解〕①福：梵語 punya，巴利語 puñña。又稱福德。指能夠獲得世間、出世間幸福之行為。大乘佛法將六度之行分為福、智二業，智慧以外的行為，稱為福業，且視之為成佛之因。

二者、受持三歸，具足眾戒，不犯威儀。

〔淺釋〕第二種福，「受持三歸」：一皈依佛，盡形壽不皈依天魔外道。二皈依法，盡形壽不皈依外道邪說。三皈依僧，盡形壽不皈依外道徒眾。歸依三寶後就成為佛弟子，佛弟子應當護持三寶，依照佛經說的去做，這才是真的歸依三寶。「具足眾戒」男居士、女居士，一般是受五戒，進一步可受菩薩戒。比丘要受二百五十條戒、比丘尼要受三百八十四戒條。受戒且沒違犯就是具足眾戒。「不犯威儀」佛弟子要注意自己的言行舉止，行住坐臥保持莊重儀態。淨空法師表示：受三皈五戒以上的佛弟子，一定要給社會大眾做最好的榜樣。如果你把佛教的形象敗壞了，那你的罪過很大。如佛在《大般若波羅蜜多經》說：「破戒、破見、破威儀、破淨命，由此當墮三惡趣中，受種種苦，輪轉生死，難得解脫。」

三者、發菩提心①，深信因果，讀誦②大乘，勸進行者。如此三事，名為淨業③。佛告韋提希：汝今知不？此三種業，乃是過去、未來、現在、三世諸佛，淨業正因④。」

〔淺釋〕第三種福，「發菩提心」菩提心就是想成佛、度眾生的心。發菩提心之後，要行菩薩道之六度萬行，才是真發菩提心。「深信因果」深入了解，善有善報，惡有惡報的因果法則，深信因果，必然是行善、斷惡，把解脫輪迴當作人生目標之人。「讀誦大乘」閱

讀、朗誦大乘經典，以增長智慧因爲淨土法門的道理，就建立在大乘佛經裡面。「勸進行者」勸導眾生信仰佛法，依照佛說的經法去修行。如上所說三種福，叫做淨業。「淨業」就是往生淨土之業因。把修淨業的功德，迴向求生淨土，就必定能往生淨土。佛告訴韋提希夫人，你知道嗎？淨業三福，亦是過去、現在、未來三世諸佛，都以這三種行業來莊嚴他的淨土。

〔註解〕①發菩提心：菩提心，梵語 bodhi-citta，全名阿耨多羅三藐三菩提心。發菩提心，就是發誓要成佛。因此必須行菩薩道，修六波羅蜜布施、持戒、忍辱、精進、禪定、智慧。也就是福慧雙修，修行圓滿才能成佛。如佛在《諸法最上王經》說：「發菩提心，當修菩薩行。」在《大般若經》說：「發菩提心，既發心已受諸勤苦行菩薩行，修行布施波羅蜜多，修行淨戒、安忍、精進、靜慮、般若波羅蜜多。」②讀誦：閱讀、朗誦、背誦。③淨業：淨業三福，乃往生西方淨土之業因。因爲淨業三福這段文，乃韋提希夫人選擇西方極樂世界之後，釋迦牟尼佛教導，韋提希夫人往生淨土的方法。④正因：主要的原因叫做正因，若是次要的助力則叫做緣因。如佛在《大般涅槃經》說：「因有二種。一者正因。二者緣因。正因者如乳生酪。緣因者如醪煖等。從乳生故，故言乳中而有酪性。」

（二）九品往生－《佛說觀無量壽經》

《觀無量壽佛經》說：「佛告阿難，及韋提希。上品上生者：若有眾生，願生彼國者，發三種心，即便往生。何等爲三？一者至誠心，二者深心①，三者回向發願心。具三心者，必生彼國。復有三種眾生，當得往生。何等爲三？一者慈心不殺，具諸戒行。二者讀誦大乘方等經典②。三者修行六念，回向發願③，願生彼國。具此功德，一日乃至七日，即得往生。……

〔淺釋〕釋迦牟尼佛告訴阿難尊者和韋提希夫人，若有人想要往生淨土，發三種心就可以得到上品上生的品位。那三種心？一「至誠心」，最真實的心。也就是，下定決心，無論如何一定要往生淨土。且佛經怎麼說我就怎麼做。二「深心」，深心信解。深信、了解佛經道理。對往生淨土，深信不疑，絕不動搖。三「回向發願心」，發下誓願今生要往生西方淨土，並將自己讀經、念佛、持咒、禪修、行善、孝養父母、奉事師長……一切功德，全都迴向求生淨土。具備以上三種心的人，必能往生極樂淨土。

煮雲法師說：迴向就等於儲蓄，將錢不斷的存於銀行中，最後才能致富。我們現在將所做善事及念佛功德，通通迴向西方極樂世界……到最後才有大力量使修行成功，獲得往生極樂之果報。

另外有三種眾生，也能得到上品上生的品位。那三種眾生？
第一種「慈心不殺」。愛護生命絕不殺害。「慈心」關愛，給予快樂。「不殺」指不殺人，及一切動物。殺，分為一口殺，即教唆他人殺。二身殺，親自動手殺。三心殺，希望對方早點死掉，或見殺心裡高興。「具諸戒行」無論在家、出家，各依本分受持應受的戒，持戒清淨。

第二種「讀誦大乘方等經典」，廣泛讀誦大乘經典，就能了解佛法道理，了解後就能生起「信、願、行」往生淨土三資糧，所以讀誦大乘經典，也是往生淨土的業因。

第三種「修行六念」，一「念佛」佛具足無量智慧神通，常常念佛，祈求臨命終時，佛來接引往生淨土。二「念法」佛法能利益眾生，常念大乘經典，能開智慧。三「念僧」受過具足戒的是僧。僧是福田，我們能聽到淨土法門就是僧人所傳承。四「念戒」戒行有大勢力，戒能除眾惡，亦是往生淨土基礎。五「念施」。布施有大功德，心無悋惜，布施眾生。當然布施要有智慧，量力而為。六「念

天」淨土是第一義天，所以常念佛國淨土。把修六念的功德迴向願生西方淨土。

以上四種眾生，無論是修一種、修二種、修多種統統迴向發願，就可以往生西方淨土。有的人一日就往生，有的人七日可往生。終生都這麼做，就可以往生，得到上品上生的品位。由此可知在家人也能得到上品上生的品位。

〔註解〕①深心：深心信解。如佛在《稱讚淨土佛攝受經》說：「若有淨信諸善男子或善女人，一切皆應於無量壽極樂世界清淨佛土，深心信解，發願往生。」②方等經典：大乘經典說的都是方正平等之理，所以大乘經典又稱方等經典。如佛在《佛說觀普賢菩薩行法經》說：「若有懺悔惡不善業。但當誦讀大乘經典，此方等經是諸佛眼，諸佛因是得具五眼。佛三種身從方等生，是大法印，印涅槃海。如此海中，能生三種佛清淨身。此三種身，人天福田應供中最。其有誦讀大方等典，當知此人具佛功德，諸惡永滅從佛慧生。」③回向：例如，我願以念佛功德「回向法界一切眾生，平等施一切，同發菩提心，往生安樂國。」

上品中生者：不必受持讀誦方等經典。善解義趣，於第一義①，心不驚動，深信因果，不謗大乘，以此功德迴向願求生極樂。……

〔淺釋〕上品中生之人：指證第一義諦，初果以上之聖者。此人修禪定，已證空慧，得正知見，所以這位聖者了解佛法的意義和目的，故對佛法心不驚動，深信因果。因此聖者不必讀誦大乘經典，他只要不毀謗大乘佛法，以證第一義功德，迴向求生淨土，就能獲得上品中生的品位。

〔註解〕①第一義：又稱第一義諦、勝義諦、見諦。這裡指初果（須陀洹果）以上聖人。此人已證空慧、得正知見，照見諸法實相。如佛在《雜阿含經》說：「如是。諸比丘！見諦者（初果以上聖人）所斷眾苦，如彼池水，於未來世，永不復生。」在《出曜經》說：「云何坐禪？夫坐禪，入定者得須陀洹果、斯陀含果、阿那含果、阿羅漢果。得初禪二禪三禪四禪。空處識處、不用處、有想無想處。復得四等慈悲喜護神足、天耳，知他人心智，自識宿命。復見眾生逝者生者，不憍慢之人入禪定意，辨此諸法成第一義……以第一義除心垢者……得第一義越過三界。」在《大乘理趣六波羅蜜多經》說：「菩薩摩訶薩以正智慧見第一義，了色性空猶如聚沫，以是因緣，名正知見。」在《佛說觀普賢菩薩行法經》說：「當勤修讀方等經典，思第一義甚深空法。令此空慧與心相應。」在《華嚴經》說：「若見清淨真法界，甚深微妙第一義……不如實知第一義，故有無明，無明起業是名行色……菩薩住真實，寂滅第一義。」在《出曜經》說：「大慧！我說常（永恆）不可思議，第一義常不可思議，與第一義相因果相應，以離有無故；以內身證相故；以有彼相故；以第一義智因相相應，以離有無故；以非所作故，與虛空涅槃寂滅譬喻相應故；是故常不可思議。」在《大乘理趣六波羅蜜多經》說：「菩薩摩訶薩善巧方便行深般若波羅蜜多時，住奢摩他、毘鉢舍那，住身寂靜，了因緣法如幻如化，順勝義諦，離有離無非斷非常，隨順因果。」

上品下生者：亦信因果，不謗大乘，但發無上道心①，以此功德迴向，願求生極樂國。……

〔淺釋〕上品下生者：指小乘行者，他相信因果，不毀謗大乘佛法。他只要發成佛度眾生的菩提心，以此功德迴向，願生極樂淨土，就能得到上品下生的品位。

〔註解〕①發無上道心：發無上菩提心—發成佛的心。小乘行者，迴小向大，成為大菩薩。

中品上生者：若有眾生，受持①五戒，持八戒齋，修行諸戒，不造五逆②，無眾過患，以此善根③，迴向願求，生於西方極樂世界。……

〔淺釋〕中品上生者：若有眾生，在家者受持五戒、八關齋戒。出家者受持沙彌、沙彌尼戒、比丘、比丘尼戒。他不造五逆罪，其他罪惡也沒造，持戒清淨。以此受戒、持戒的善行功德，迴向求生西方淨土，就能成就中品上生的品位。

〔註解〕①受持：受戒之後，再持戒。②五逆：一殺自己母親。二殺自己父親。三殺阿羅漢。四破壞僧團。五出佛身血。雖然自己不造五逆罪，但支持五逆者也是共犯。譬如某政黨團體造五逆罪，你用金錢或選票支持他們，你也是五逆罪共犯。如佛在《虛空藏菩薩經》說：「五逆罪，何等為五？一者殺母。二者害父。三者殺阿羅漢。四者破和合僧。五者出佛身血。如是五無間罪若犯一者，是則名為犯根本罪。」③善根：持戒的善行，就像樹根穩固、吸收營養、成長，最終成就佛果。

中品中生者：若有眾生，若一日一夜，持八戒齋①。若一日一夜，持沙彌戒。若一日一夜，持具足戒②。威儀無缺，以此功德迴向願求生極樂國。……

〔淺釋〕中品中生之人：若有在家佛弟子，一日一夜受持八關齋戒。或出家人，一日一夜受持沙彌戒、沙彌尼戒，或比丘戒、比丘尼戒，所有的戒守住不犯。而且行住坐臥間也保持莊重的言行舉止。以此功德，迴向求生極樂淨土，就能成就中品中生的品位。

〔註解〕①八戒齋：又稱八關齋戒。即在家人一日一夜（二十四小時）遵守的八條清淨戒律：不殺生，不偷盜，不淫，不妄語，不飲酒，不著華鬘香油塗身，不歌舞觀聽，不坐臥高大廣床，過午不食。如佛在《菩薩本緣經》說：「云何名為八戒齋法？龍王答言：八戒齋者，一者不殺；二者不盜；三者不婬；四者不妄語；五者不飲酒；六者不坐臥高廣床上；七者不著香華、瓔珞以香塗身；八者不作倡伎樂不往觀聽；如是八事莊嚴，不過中食，是則名為八戒齋法。」②具足戒：就是比丘、比丘尼戒。

中品下生者：若有善男子，善女人，孝養父母，行世仁慈①，此人命欲終時②，遇善知識，為其廣說阿彌陀佛，國土樂事，亦說法藏比丘，四十八願。聞此事已，尋即命終。譬如壯士，屈伸臂頃，即生西方極樂世界。……

〔淺釋〕中品下生之人：若有善男子善女人，孝順父母，為人仁慈厚道。此人臨命終時，遇善知識，為他解說，阿彌陀佛的淨土如何快樂，阿彌陀佛未成佛之前叫法藏比丘，發四十八願，救渡十方眾生的過程。此人聽到淨土法門後就想往生，很快命終，就像壯士手臂屈伸，瞬間他的神識就生到西方淨土。

〔註解〕①仁慈：「仁」是同情心，見人家受苦就想辦法幫助他。「慈」是給人家好處，使人快樂。
②命欲終時：將死但還沒死，奄奄一息狀態，或深度昏迷狀態，快要斷氣但還沒斷氣，這叫命欲終時。

下品上生者：或有眾生作眾惡業，雖不誹謗方等經典，如此愚人，多造惡法，無有慚愧。命欲終時，遇善知識，為說大乘十二部經①首題名字。以聞如是諸經名故，除卻千劫極重惡業。智者復教合掌叉手，稱南無阿彌陀佛②。稱佛名故，除五十億劫生死之罪。……

〔淺釋〕下品上生之人，有眾生造了很多罪業，雖然沒有誹謗大乘經典。但這個愚人，多造惡事，還不知羞愧。此人命欲終時，遇到善知識爲他介紹大乘佛經的經名。他聽到諸經名字，就消除千劫極重惡業。善知識，又教他合掌稱念「南無阿彌陀佛」。稱念佛名的緣故，就滅除五十億劫生死重罪。由於聽到大乘經典的經名及念「南無阿彌陀佛」，一生造惡的人也能往生淨土。爲何造惡之人，也能往生？因爲此人前世曾經修行佛法，所以今生在臨命終時，才會遇到善知識，前來說法。如佛在《無量壽經》說：「若不往昔修福慧，於此正法不能聞。」

〔註解〕①大乘十二部經：佛經共可分爲十二種不同的體裁，稱爲十二部。因此大乘十二部經，即泛指所有大乘佛經。例如無量壽經、藥師經、金剛經、心經都是。②南無阿彌陀佛：是梵語（Amitaba 或 Amita-buddha）的音譯，由「南無」、「阿彌陀」、「佛」三語連結而成。「南無」譯爲禮敬、歸依。「阿彌陀」譯爲無量光、無量壽。「佛」譯爲覺者。阿彌陀佛將他所修的一切萬行功德，統統濃縮在這句阿彌陀佛名號之中，所以我們念一句「阿彌陀佛」就包含著無量的智慧光明，無量的壽命吉祥。另外我們的自性就是無量光、無量壽，所以念阿彌陀佛就是在喚醒我們的自性。我們依靠阿彌陀佛的萬德莊嚴，來消除我們的無明、貪瞋痴，顯發我們本心的智慧光明。

下品中生者：或有眾生，毀犯五戒，八戒，及具足戒。如此愚人，偷僧祇物①，盜現前僧物②。不淨說法③，無有慚愧。以諸惡業，而自莊嚴。如此罪人，以惡業故，應墮地獄。命欲終時，地獄眾火，一時俱至。遇善知識，以大慈悲，即爲讚說阿彌陀佛，十力威德，廣讚彼佛，光明神力。亦讚戒、定、慧、解脫、解脫知見。此人聞已，除八十億劫生死之罪。地獄猛火，化爲清涼風，吹諸天華，華上皆有化佛菩薩，迎接此人。」

〔淺釋〕下品中生之人：若有眾生，毀犯在家戒、出家戒。或偷十方僧人財物。或偷僧人之私人財物。或為了貪求名利而說法。像這樣的愚人，不僅不知慚愧，還沾沾自喜以為很厲害。像這種罪人，因為造惡業的緣故，應當墮地獄。在臨命終時，地獄猛火出現，把他燒得死去活來。就在這時候遇到善知識，以大慈悲心為他開示說：你已經看到地獄的猛火，你死後將墮地獄受極大苦，這時候只有阿彌陀佛能夠救你，阿彌陀佛有十種大智慧的威德力量，及無量光明，神通力量能夠救你。

又我們的自性心中有「自性五分法身香：戒香、定香、慧香、解脫香、解脫知見香」也能夠消除你的罪業。一「戒香」自心中本來無善惡、無貪瞋痴，名戒香。「定香」見一切善惡境界，自心不亂，名定香。「慧香」以智慧觀照自性清淨圓滿，名慧香。「解脫香」自心不攀緣，不思善，不思惡，自在解脫，名解脫香。「解脫知見香」自心既不攀緣善惡，故須廣學多聞，識自本心，通達佛理，直至菩提，名解脫知見香。如是「自性五分法身香」，各自內熏，進行無相懺悔法，即能滅三世罪，令得身口意三業清淨。

此人，聽到善知識的話，滅除八十億劫生死之罪。這個時候地獄猛火，變成了清涼風，清涼風吹著天空飄下的蓮花，蓮花上有化佛、化菩薩，來迎接此人，往生淨土。

〔註解〕①偷僧祇物：僧祇物屬十方出家人共有，偷十方常住的財物罪業極重。如佛在《地藏菩薩本願經》說：「若有眾生，偷竊常住財物谷米，飲食衣服，乃至一物不與取者，當墮無間地獄，千萬億劫，求出無期。」在《正法念處經》說：「取佛財物而自食用，不還不償，不信彼業而復更取，復叫他取……墮阿鼻大地獄黑肚小地獄。」②盜現前僧物：指偷出家人的私人財物。③不淨說法：指毀壞佛教的講經說法。

　　下品下生者：或有眾生，作不善業，五逆十惡①，具諸不善。如此愚人②，以惡業故，應墮惡道，經歷多劫，受苦無窮。如此愚人，臨命終時，遇善知識，種種安慰，爲說妙法，教令念佛③，彼人苦逼，不遑念佛。善友告言：汝若不能念彼佛者，應稱無量壽佛④。如是至心，令聲不絕，具足十念⑤，稱南無阿彌陀佛。稱佛名故，所念念中，除八十億劫生死之罪。命終之時，見金蓮華，猶如日輪，住其人前，如一念頃，即得往生極樂世界。」

　　〔淺釋〕下品下生之人：若有人，造了最重的五逆十惡業，還有其他惡業也都造了。像這樣的愚人，由於造惡的緣故，應當墮入惡道之中，經歷長久劫，受盡無窮痛苦。但是這個愚人在臨死之時，也就是即將墮入阿鼻地獄之前，剛好遇到善知識，以種種方法來安慰他，爲他解說無量壽佛，救度眾生的法門，以及教他憶念無量壽佛的功德及名號。

　　此人因爲痛苦逼迫無法憶念無量壽佛的功德名號。善知識看到這種情形，於是換一個方式告訴他說，你如果無法憶念無量壽佛的功德名號，那就用嘴巴出聲念無量壽佛的名字。於是此人以最誠摯的心，呼喊南無阿彌陀佛、南無阿彌陀佛、南無阿彌陀佛……這樣持續念滿十聲。因爲念佛名字，所以在每一念、每一念之中，都滅除了八十億劫生死輪迴之重罪。此人在斷氣的時候，看見一朵金色大蓮花非常的明亮像太陽一般，出現在眼前迎接他，一念間，他就坐著這一朵金色蓮花往生西方極樂世界去了。

　　〔註解〕①十惡：身造殺、盜、淫；口造妄語、兩舌、惡口、綺語；意造貪、瞋、痴。②愚人：一個人相信因果，行善求解脫，佛稱此人是「智者」；一個人爲非作歹，佛稱此人是「愚人」，因爲此人不知道，造惡會招來苦報，才會一直造惡業，所以他是被愚痴矇蔽了心眼，不是故意的。③念佛：指心中思惟無量壽佛救度眾生的功德，及憶念阿彌陀佛的名號。④無量壽佛：阿彌陀佛的別名。

⑤具足十念：嘴巴出聲念南無阿彌陀佛……念滿十聲。但「十念」只是一個代表，只要念佛相續，佛便應聲來迎。

問：造五逆十惡，為何能往生？

答：臨命終時遇善知識，這必然是過去世造下善根與佛有緣，否則就不可能遇善知識，縱然遇到也無法聽信進去！這是千百萬人當中難得一人有這種福報。蕅益大師說：下品逆惡之人，並是夙因成熟，故感臨終遇善友，聞便信願。此事萬中無一，豈可僥倖。如佛在《無量壽經》說：「若人無善本，不得聞此經。清淨有戒者，乃獲聞正法。曾更見世尊，則能信此事……宿世見諸佛，樂聽如是教」

（三）攝生三願－《佛說無量壽經》五譯本對照

1.《佛說無量壽經》說：（18 願）「設我①得佛，十方眾生②，至心③信樂④，欲生我國⑤，乃至十念⑥，若不生者不取正覺。唯除五逆⑦誹謗正法。」

〔淺釋〕法藏菩薩，在世自在王佛面前發下誓言說：假設我成佛（阿彌陀佛）之時，十方世界的眾生，凡是有人在臨終之時，以至誠懇切的心、信心、喜樂的心，想要往生到我的淨土，即使只念一遍、二遍或十遍的「南無阿彌陀佛」（出聲念或默念），就能往生到我的淨土。如果此人沒有往生到我的淨土，那我發誓，我就不成佛。唯一排除，他造了五逆罪，還有毀謗佛法，不能往生我的淨土。

為何平時沒修行，臨終一念就能往生？因為臨終之人，呼叫佛來救我！他把全部心力集中在這一念南無阿彌陀佛上面，故單憑強烈一念就能招感佛來接引。

何謂誹謗正法？正法，指佛說的一切聖語，包含小乘（南傳）、大乘（北傳）、密乘之佛經。誹謗正法的業很微細，譬如你認爲哪一類佛法「善妙」，哪一類佛法「粗劣」，起這種心想就是誹謗正法。如果有人誹謗大小乘的其中一乘，或親近信受這位謗法者，他們都必會墮入無間地獄。如佛在《遍攝一切研磨經》說：「曼殊師利，毀謗正法，業障細微。曼殊師利，若於如來所說聖語與其一類，起善妙想。與其一類，起惡劣想，是爲謗法。」在《大乘大集地藏十輪經》說：「聲聞乘法、獨覺乘法及大乘法，不應輕毀……若諸有情隨於三乘毀謗一乘，或復親近謗三乘人，諮稟聽受。由此因緣皆定當墮無間地獄受大苦惱難有出期。」

〔註解〕①我：指未成佛前的法藏比丘，即今日阿彌陀佛，又名無量壽佛。②十方眾生：十方世界一切眾生。包括三界六道凡夫及初果、二果、三果、四果聖者。③至心：最誠摯之心。④信樂：信心足夠就會生起喜樂之心。譬如確信自己將來能夠往生淨土，心中自然充滿喜樂。如佛在《大集經》說：「具足信心故便生歡喜。」⑤我國：我的佛國，指阿彌陀佛的西方極樂世界。⑥乃至十念：指一念、十念、乃至無數念。也就是臨終一念、十念、多念都能往生。慧淨法師說：乃至十念、乃至一念……是就臨終之機而言的，若是平生之機，則上盡一輩子的念佛……若完整的說，即是「平生之機，上盡一形；臨終之機，下至一念」的念佛。⑦五逆：指殺母、殺父、殺阿羅漢、出佛身血、破和合僧（破壞佛教僧團、道場）。這五種是違逆天理、敗亂人倫的滔天大罪業。犯五逆罪，將墮入無間地獄，長劫受極慘烈痛苦。

（19 願）設我得佛，十方眾生，發菩提心，修諸功德①，至心發願②，欲生我國。臨壽終時，假令不與大眾③圍遶現其人前者，不取正覺。

〔淺釋〕法藏菩薩，在世自在王佛面前發下誓言說：假設我成佛之時，十方世界的眾生，凡是發菩提心，修六波羅蜜各種功德，並以至誠心，發願求生我的淨土，此人臨命終時，假如我（阿彌陀佛）不帶著極樂世界的菩薩、阿羅漢，出現在此人面前圍繞著他，迎接他往生我淨土。如果我做不到這點，那我發誓我就不作佛。

為何佛與聖眾圍繞現其人前？由於命欲終時，是一生算總賬時刻，此時一切善惡業障現前，行者四大分離痛苦非常。今生所造善惡業，也會一幕幕顯現出來，所以行者的心如何不亂、不顛倒？所以佛和大眾現前說法，並以神通護佑他令心不亂，讓行者安住於三昧中，隨佛往生淨土。如佛在《稱讚淨土佛攝受經》說：「是善男子或善女人臨命終時，無量壽佛與其無量聲聞弟子、菩薩眾俱前後圍繞，來住其前，慈悲加祐，令心不亂；既捨命已，隨佛眾會，生無量壽極樂世界清淨佛土。」在《悲華經》說：「是諸眾生臨命終時，悉令見我與諸大眾前後圍遶。我於爾時入無翳三昧。以三昧力故現在其前而為說法。以聞法故尋得斷除一切苦惱，心大歡喜。其心喜故得寶冥三昧。以三昧力故令心得念及無生忍，命終之後必生我界。」

〔註解〕①發菩提心，修諸功德：發菩提心，自然要修菩薩道之六度萬行功德，例如供養三寶、護持佛法、孝養父母、照顧病人……都是修諸功德。如佛在《佛說無量壽經》說：「多少修善，奉持齋戒，起立塔像，飯食沙門，懸繒然燈，散華燒香。」②至心發願：於佛前發下誓願，我今生一定要往生西方淨土，並把所有修行功德全都迴向往生淨土，這樣定能往生淨土。如何發願？比如佛在《華嚴經・普賢行願品》說：「願我臨欲命終時，盡除一切諸障礙，面見彼佛阿彌陀，即得往生安樂剎。」③大眾：指極樂世界的大菩薩、阿羅漢等聖人。

（20 願）設我得佛，十方眾生，聞我名號①，繫念我國②，殖諸德本③，至心迴向，欲生我國。不果遂④者，不取正覺。

〔淺釋〕法藏菩薩，在世自在王佛面前發下誓言說：假設我成佛之時，十方世界的眾生，凡是有人聽聞到我的名字，知道我淨土的美好，而一心掛念著想要往生我淨土。他為了實現這個願望，於是努力修諸善行功德，並將所修善行福德，以至誠心迴向求生我淨土。如果我不能實現他往生我淨土的願望，那我就不成佛。

以上可知，只要堅定往生淨土目標，平時盡量做好事、護持佛法、供養三寶，把所修的功德全都迴向往生極樂世界。如果能這樣做，到臨終就一定能往生淨土。

〔註解〕①聞我名號：聞我阿彌陀佛的名號。②繫念我國：心嚮往、掛念希求往生極樂世界，就像遊子思歸之情。③殖諸德本：種下各種功德善根、行善積德。④果遂：如願以償。

2.《大寶積經‧無量壽如來會》：（18 願）「若我證得無上覺時，餘佛剎中諸有情類。聞我名已所有善根①，心心迴向願生我國。乃至十念，若不生者，不取菩提。唯除造無間惡業②誹謗正法及諸聖人③。

〔淺釋〕如果我法藏比丘，成佛之時，其他世界眾生，聽到我成佛的名號：阿彌陀佛。除了稱念我的名號之外，並把所修善行，全都迴向願生我淨土。此人念一遍，或念滿十遍阿彌陀佛，就能往生到我淨土。如果此人沒有往生我淨土，那我誓不成佛。唯有排除，造了無間惡業，還有毀謗佛法，以及誹謗聖人之人，不能往生我的淨土。

〔註解〕①善根：將所修善行迴向願生淨土，比喻種下善的種子，會生根、發芽、最終長出佛果。②無間惡業：會墮入無間地獄的業，即是造五逆業。③諸聖人：聖人，指証果的修行人，例如：初果（須陀洹）、二果（斯陀含）、三果（阿那含）、四果（阿羅漢）聖者、辟支佛、菩薩、佛。除了此經及佛在悲華經也說毀謗聖人無法往生淨土。如佛在《悲華經》說：「世尊。我成阿耨多羅三藐三菩提已。令十方無量無邊阿僧祇世界現在諸佛稱讚於我。其餘眾生若得聞是稱讚我聲。願作善根速生我國，命終之後必生我國，唯除五逆、毀壞正法、誹謗聖人。」

（19　願）若我成佛，於他剎土。有諸眾生發菩提心。及於我所，起清淨念①。復以善根迴向願生極樂。彼人臨命終時②。我與諸比丘眾③，現其人前。若不爾者，不取正覺。

〔淺釋〕如果我法藏比丘，成佛之時，若有眾生，發起成佛、度眾生的菩提心，以及想要往生我淨土的這份心意，純淨不變、惦記不忘。此人勤修各種善行，並把所修善行功德，迴向願生我極樂淨土。此人生命欲終時，我便與淨土的菩薩、阿羅漢們，出現在此人面前，迎接他往生我的淨土。如果我做不到，我就誓不成佛。

〔註解〕①清淨念：「清淨」，心境潔淨，不受外擾。「念」，惦記、常常想。②臨命終時：一般指生命快要終了，但還未斷氣之前。但嚴格來說，佛教指的死亡是以「壽、暖、識」三者存在來判斷。「壽、暖、識」三者互相依持，生命得以持續。「壽」指壽命；「暖」指體溫；「識」指心識（阿賴耶識）。如佛在《雜阿含經》說：「壽、暖及與識，捨身時俱捨，彼身棄塚間，無心如木石。……捨於壽、暖，諸根悉壞，身命分離，是名為死。」③比丘眾：指極樂世界的菩薩、阿羅漢。

（20 願）若我成佛，無量國中所有眾生。聞說我名已，善根迴向極樂，若不生者，不取菩提。

〔淺釋〕如果我法藏比丘，成佛之時，無量世界的一切眾生。聽聞知道念阿彌陀佛，就能夠往生我的淨土。於是他們勤修各種善行，然後把善行功德迴向，求生極樂世界，這份心意直到臨終不變，就能往生淨土。如果我無法令此人往生我淨土，我就誓不成佛。

3.《佛說大乘無量壽莊嚴經》（13 願）說：「世尊①，我得菩提成正覺已。所有眾生求生我刹②，念吾名號，發志誠心堅固不退，彼命終時，我令無數苾芻③現前圍繞來迎彼人，經須臾間得生我刹，悉皆令得阿耨多羅三藐三菩提④。」

〔淺釋〕法藏比丘（阿彌陀佛）在世自在王佛面前立下誓願說：世尊，當我覺悟成佛之時，一切眾生祈求往生我的淨土，稱念我阿彌陀佛的名號，發起往生淨土的志向抱負、眞誠的心，而且堅定不退轉。那麼這位行者，在命終之時，我便指示無數聖眾圍繞、迎接他往生淨土，經片刻便往生我淨土。凡是往生我淨土的人，我都能使他們成佛。

〔註解〕①世尊：指世自在王佛。②刹：國土、淨土。③苾芻：比丘。大菩薩、阿羅漢都現比丘相。④阿耨多羅三藐三菩提：無上正等正覺、成佛。

（14 願）世尊，我得菩提成正覺已，所有十方無量無邊，無數世界一切眾生，聞吾名號，發菩提心，種諸善根，隨意求生，諸佛刹土無不得生①，悉皆令得阿耨多羅三藐三菩提。

〔淺釋〕法藏比丘（阿彌陀佛）在世自在王佛面前立下誓願說：世尊，當我覺悟成佛之時，十方世界一切眾生，聽聞佛法知道念阿彌陀佛往生淨土的好處，於是發起成佛，度眾生的菩提心，並且修諸善行，把所修善行功德迴向求生淨土。如此便能隨著自己的意願，求生所有的佛國淨土。譬如想往生西方淨土就能往生西方淨土。想往生東方淨土就能往生東方淨土，往生之後，我都能使他們圓滿成佛。

〔註解〕①諸佛剎土無不得生：隨意往生十方任一淨土，不限於西方淨土。如佛在《藥師經》說：「願生西方極樂世界無量壽佛所聽聞正法而未定者，若聞世尊藥師琉璃光如來名號，臨命終時，有八大菩薩……乘空而來，示其道路，即於彼界種種雜色眾寶華中，自然化生。」

4.《阿彌陀三耶三佛薩樓佛檀過度人道經》說：「第五願。使某作佛時。令八方上下，諸無央數①天、人民，及蜎飛蠕動之類②。若前世作惡。聞我名字，欲來生我國者。即便反正自悔過，為道作善，便持經戒。願欲生我國不斷絕。壽終皆令不復泥犁、禽獸、薜荔③。即生我國，在心所願。得是願乃作佛，不得是願終不作佛。

〔淺釋〕法藏比丘（阿彌陀佛）在世自在王佛面前立下誓願說：世尊，假設我成佛之時。十方世界，無數的天神、人類及動物。假設從前造惡，但自從聽到念阿彌陀佛，能夠往生淨土之後，便想要往生我淨土。而後懺悔不再造惡、修持佛法、行善積德，依照佛經和戒律說的去做，而且想往生我淨土的心願到臨終都不中斷。此人壽終我就能使他不墮三惡道，並且立即往生我淨土，以滿足他的心願。如果我能夠實踐這個誓言我才作佛，如果我不能實踐這個誓言我就不作佛。

〔註解〕①無央數：無數。極多，多得數不清。②蜎飛蠕動之類：指能飛翔或爬行的一切生物。③泥犁、禽獸、薛荔：泥犁，指地獄道。禽獸，指畜生道。薛荔，指餓鬼道。

第六願。使某作佛時。令八方上下。無央數佛國，諸天人民。若善男子善女人，欲來生我國。用我①故益作善。若分檀布施②。遶塔③。燒香④、散花⑤、然燈⑥。懸雜繒綵⑦。飯食沙門⑧。起塔作寺⑨。斷愛欲⑩。來生我國作菩薩。得是願乃作佛。不得是願終不作佛。

〔淺釋〕世尊，假設我成佛之時。十方世界，無數穢土世界的天神和人類。如果有善男子、善女人，想往生我的淨土。於是他們更加努力修善，例如布施金錢、體力、智慧予以他人。繞塔禮敬佛。燒香、鮮花、燃燈供養諸佛菩薩。為寺院懸掛彩色絲帛。以飯菜食物供養修行人。建造佛塔寺院。為什麼要這麼做？因為透過這些設施、器具和表象行為，可以修正我們的身心，啟發智慧，成就善行。除了把善行迴向願生淨土外，還要斷除愛欲。為什麼？因為愛欲不斷，就無法脫離穢土，往生淨土。這樣此人就能往生我淨土當一位菩薩。如果我能夠實踐這個誓言才作佛，如果我不能實踐這個誓言就不作佛。

〔註解〕①用我：為了往生我淨土。用，為了某種目的。②分檀布施：布施。布施梵語音譯為檀那、檀。分檀布施，即財施、無畏施、法施。或將自己所有之財物、體力、智慧施與他人。③遶塔：繞佛塔禮佛。索達吉堪布表示：繞塔時一定要右繞，《華嚴經》中也說「右繞三匝」。繞塔必須順時針，如果逆時針方向繞，不但沒有功德，反而有過失。④燒香：在佛像前焚香供佛。燒香虔誠，一炷香便可幻化無量功德。因為修行的根本在修心，但心無形相，須依靠一些表象的東西來讓人們產生信念，成就善行。⑤散花：印度習俗把鮮花往空中拋灑來供佛，但華人傳統把鮮花插在花瓶裡供

佛。花，象徵佛法的清淨善美！以鮮花供佛，可得諸功德，如《佛為首迦長者說業報差別經》說：「若有眾生，奉施香華，得十種功德：一者處世如花；二者身無臭穢；三者福香戒香；四者隨所生處，鼻根不壞；五者超勝世間，為眾歸仰；六者身常香潔；七者愛樂正法，受持讀誦；八者具大福報；九者命終生天；十者、速證涅槃。是名奉施香花得十種功德。」⑥然燈：指供奉於佛前的燈火。然燈，有薪火相傳，讓佛法永住人間的含義。因燈代表佛法，佛法代表智慧，智慧之光明能破無明之黑暗。⑦懸雜繪綵：在佛殿裡面或外面，懸掛，五色文彩的絲織品。⑧飯食沙門：供養出家人食物。沙門（Śrmaṇa）譯為勤修佛道息諸煩惱。為出家修行者的總稱。⑨起塔作寺：建造佛塔寺院。塔（stūpa）可分二類：一供奉佛舍利的塔。二以塔為主，附有住僧眾的房舍，也稱為塔。寺，是供佛菩薩、佛塔、弘法、安住僧眾的道場。⑩愛欲：愛欲範圍包括，對五欲六塵、及對親人的愛念、情執。

第七願。使某作佛時。令八方上下。無央數佛國。諸天人民。若善男子善女人。有作菩薩道，奉行六波羅蜜經①。若作沙門不毀經戒。斷愛欲齋戒清淨。一心念欲生我國。晝夜不斷絕。若其人壽欲終時。我即與諸菩薩阿羅漢。共飛行迎之。即來生我國。則作阿惟越致菩薩。智慧勇猛。得是願乃作佛。不得是願終不作佛。

〔淺釋〕世尊，假設我成佛之時。十方世界，無數穢土世界的天神和人類之中。如果其中有善男子、善女人，發菩提心，廣修六度萬行的大乘菩薩道。出家修行不違背經典和戒律，以及斷除愛欲，持戒清淨，全心全意想要往生我淨土，此心念日夜不斷。此人命欲終時，我便與淨土諸菩薩、阿羅漢，共同飛行前往迎接他，即刻往生我淨土，成為不退轉菩薩，具備勇猛的大智慧。我能夠實踐這個誓言才作佛，如果不能實踐這個誓言我就不作佛。

〔註解〕①奉行六波羅蜜經：指六種能幫助我們度生死苦海，到涅槃彼岸的方法，包括：一、布施（檀波羅蜜）財施、無畏施、法施三種。二、持戒（尸羅波羅蜜）嚴守戒律，身心清涼。三、忍辱（羼提波羅蜜）忍受痛苦，使心安住於佛道中。四、精進（毘梨耶波羅蜜）專注勤修，增長善法。五、禪定（禪波羅蜜）心念集中一處，使心靜定。六、智慧（般若波羅蜜）了知諸法實相，到達解脫彼岸。此六波羅蜜，乃禪定與淨土的核心實踐法門。六波羅蜜，始於布施，終於智慧，無上智慧的境界即是佛。

5.《佛說無量清淨平等覺經》說：「諸天、人民、蠕動之類①聞我名字。皆悉踊躍來生我國。不爾者我不作佛。（18 願）我作佛時。諸佛國②人民有作菩薩道③者。常念我淨潔心。壽終時我與不可計比丘眾，飛行迎之共在前立。即還生我國作阿惟越致。不爾者我不作佛。」

〔淺釋〕法藏比丘（阿彌陀佛）在世自在王佛面前立下誓願說：世尊，我作佛時，他方穢土世界的天道、人道、畜生道等一切眾生。若有人發菩提心，修菩薩道，奉行六度萬行。而且心中常掛念，想要往生我的淨土，並懷著清淨純潔不變的心。此人壽命結束時，我便與無數的淨土聖眾，飛行到他面前，迎接他，隨即往生我淨土，成為不退轉菩薩。如果我做不到，我就誓不成佛。

〔註解〕①蠕動之類：指能爬行的一切動物。②佛國：這裡的佛國，指十方諸佛所教化的穢土世界。③菩薩道：菩薩道，梵語bodhisattva-caryā。菩薩道，即發菩提心，修六度（布施、持戒、安忍、精進、禪定、智慧）萬行，圓滿自利利他，成就佛果之道。故菩薩道乃成佛之正因，成佛乃菩薩道之結果；欲成佛，必先行菩薩道。

（十九願）我作佛時，他方佛國人民。前世①爲惡，聞我名字，及正爲道②。欲來生我國。壽終皆令不復更三惡道③，則生我國在心所願。不爾者我不作佛。

〔淺釋〕世尊，我作佛時，他方穢土世界人民，假設從前造惡，但自從聽聞淨土法門知道念阿彌陀佛，能夠往生淨土後，便改過自新，修持佛道，而且想往生我淨土。此人壽命結束不會墮入三惡道，能夠依照他的心願，往生我的淨土。如果我做不到，我就誓不成佛。

〔註解〕①前世：泛指從前，以往。②及正爲道：改邪歸正，修持佛道。③三惡道：地獄道、惡鬼道、畜生道。

（四）三輩往生－《佛說無量壽經》五譯本對照

1.《佛說無量壽經》：「佛告阿難：十方世界諸天人民，其有至心願生彼國，凡有三輩。其上輩者，捨家棄欲，而作沙門①，發菩提心②，一向專念無量壽佛③，修諸功德④，願生彼國⑤。此等眾生，臨壽終時，無量壽佛，與諸大眾，現其人前，即隨彼佛，往生其國，便於七寶華中，自然化生。住不退轉⑥，智慧勇猛，神通自在。是故阿難，其有眾生，欲於今世⑦見無量壽佛，應發無上菩提之心，修行功德，願生彼國。」

〔淺釋〕佛告訴阿難尊者：十方世界裡的一切天道、人道眾生，其中有以至誠心發願，欲往生西方淨土者，可分爲三輩。上輩往生的人：一須出家爲僧，拋棄世俗情欲。二發起上求佛道，下化眾生的菩提心。三一心嚮往西方淨土，專心勤念阿彌陀佛。四修持各種善行功德。五把所修功德，迴向願生西方淨土。以上所說的五個條件都具備了，此人在臨命終時，阿彌陀佛就帶著淨土的大菩薩

和阿羅漢，出現在他面前。此人坐上蓮花台即隨阿彌陀佛到達淨土，之後就在七寶池的蓮花中自然化生，成爲不退轉菩薩，擁有強大智慧力，以及自在無礙的神通本領。由於這個原因，阿難！若有眾生，希望於今生見到阿彌陀佛，就應發起菩提心，廣修六度萬行功德，並且發下誓願，今生定要往生阿彌陀佛淨土。

　　〔註解〕①舍家棄欲，而作沙門：九品往生中並沒有說要出家，可見上輩往生者並不只限於出家人。②發菩提心：發下誓願要成佛，奉行六波羅蜜。對淨土行者而言，護持佛法、弘揚佛法，引導眾生往生淨土，功德最大。③一向專念無量壽佛：一向專念，指不管念任何佛菩薩名號或修任何法門，統統迴向願生阿彌陀佛淨土，這就是一向專念的眞義。一向，一心向著阿彌陀佛淨土。專念，指專心念阿彌陀佛，並非指不能念別的佛號。因爲淨土法門，需讀經、聽法、修善。如果只念佛，其他修行都不做，這樣就誤解佛的意思。④修諸功德：修諸功德，包含六度萬行、淨業三福、持名念佛、供養三寶、護持佛法……都在修諸功德的範圍。⑤願生彼國：如果想往生淨土，就應在佛前發誓，我願意往生淨土。如果沒有發下誓言，就代表你還沒有眞正下決心，要往生淨土。⑥住不退轉：在淨土修行只會進步，不會退步。⑦今世：指今生臨命終時見佛。有些人能在禪觀，或夢中見佛。

　　佛語阿難：「其中輩者，十方世界諸天人民，其有至心①願生彼國。雖不能行作沙門，大修功德，當發無上菩提之心。一向專念無量壽佛。多少修善，奉持齋戒②。起立塔像③，飯食沙門，懸繒④然燈，散華燒香，以此回向，願生彼國。其人臨終，無量壽佛，化現其身⑤，光明相好，具如眞佛，與諸大眾，現其人前。即隨化佛往生其國，住不退轉，功德智慧，次如上輩者也。」

　　〔淺釋〕佛告訴阿難，中輩往生的情況是這樣：十方世界所有的天道、人道眾生，其中有以至誠心發願，想要往生西方淨土者，

他們雖不能出家，大修功德。但是他也應當發下成佛度眾生的菩提心。一心嚮往西方淨土，專心勤念阿彌陀佛。依照自己能力，多少做些善事。受持清淨戒律。「起立塔像」幫出家人建立道場。「飯食沙門」以飯菜食物供養出家人。現代人則以金錢或義工方式供養。「懸繒然燈，散華燒香」懸掛幢幡，燃點燈燭，散花燒香等，這些供佛方式，現代人常以金錢、物資與義工方式代替。以上所做功德，全都要迴向求生西方極樂淨土。這輩人於臨命終時，阿彌陀佛即化現其身，跟淨土聖眾，出現在此人面前。此人立即隨化佛往生淨土。此人在淨土修行將會一直進步，直到成佛。中輩人所得到的功德、智慧、神通，比上輩往生者較次一等。

〔註解〕①至心：極為誠懇的心意。②奉持齋戒：受持清淨戒律。齋，清淨身心。戒，守戒。③塔像：塔，安置佛舍利的地方。像，指佛像。④懸繒：把絹帛做成的彩幡懸掛在佛殿中。⑤化現其身：從阿彌陀佛的真身裡，再化出一個阿彌陀佛來，它的光明、相好就像真佛一樣。

佛語阿難：「其下輩者，十方世界，諸天人民，其有至心，欲生彼國。假使不能作諸功德①，當發無上菩提之心。一向專意②，乃至十念。念無量壽佛，願生其國。

若聞深法，歡喜信樂，不生疑惑，乃至一念，念於彼佛，以至誠心，願生其國。此人臨終，夢見彼佛，亦得往生，功德智慧，次如中輩者也。」

〔淺釋〕佛告訴阿難尊者，下輩往生的情況是這樣的：十方世界所有天人和人類，凡是有人以極為誠懇的心意，想要往生極樂淨土。假使他無法行善積德。但他應當做到這三點：一、應當要發起我一定要成佛、奉行六波羅蜜的菩提心。二、集中精神，專心念阿彌陀佛，念一聲乃至念滿十聲。三、想要往生極樂淨土。這樣就能往生淨土。

又有一類人，臨命終時，聽到善知識，開示深奧的淨土法門，心中充滿歡喜，信心和快樂，此時也沒有疑惑心。此人在生死之際，全心全意的念阿彌陀佛，縱使只念一聲阿彌陀佛，因為至誠懇切想要往生淨土。此人在臨終時，就會在夢中見到阿彌陀佛前來接引，便能往生極樂國土。下輩往生者在功德、智慧方面，比中輩人次一等。

〔註解〕①假使不能作諸功德：為何無法修諸功德？此人可能身處病危之時。功是指善行，德是指善心。②一向專意：集中精神的念阿彌陀佛，及欲生淨土。「專意」就是把心念完全集中在這上面。因為有強烈決心想要往生，這一念就能感應阿彌陀佛來接引。

2.《大寶積經‧無量壽如來會》說：「阿難，若有眾生，於他佛剎①發菩提心。專念無量壽佛。及恒種殖眾多善根②。發心迴向願生彼國。是人臨命終時。無量壽佛與比丘眾③，前後圍繞現其人前。即隨如來④往生彼國得不退轉。當證無上正等菩提⑤。是故阿難。若有善男子善女人。願生極樂世界欲見無量壽佛者。應發無上菩提心。復當專念極樂國土⑥。積集善根應持迴向。由此見佛生彼國中。得不退轉乃至無上菩提。

〔淺釋〕佛告訴阿難尊者，若有眾生在他方穢土世界，發下成佛、行菩薩道的菩提心。此人，專心念阿彌陀佛，並且長期修善。並發願把所修善行，迴向求生阿彌陀佛淨土。此人臨命終時，阿彌陀佛與淨土聖眾，前後圍繞出現在此人面前，立即隨阿彌陀佛往生淨土，一旦往生淨土，成為不退轉菩薩，必將成佛。所以阿難，若有善男子、善女人，願意往生淨土見阿彌陀佛，應當發菩提心，又要心繫念極樂淨土，以及累積各種善行，並把善行迴向願生極樂淨土，由此就能見佛，往生西方淨土，在淨土修行，不斷進步，以至成佛。

〔註解〕①於他佛刹：指他方穢土世界。②恒種殖眾多善根：長期修善，這些善行，就好像種下善的種子，會生根、發芽、最終長出佛果。恒，長久、持續的。③比丘眾：指阿彌陀佛淨土的菩薩和阿羅漢，他們都現比丘相。④如來：佛的十種稱號之一。⑤證無上正等菩提：即成佛。⑥專念極樂國土：心繫念著想要往生阿彌陀佛的淨土。

阿難。若他國眾生，發菩提心。雖不專念無量壽佛。亦非恒種眾多善根。隨己修行諸善功德。迴向彼佛願欲往生。此人臨命終時。無量壽佛即遣化身。與比丘眾前後圍繞。其所化佛光明相好與真無異。現其人前攝受導引。即隨化佛往生其國。得不退轉無上菩提①。

〔淺釋〕佛告訴阿難尊者，若有他方世界眾生，發下成佛度眾生的誓願。此人，雖不能專心念阿彌陀佛，也沒有長期累積眾多善行。然而此人隨著自己力量，多少修一些善行功德，然後把所修的善行功德迴向阿彌陀佛淨土，欲求往生。此人臨命終時，阿彌陀佛即以神通變化的分身，帶領淨土的菩薩、羅漢等聖僧，出現此人前面，以神通力攝受接引他，即隨阿彌陀佛往生淨土，到了淨土，成為不退轉菩薩，最終直到成佛。

〔註解〕①無上菩提：覺智，稱菩提；佛之覺智無上，故稱無上菩提。

阿難。若有眾生住大乘①者。以清淨心向無量壽如來。乃至十念念無量壽佛願生其國。聞甚深法即生信解。心無疑惑乃至獲得一念淨心。發一念心念無量壽佛。此人臨命終時。如在夢中見無量壽佛。定生彼國得不退轉無上菩提。」

〔淺釋〕佛告訴阿難尊者，若有眾生心懷慈悲救世精神，以純淨心，嚮往阿彌陀佛淨土，臨命終時，念十遍阿彌陀佛，至少念一遍，並且想要往生阿彌陀佛的淨土，就能往生。

又有一類人，臨命終時，聽到深奧淨土法門，便生起信心，了解其中道理。此時心中生起一份清淨信心，且不起疑心。此人在臨命終時，發起這份清淨信心，全心全意念阿彌陀佛。此人在臨命終時，宛如作夢中看見阿彌陀佛，這樣命終定能往生淨土，成為不退轉菩薩，直到成佛。

〔註解〕①住大乘：大乘以行菩薩道，奉行六波羅蜜，救世利他為宗旨。

3.《佛說大乘無量壽莊嚴經》說：「阿難。若有善男子善女人，聞此經典受持①讀誦②書寫供養③，晝夜相續求生彼剎。是人臨終，無量壽如來與諸聖眾現在其前，經須臾間，即得往生極樂世界。不退轉於阿耨多羅三藐三菩提。

〔淺釋〕佛告訴阿難尊者，若有善男子善女人，聽聞此淨土經典，信受它、並依照經典說的去修行，而且常朗讀經典，背誦經典，抄寫經典，日夜修行沒有中斷，以求生阿彌陀佛淨土。此人臨終之時，阿彌陀佛與諸聖眾出現在他的面前，他很快便隨佛往生極樂淨土，並在淨土修持，持續進步以至成佛。

〔註解〕①受持：「受」對佛說的經道，全盤接受叫受。「持」是實行，接受之後，依法修持叫持。②讀誦：「讀」是出聲朗讀經文，「誦」是背誦出經文。③書寫供養：抄寫佛經，這也是一種法供養。

阿難。若有善男子善女人。發菩提心已。持諸禁戒堅守不犯。饒益有情，所作善根悉施與之，令得安樂。憶念西方無量壽如來及彼國土。是人命終。如佛色相種種莊嚴。生寶剎①中賢聖圍繞。速得聞法，永不退轉於阿耨多羅三藐三菩提。

〔淺釋〕佛告訴阿難尊者，若有善男子、善女人，發下成佛、度眾生的菩提心後，受持各種戒律，堅持守戒不犯。做很多利益眾生的善事，心中常思念阿彌陀佛及其淨土，並把所做善事功德全部迴向求生淨土。此人命終，即往生淨土，往生後身相猶如阿彌陀佛般端正好看，淨土中到處都是菩薩、阿羅漢等聖人。很快就聽到阿彌陀佛說法，在此修行永不退轉，以至成佛。

〔註解〕①憶念：想起、思念。②寶剎：國土、淨土。

阿難。若有善男子善女人。發十種心。所謂一不偷盜。二不殺生。三不婬欲。四不妄言。五不綺語。六不惡口。七不兩舌。八不貪。九不瞋。十不癡。如是晝夜思惟極樂世界無量壽佛，種種功德種種莊嚴，志心歸依頂禮供養。是人臨終，不驚不怖心不顛倒，即得往生彼佛國土。

〔淺釋〕佛告訴阿難尊者，若有善男子、善女人，具備兩個條件：一個發十種心，也就是修十善。一不偷盜他人財物，及以不當手段謀取財物。二不殺人和動物。三不做不正當的性行為。四不說謊騙人。五不花言巧語，或說令人生邪念、淫念、惡念與無意義的言語。六不罵人、不侮辱人。七不挑撥離間，不破壞人際關係。八不起貪念。九不起瞋恨心。十不迷糊，起邪見。第二個條件，讀經、聽法、念佛，日夜思維極樂世界的阿彌陀佛，種種功德莊嚴，誠心皈依頂禮，然後把所修功德迴向極樂世界。具備以上條件，此人臨終之時，佛菩薩現前圍繞迎接，令此人不恐懼、不顛倒，然後隨佛往生極樂世界。

4.《阿彌陀三耶三佛薩樓佛檀過度人道經》說：「佛告阿逸菩薩①。其世間人民，若善男子善女人。願欲往生阿彌陀佛國者，有三輩。作德有大小轉不相及。佛言，何等爲三輩？最上第一輩者，當去家捨妻子斷愛欲，行作沙門，就無爲之道②。當作菩薩道，奉行六波羅蜜經者。作沙門不虧經戒。慈心精進不當瞋怒。不當與女人交通。齋戒清淨，心無所貪慕。至誠願欲往生阿彌陀佛國，常念至心不斷絕者。其人便於今世求道時，即自然於其臥止夢中，見阿彌陀佛及諸菩薩阿羅漢。其人壽命欲終時，阿彌陀佛即自與諸菩薩阿羅漢，共翻飛行迎之。則往生阿彌陀佛國，便於七寶水池蓮華中化生，即自然受身長大，則作阿惟越致菩薩。便即與諸菩薩，共翻輩飛行，供養八方上下諸無央數佛。即逮智慧勇猛，樂聽經道，其心歡樂。所居七寶舍宅，在虛空中，恣隨其意，在所欲作爲，去阿彌陀佛近。佛言，諸欲往生阿彌陀佛國者。當精進持經戒，奉行如是上法者。則得往生阿彌陀佛國，可得爲眾所尊敬。是爲上第一輩。

〔淺釋〕佛告訴彌勒菩薩，世上的善男子、善女人，想要往生阿彌陀佛淨土者，由於每個人所造的善行功德大小不一，所以可分爲三輩。一上輩往生：需出家修行，斷除淫欲，修成佛之道。應該行菩薩道，遵照佛經說的實行六波羅蜜（布施、持戒、安忍、精進、禪定、智慧），不犯出家戒。心懷慈悲精進修行，不起瞋怒心。不可以跟異性單獨相處。守戒清淨，心無貪愛、不戀慕任何事物。以至誠懇切的心，發願想往生阿彌陀佛淨土，且這份至誠心，持續不斷。具備以上條件，此人便會在修行或睡夢之中，看見阿彌陀佛與淨土聖眾。此人臨命終時，阿彌陀佛率領聖眾，一起飛行前來迎接此人。此人往生淨土後，便在七寶池的蓮花中化生，身體自然長大，成爲不退轉菩薩。之後便與淨土的菩薩一起飛行，前往十方世界供養諸佛。上輩往生之人，智慧勇猛有力，喜歡聽經聞法，心中充滿快樂。所住房子由七寶合成，漂浮在空中可以隨意移動，前往他處，這房子離阿彌陀佛很近。釋迦牟尼佛說，所有想要往生極樂淨土者，應當依照經典所說精進修行，且要守戒。依據以上所說去

作，就能往生淨土，受到眾人尊敬。這就是上輩往生。

〔註解〕①阿逸菩薩：阿逸多菩薩，即彌勒菩薩。②無爲之道：成佛之道。無爲，梵語 asajskrta，指本來就有的，不是人爲創造出來的。由於眾生本來成佛，把心病去除，就能恢復心的原力，我們就跟佛一樣，沒有輪迴，擁有無上的智慧、神通、快樂、慈悲。故稱，成佛之道，是無爲之道。如佛在《佛般泥洹經》說：「何謂無爲之道乎。佛言。滅有（輪迴）歸本，不復生死，謂之無爲也。」

佛言，其中輩者。其人願欲往生阿彌陀佛國。雖不能去家捨妻子斷愛欲行作沙門者。當持經戒無得虧失。益作分檀布施。常信受佛經語，深當作至誠中信。飯食諸沙門，作佛寺起塔，散華燒香然燈，懸雜繒綵。如是法者，無所適莫②，不當瞋怒，齋戒清淨，慈心精進，斷愛欲念，欲往生阿彌陀佛國，一日一夜不斷絕者。其人便於今世，亦復於臥止夢中，見阿彌陀佛。其人壽命欲終時，阿彌陀佛即化，令其人目自見阿彌陀佛及其國土。往至阿彌陀佛國者，可得智慧勇猛。

〔淺釋〕佛說，中輩往生，可分兩種人：第一種人，首先須想要往生西方淨土。雖然此人無法出家修行，但是應當讀經、持戒勿犯，及更加努力布施。堅信接受佛經所說，並深入了解其中道理，把佛語當成心中信仰。供養出家人食物，發心修建塔寺。以鮮花、香、燈、絲帛供佛（現代人常以金錢、物資與義工方式代替）。如法修行，心無貪愛，不起瞋怒心。持戒清淨，常懷慈悲心，精進修行，斷除世俗貪愛，希求往生西方淨土的心念，一日一夜不斷不變。此人便於今生修行之時，或在睡夢之中見到阿彌陀佛。此人臨命終時，阿彌陀佛即以神通變化，使此人看見阿彌陀佛，及極樂淨土。此人往生淨土，便可獲得智慧勇猛。

〔註解〕①益作分檀布施：努力分送物資而布施。②無所適莫：平等心，不對哪個人事產生貪愛。與《佛說無量清淨平等覺經》:「無所適貪」同義。

佛言，其人奉行施與如是者。若其人然後復中悔，心中狐疑，不信分檀布施作諸善後世得其福。不信有彌陀佛國，不信有往生其國。雖爾者，其人續念不絕，暫信暫不信，意志猶豫無所專據。續其善願爲本故得往生。其人壽命病欲終時，阿彌陀佛，即自化作形像，令其人目自見之。口不能復言，但心中歡喜踊躍，意念言：我悔不知益齋戒作善，今當往生阿彌陀佛國。其人即心自悔過，悔過者小差少無所復及。其人壽命終盡，即往生阿彌陀佛國，不能得前至阿彌陀佛所，便道見阿彌陀佛國界邊自然七寶城中。

〔淺釋〕佛說，中輩往生，第二種人：此人依照以上所說修行，但卻中途反悔，懷疑佛經所說，不信今生布施來世得福。不信有極樂淨土，不信死後能往生。雖然如此，他還會常常想佛、想淨土持續不斷，對佛時信，時不信，心態猶豫，無法專一。但此人還是能往生，爲什麼呢？因爲他曾經發下往生淨土的善願，這善願就是根本，故能讓往生淨土接續不斷。當此人病危之時，看見阿彌陀佛前來迎接，心中高興雀躍不已，同時後悔自己沒有努力持戒修善。由於心中悔過，所以功德稍微減少一點而已。此人命終，立即往生阿彌陀佛淨土，但只到淨土邊地的自然七寶城中，無法前往阿彌陀佛的道場見佛。

心便大歡喜，便止其城中，即於七寶水池蓮華中化生。則受身自然長大在城中，於是間五百歲。其城廣縱各二千里，城中亦有七寶舍宅，中外內皆有七寶浴池，浴池中亦有自然華香繞，浴池上亦有七寶樹重行，亦皆復作五音聲。其欲飯食時，前有自然食，具百味飲食，在所欲得應意皆至，其人於城中亦快樂。其城中比如第二忉利天上自然之物。雖爾其人城中不能得出，復不能得見阿彌陀

佛。但見其光明，心自悔責，踊躍喜耳。亦復不能得聞經。亦復不能得見諸比丘僧。亦復不能得見知阿彌陀佛國中諸菩薩阿羅漢狀貌何等類，其人愁苦，如是比如小適耳。佛亦不使爾身行所作自然得之，皆心自趣向道，入其城中。其人本宿命求道時，心口各異，言念無誠信，狐疑佛經。復不信向之，當自然入惡道中，阿彌陀佛哀愍，威神引之去爾。

〔淺釋〕此人進入七寶城，心中非常歡喜，即在七寶池的蓮花中化生，身體自然長大，於七寶城居住五百年。七寶城寬深各二千里，城中有住宅，裡外有七寶浴池，浴池有自然花香繚繞，浴池旁種植一行一行的七寶樹，風吹七寶樹，出現各種美妙音樂。吃飯的時候，百味飲食自然現前，其他生活需求也是隨意現前。此人在七寶城也是很快樂，物質享受就像忉利天。雖然生活快樂，但是在七寶城無法外出，雖能看見佛光卻看不到佛。所以自責信佛中悔，也慶幸能夠往生。另外也不能聽經聞法，看不到大菩薩、阿羅漢們，更不知道他們的長相如何。所以生活雖然舒適，心中卻有愁苦。此人能進入七寶城，乃是自己所發善願，加上阿彌陀佛的威神接引。假設沒有佛的接引，此人應當墮入惡道，因為此人過去求道，心口不一，毫無誠信，懷疑佛經所說。

其人於城中，五百歲乃得出。往至阿彌陀佛所聞經，心不開解，亦復不得在諸菩薩阿羅漢比丘僧中聽經。以去所居處舍宅在地，不能令舍宅隨意高大在虛空中。復去阿彌陀佛甚大遠。不能得近附阿彌陀佛。其人智慧不明，知經復少。心不歡喜，意不開解。其人久久，亦自當智慧開解知經，明健勇猛，心當歡喜，次當復如上第一輩。所以者何？其人但坐前世宿命求道時。不大持齋戒，毀失經法。意志狐疑，不信佛語，不信佛經深。不信分檀布施作，善後世當得其福。復坐中悔，不信往生阿彌陀佛國。作德不至心，用是故爾，是為第二中輩。

〔淺釋〕此人在七寶城待了五百年之後才能出城，前往阿彌陀佛道場聽佛說法，然而聽法卻無法理解，因此就無法跟諸位菩薩、阿羅漢一起聽經。此人的住宅在地上，無法像菩薩、羅漢的住宅一樣，漂浮在空中，隨意往來，變大變小。又住宅離阿彌陀佛很遠，無法親近阿彌陀佛。此人智慧未開，知道的經典少，許多事理都不懂，所以心不快樂。此人經過相當長的一段時間，終於智慧開顯，了解經典含意。能了解許多事物，思想敏捷，心中充滿歡樂，比上輩往生者，次一等。

爲何如此呢？因爲此人前世求道時，不太持戒，言行常違反佛經所說。心性多疑，不信佛說的聖言，不信佛經的深奧義理。不相信今生布施來世享受福報。雖然修持佛法，也做了許多好事，但卻中途反悔。不信行善修行，將來能往生極樂淨土，縱然行善，也缺乏至誠懇切的心。因爲如此，才屬於中輩往生的第二種類型。

佛言，其三輩者。其人願欲往生阿彌陀佛國。若無所用分檀布施，亦不能燒香散華然燈，懸雜繒綵，作佛寺起塔，飯食諸沙門者。當斷愛欲無所貪慕。得經疾慈心精進。不當瞋怒，齋戒清淨，如是法者。當一心念欲往生阿彌陀佛國。晝夜十日不斷絕者，壽命終即往生阿彌陀佛國。可得尊敬，智慧勇猛。

〔淺釋〕佛說，第三輩（下輩）往生，也有兩種人：第一種人，首先他必須想要往生西方淨土。他若無法布施行善，也無法用香、花、燈、絲帛供佛，或修建塔寺，或以食物供養出家人。但他應該斷除對世間的貪愛。要讀經、心懷慈悲、精進修行，不起瞋怒心、持戒清淨，如法修行。以及應該一心一意的想往生西方淨土，日夜十天持續不斷，以此功德迴向往生淨土。此人命終，即能往生西方淨土。這樣就可以得到眾人尊敬，智慧勇猛有力。

佛言。其人作是以後。若復中悔。心意狐疑。不信作善後世當得其福。不信往生阿彌陀佛國。其人雖爾。續得往生。其人壽命病欲終時，阿彌陀佛，即令其人，於臥止夢中，見阿彌陀佛土。心中大歡喜，意自念言：我悔不知益作諸善。今當往生阿彌陀佛國。其人但念是，口不能復言，即自悔過。悔過者差減少悔無所復及。其人命終，即生阿彌陀佛國，不能得前至。便道見二千里七寶城中，心獨歡喜，便止其中。亦復於七寶浴池蓮華中化生，即自然受身長大。其城亦復如前城法。比如第二忉利天上自然之物。其人亦復於城中，五百歲竟乃得出，至阿彌陀佛所，心中大喜。其人聽聞經，心不開解。意不歡樂，智慧不明，知經復少。所居舍宅在地，不能令舍宅隨意高大在虛空中，復去阿彌陀佛大遠，不能得近附阿彌陀佛，亦復如是，第二中輩狐疑者也。其人久久，亦當智慧開解，知經勇猛，心當歡樂，次如上第一輩也。所以者何？皆坐前世宿命求道時，中悔狐疑，暫信暫不信。不信作善得其福德，皆自然得之爾。」

〔淺釋〕佛說，第三輩往生的第二種人：此人依照以上所說去做，但卻中途反悔，懷疑佛經所說，不信今生布施來世得福。不信自己將來能夠往生淨土。雖然如此，此人還是能夠往生淨土。此人於病危時，阿彌陀佛，就使此人在睡夢之中，看見佛及淨土，並知道自己即將往生淨土。此人心裡非常歡喜。心裡又想：我很後悔，平時沒有努力修持各種善行。由於悔過，所以功德稍微減少一點而已。此人命終，立即往生阿彌陀佛淨土的邊地，無法直接進入淨土見佛。此人看見二千里七寶城，心中非常歡喜，便進入七寶城內。接著就在七寶浴池的蓮花中化生，身體自然長大。此人在七寶城有諸多物質享受，就像在忉利天那樣。此人在七寶城居住五百年結束，才能離開前往阿彌陀佛淨土，此時心中大喜。

此人前往阿彌陀佛道場聽佛講經，然而聽經卻無法理解。由於智慧不開，知道的經典很少，所以心裡不快樂。所住的房子就在地

面，不能像菩薩、羅漢的房子一樣，浮在空中，隨意往來，而且房子離阿彌陀佛很遠，無法親近阿彌陀佛。其他情況，就像第二中輩狐疑者那樣。

此人經過相當長的一段時間，終於智慧開顯，很快了解經典，心情開朗，比上輩往生者，次一等而已。為何如此？因為此人前世求道時，中途反悔。對佛時信，時不信。不信行善能得福報，認為福報來是自然而來，跟行善沒關係。

5.《佛說無量清淨平等覺經》說：「佛告阿逸菩薩，其世間人民，若善男子善女人，欲願往生無量清淨佛①國者有三輩。作功德有大小轉不能相及。佛言。何等為三輩？其最上第一輩者，當去家捨妻子斷愛欲，行作沙門就無為道。當作菩薩道，奉行六波羅蜜經者。作沙門不當虧失經戒。慈心精進，不當瞋怒。不當與女人交通。齋戒清淨，心無所貪慕。至精願欲生無量清淨佛國。當念至心不斷絕者。其人便今世求道時，則自於其臥睡中，夢見無量清淨佛及諸菩薩阿羅漢。其人壽命欲終時，無量清淨佛，則自與諸菩薩阿羅漢，共翻飛行迎之，則往生無量清淨佛國。便於七寶水池蓮華中化生，則自然受身長大。則作阿惟越致菩薩。便則與諸菩薩，共番輩飛行，供養八方上下，諸無央數佛。則智慧勇猛，樂聽經道，其心歡樂。所居七寶舍宅，在虛空中，恣隨其意在所欲作為，去無量清淨佛近。佛言諸欲往生無量清淨佛國者，精進持經戒，奉行如是上法者。往生無量清淨佛國者，可得為眾所尊敬。是為上第一輩。

〔淺釋〕佛告訴彌勒菩薩，世界上，若有善男子、善女人，想要往生西方淨土，由於每個人所造的善行功德大小不一，所以可分為三輩。哪三輩呢？一上輩者，應當出家修行，斷除淫欲，修成佛之道。應該修菩薩道，遵照佛經說的實行六波羅蜜（布施、持戒、安忍、精進、禪定、智慧），不犯出家戒。心懷慈悲，精進修行，不起瞋怒心。不可以跟異性單獨相處。守戒清淨，心無貪愛、不戀慕

任何事物。以至誠懇切的心，發願想往生阿彌陀佛淨土，且這份至
誠心，持續不斷。具備以上條件，此人便會在修行或睡夢之中，看
見阿彌陀佛與淨土聖眾。此人臨命終時，阿彌陀佛率領聖眾，一起
飛行前來迎接此人。此人往生淨土後，便在七寶池的蓮花中化生，
身體自然長大，成為不退轉菩薩。之後常與淨土的菩薩一起飛行，
前往十方世界供養諸佛。上輩往生之人，智慧勇猛有力，喜歡聽經
聞法，心中充滿快樂。所住房子由七寶合成，漂浮在空中可以隨意
前往他處，這房子離阿彌陀佛近。釋迦牟尼佛說，所有想要往生極
樂淨土者，應當依照經典所說精進修行，且要守戒。依據以上所說
去作，就能往生西方淨土，受到眾人尊敬。這就是上輩往生。

〔註解〕①無量清淨佛：阿彌陀佛的別名。

　　佛言，其中輩者。其人願欲往生無量清淨佛國。雖不能去家捨
妻子斷愛欲行作沙門者。當持經戒無得虧失。益作分檀布施。常信
受佛語深當作至誠忠信。飯食沙門。而作佛寺起塔。燒香、散華、
然燈、懸雜繒綵。如是法者，無所適貪，不當瞋怒。齋戒清淨，慈
心精進，斷欲念，欲往生無量清淨佛國，一日一夜不斷絕者。其人
於今世。亦復於臥睡夢中。見無量清淨佛。其人壽欲盡時。無量清
淨佛。則化令其人自見無量清淨佛及國土。往生無量清淨佛國者。
可得智慧勇猛。

　　〔淺釋〕佛說，中輩往生者，可分兩種人：第一種人，首先他
須想要往生西方淨土。雖然此人無法出家修行，但是應當讀經、持
戒勿犯，及更加努力布施。堅信接受佛經所說，並深入了解其中道
理，把佛語當成心中信仰。供養出家人食物，發心修建塔寺。以
香、花、燈、絲帛供佛。如法修行，心無貪愛，不起瞋怒心。持戒
清淨，常懷慈悲心，精進修行，斷除世俗貪愛，希求往生西方淨土
的心念，一日一夜不斷不變。此人便於今生修行之時，或在睡夢之
中見到阿彌陀佛。此人臨命終時，阿彌陀佛即以神通變化，使此人

看見阿彌陀佛，及極樂淨土。此人往生淨土，便可獲得智慧勇猛。

　　佛言，其人奉行施與，如是者。若其然後中復悔，心中狐疑。不信分檀布施作諸善後世得其福。不信有無量清淨佛國。不信往生其國中。雖爾其人續念不絕。暫信暫不信。意志猶豫無所專據。續結其善願名本，續得往生。其人壽命病欲終時。無量清淨佛，則自化作形像，令其人目自見之。口不能復言，便心中歡喜踊躍。意念言：我悔不知益齋作善。今當生無量清淨佛國。其人則心中悔過。悔過者過差少。無所須及。其人壽命終盡。則生無量清淨佛國。不能得前至無量清淨佛所。

　　〔淺釋〕佛說，中輩往生，第二種人：此人遵照以上布施、修行。但卻中途反悔，懷疑佛經所說，不信今生布施來世得福。不信有極樂淨土，不信死後能往生。雖然如此，他還會常常想佛、想淨土持續不斷，對佛時信，時不信，心態猶豫，無法專一。但此人還是能往生，爲什麼呢？因爲他曾經發下往生淨土的善願，這善願就是根本，故能讓往生淨土接續不斷。當此人病危之時，看見阿彌陀佛前來迎接，心中高興雀躍不已，同時後悔自己沒有努力持戒修善。由於心中悔過，所以功德稍微減少一點而已。此人命終，立即往生阿彌陀佛淨土，但只到淨土邊地，無法前往阿彌陀佛的道場見佛。

　　便道見無量清淨佛國界邊自然七寶城。心中便大歡喜。道止其城中。則於七寶水池蓮華中化生。則受身自然長大。在城中於是間五百歲。其城廣縱各二千里。城中亦有七寶舍宅。舍宅中自然內外皆有七寶浴池。浴池中亦有自然華繞。浴池上亦有七寶樹重行。皆復作五音聲。其飲食時。前亦有自然食。具百味食。在所欲得，其人於城中快樂，其城中比如第二忉利天上自然之物。其人於城中不能得出。復不能得見無量清淨佛。但見其光明。心中自悔責，踊躍喜耳。亦復不能得聞經。亦復不能得見諸比丘僧。亦復不能得見知

無量清淨佛國中諸菩薩阿羅漢狀貌何等類。其人若如是比而小適耳。佛亦不使爾身諸所作自然得之。皆心自趣向道入其城中。其人本宿命求道時。心口各異言念無誠。狐疑佛經。復不信向之。當自然入惡道中。無量清淨佛哀愍。威神引之去耳。

〔淺釋〕此人看見極樂淨土邊界之七寶城，心中非常歡喜，便進入七寶城中，而在七寶池的蓮花中化生，身體自然長大，再七寶城中住了五百年。此城寬深各二千里，城中有七寶住宅，裡外有七寶浴池，浴池中有自然花香繚繞，浴池旁種植一行一行的七寶樹，風吹七寶樹出現各種美妙音樂。吃飯之時，百味飲食自然現前，其他生活需求也是隨意現前。此人在七寶城也是很快樂，物質享受就像忉利天。雖然生活快樂，但是在七寶城無法外出，無法看見阿彌陀佛，只能看見佛光。所以後悔自責之前對佛懷疑不信，但也慶幸自己能夠往生。另外也不能聽經聞法，也看不到大菩薩、阿羅漢們，更不知道他們的長相如何。所以生活雖然舒適，心中卻有愁苦。此人能進入七寶城，乃是自己曾經發下往生淨土的善願，加上阿彌陀佛的威神接引。假設沒有佛的接引，此人應當墮入惡道，因為此人過去求道，心口不一，毫無誠信，懷疑佛經所說。

其人於城中，五百歲乃得出，往至無量清淨佛所聞經，心不開解，亦復不得在諸菩薩阿羅漢比丘僧中聽經。以去所居處舍宅在地，不能令舍宅隨意高大在虛空中。復去無量清淨佛甚大遠，不能得近附無量清淨佛。其人智慧不明，知經復少，心不歡樂意不開解。其人久久，亦自當智慧開解知經，明健勇猛，心當歡樂，次當復如上第一輩。所以者何？其人但坐其前世宿命求道時。不大持齋戒虧失經法。心意狐疑不信佛語，不信佛經深。不信分檀布施作善後世當得其福，復坐中悔。不信往生無量清淨佛國，作德不至心。用是故為第二中輩

〔淺釋〕此人在七寶城待了五百年後才能出城，前往阿彌陀佛道場聽佛說法，然而聽佛說法卻無法理解，所以就無法跟諸位菩薩、阿羅漢一起聽經。此人的住宅在地上，無法像菩薩、羅漢的住宅一樣，漂浮在空中，隨意往來，變大變小。又住宅離阿彌陀佛很遠，無法親近阿彌陀佛。此人智慧未開，知道的經典少，許多事理都不懂，所以心不快樂。此人經過相當長的一段時間，終於智慧開顯，了解經典含意。能了解許多事物，思想敏捷，心中充滿歡樂，比上輩往生者，次一等。

為何如此呢？因為此人前世求道時，不太持戒，言行常違反佛經所說。心性多疑，不信佛說的聖言，不信佛經的深奧義理。不相信今生布施來世享受福報。雖然修持佛法，也做了許多好事，但卻中途反悔。不信行善修行，將來能往生極樂淨土，縱然行善，也缺乏至誠懇切的心。因為如此，才屬於中輩往生的第二種類型。

佛言，其三輩者。其人願欲生無量清淨佛國。若無所用分檀布施。亦不能燒香散華然燈懸繒綵作佛寺起塔飲食沙門者。當斷愛欲無所貪慕。慈心精進不當瞋怒。齋戒清淨。如是清淨者。當一心念欲生無量清淨佛國。晝夜十日不斷絕者。壽終則往生無量清淨佛國。可復尊極智慧勇猛。

〔淺釋〕佛說，第三輩（下輩）往生，也有兩種人：第一種人，首先他必須想要往生西方淨土。他若無法布施行善，也無法用香、花、燈、絲帛供佛，或修建塔寺，或以食物供養出家人。但他應該斷除世間的貪愛。要讀經、心懷慈悲、精進修行，不起瞋怒心、持戒清淨，如法修行。以及應該一心一意的想往生西方淨土，日夜十天持續不斷，以此功德迴向願生淨土。此人命終，即能往生西方淨土。這樣就可以得到眾人尊敬，智慧勇猛有力。

佛言。其人作是已後。若復中作悔心，意用狐疑。不信作善後

世當得其福。不信往生無量清淨佛國。其人雖爾續得往生。其人壽命病欲終時，無量清淨佛，則令其人於臥睡夢中，見無量清淨佛國土。其人心中歡喜，意自念言，我悔不知益作善。今當生無量清淨佛國。其人但心念是，口不能復言，則自悔過，悔過者過差減少，悔者無所復及。其人命終，則生無量清淨佛國，不能得前至。

〔淺釋〕佛說，第三輩往生的第二種人：此人依照以上所說修行，但是中途反悔，懷疑佛經所說，不信今生行善來世得福。不信人們能夠往生淨土。雖然如此，此人還是能夠往生。此人於病危之時，阿彌陀佛，就使此人在睡夢之中，看見佛及淨土，並知道自己即將往生淨土。此人心裡非常歡喜。心裡便想：我很後悔，平時沒有努力修善。由於悔過，所以功德稍微減少一點而已。此人命終，立即往生阿彌陀佛淨土的邊地，但無法直接進入淨土見佛。

便道見二千里七寶城，心中獨歡喜，便止其中。復於七寶水池蓮華中化生，則自然長大。其城亦復如前城法，比第二忉利天上自然之物。其人亦復於城中五百歲，五百歲竟乃得出。生無量清淨佛所，心中大歡喜。其人聽聞經，心不開解，意不歡喜，智慧不明，知經復少。所居舍宅在地，不能令舍宅隨意高大在虛空中。復去無量清淨佛，亦復如是。第二輩狐疑者。其人久久，亦當智慧開解知經。勇猛心當歡樂。次如上第一輩也。所以者何？皆坐前世宿命求道時。中悔狐疑，暫信暫不信。不信作善後得其福德，皆自然得之耳。隨其功德有鉉不鉉，各自然趣向，說經行道卓德萬殊超不相及。」

〔淺釋〕此人看見二千里七寶城，心中非常歡喜，便進入七寶城內。接著就在七寶浴池的蓮花中化生，身體自然長大。七寶城的情況就如前面所述，在七寶城的物質享受，就像在忉利天那樣。此人在七寶城居住五百年結束，才能離開前往阿彌陀佛淨土，離開時心中大喜。

此人前往阿彌陀佛道場聽佛講經，然而卻無法理解。由於智慧不開，知道的經典很少，所以心裡不快樂。所住的房子就在地面，不能像菩薩、羅漢的房子一樣，浮在空中，隨意變大，自由往來。又房子離阿彌陀佛很遠，無法親近阿彌陀佛。其他情況，就像第二中輩狐疑者那樣。

此人經過相當長的一段時間，終於智慧開顯，了解經典，心情開朗，比上輩往生者，次一等而已。爲何如此？因爲此人前世求道時，中途反悔。對佛時信，時不信。不信行善能得福報，認爲福報來是自然而來，跟行善沒關係。

（五）持名念佛－《佛說阿彌陀經》二譯本對照

阿彌陀經有兩種譯本。一、《佛說阿彌陀經》姚秦三藏法師鳩摩羅什譯，採「意譯」。「意譯」通過換句，重述一個句子或詞組，注重如何和讀者溝通，因此《佛說阿彌陀經》好讀好記，廣受歡迎。二、《稱讚淨土佛攝受經》三藏法師玄奘-採「直譯」。「直譯」依梵文逐句直譯的方法，注重意義的準確傳達，但閱讀起來，難以吸引讀者興趣。但各種譯法都有不足，爲了補償或抵消翻譯所帶來的誤解或意義損失，以下對照二譯本。

1.《阿彌陀經》說：「舍利弗①，不可以少善根福德因緣②得生彼國。舍利弗，若有善男子善女人，聞說阿彌陀佛，執持名號③，若一日、若二日，若三日，若四日，若五日，若六日，若七日，一心不亂④，其人臨命終時，阿彌陀佛，與諸聖眾，現在其前。是人終時，心不顛倒⑤，即得往生阿彌陀佛極樂國土。」

〔淺釋〕佛告訴舍利弗尊者說，善根福德因緣，數量不多的眾生無法往生淨土。又舍利弗，若有善男子或善女人，聽到念阿彌陀

佛具有無量的功德利益，思考後，於是稱念「南無阿彌陀佛」或出聲念或心裡默念，或念一天、或念兩天，或念三天，或念四天，或念五天，或念六天，或念七天，專心念佛。此人生命快結束之時，阿彌陀佛率領聖眾，出現在他的眼前，加持護佑，令此人心不顛倒，即刻往生極樂淨土。

　　〔註解〕①舍利弗：舍利弗尊者。佛陀智慧第一的大弟子。②善根福德因緣：善根，比喻種下善的種子，會生根發芽，長出佛果。「善根福德因緣」指淨土三經所說的一切善行。③執持名號：指心中持續憶念「南無阿彌陀佛」無論出聲念或心裡默念。④一心不亂：很多人以為一心不亂，指達到一種禪定境界；臨終心不顛倒才能往生，但對照其他譯本就知道這是天大誤會。林光明教授說他整理《阿彌陀經》對照漢、英、梵、日文譯本，除了鳩摩羅什的《佛說阿彌陀經》，玄奘大師《稱讚淨土佛攝受經》外，並有梵文本的英譯，日譯及藏文本的日譯，連同這些的中文譯本，共選擇十二版本逐句對照。《阿彌陀經》所說「一心不亂」如何翻譯，除了玄奘大師譯為「繫念不亂」，其他的版本全都僅表示「心不散亂地持念」並沒有一般叫我們的如入禪定，或淨其心地或攝住心意或打退妄念的念佛。⑤心不顛倒：對照《稱讚淨土佛攝受經》《佛說無量壽經》即知這不是自己功夫，是佛加持護佑，才使念佛人心不顛倒。

　　2.《稱讚淨土佛攝受經》說：「舍利子，生彼佛土諸有情類，成就無量無邊功德①。非少善根，諸有情類，當得往生無量壽佛極樂世界清淨佛土。又舍利子，若有淨信諸善男子或善女人。得聞如是，無量壽佛無量無邊不可思議功德名號，極樂世界功德莊嚴。聞已思惟，若一日夜，或二或三，或四或五，或六或七，繫念不亂②。是善男子或善女人。臨命終時。無量壽佛與其無量聲聞弟子菩薩眾俱。前後圍繞來住其前。慈悲加祐令心不亂③。既捨命已隨佛眾會。生無量壽極樂世界清淨佛土。」

〔淺釋〕佛告訴舍利弗尊者說，往生到西方極樂淨土的眾生，皆成就無量無邊的功德，所以少善根的眾生無法往生淨土。換句話說，善根福德因緣必須很多，才能往生淨土。又舍利弗，若有信心清淨的善男子善女人，聽到念阿彌陀佛具有無量功德利益，及往生淨土非常美好。於是心中默念或出聲念阿彌陀佛，或念一天、或念兩天，或念三天，或念四天，或念五天，或念六天，或念七天，心中銘記這句佛號，念念分明。具備這些條件，此人生命快要終了之時，阿彌陀佛即率領聖眾，出現在他的眼前，加持護佑，使此人心不顛倒，即刻往生極樂淨土。

〔註解〕①成就無量無邊功德：包括發菩提心、淨業三福、供養三寶、護持佛法、念佛都是。②繫念不亂：念頭專注在佛號上，一句接一句，念念清楚分明。大安法師表示：繫念並沒有說要斷煩惱。繫念就是我的心，念念都繫住這句佛號，不讓他忘失、漂走。所以玄奘翻譯「繫念不亂」與鳩摩羅什翻譯「一心不亂」就有互補性理解。③慈悲加祐令心不亂：命終之時，神識非常靈敏。例如可隨心念立即前往任何地方，知道他人起心動念，無論何人呼喚他，不論遠近，都能即刻知道聽到看到。因此命終之時，若沒有佛菩薩，事先來護持、接引。過去的善惡業力，一旦浮現便不能自主。所謂「如人負債，強者先牽；心緒多端，重處偏墜。」

（六）修其他佛法，也能往生淨土

無論修哪一尊佛菩薩的法門，或修哪一部佛經，都能往生淨土。因為一切佛菩薩的道法相同。佛經以眾多佛菩薩作「角色扮演」是為了讓人深入佛法。如果只看少數經典，容易造成誤解與偏見。所以無論修哪位佛菩薩的經法，都應了解其他佛菩薩的經典，因為他們都是互通的，相輔相成的，所以佛才要我們讀誦大乘經典。另外，佛菩薩法門可以專修，也可以「主」修一尊佛菩薩，其

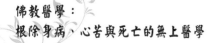

他作「伴」，這就是主伴圓融，攝盡一切佛法。如佛在《觀無量壽經》說：「欲修淨業者，得生西方極樂國土……當……讀誦大乘。」說明如下：

1.地藏法門

（1）《地藏菩薩本願經》說：「聞是菩薩名字，或讚歎或瞻禮，或稱名或供養，乃至彩畫刻鏤塑漆形像，是人當得百返生於三十三天，永不墮惡道。……若能以此迴法界，畢竟成佛超生死。」

〔大意〕每日勤念、禮拜、供養地藏王菩薩，及閱讀本經，來世能轉生忉利天成為天神。如果把修持功德迴向法界一切眾生，就能解脫輪迴，最終成佛。

（2）《占察善惡業報經》說：「應於一切時一切處，常勤誦念我之名字……此人捨身，終不墮惡道……亦能隨願往生他方淨佛國土。……若人欲生他方現在淨國者，應當隨彼世界佛之名字，專意誦念，一心不亂，如上觀察者，決定得生彼佛淨國，善根增長，速獲不退。」

〔淺釋〕應於一切時一切處，勤念我地藏王菩薩名號，如果念地藏王菩薩名號，此人命終，絕不會墮惡道，也能隨著自己意願往生他方佛國淨土。如果想往生他方佛國淨土，應該念彼佛名號，專注念佛，心不散亂，這樣修行、修觀，定能往生彼佛淨土，且善根快速增長，獲得菩薩不退轉階位。

2.觀音法門

《千手千眼觀世音菩薩廣大圓滿無礙大悲心陀羅尼經》：「發是願已，至心稱念我之名字，亦應專念我本師阿彌陀如來，然後即當

誦此陀羅尼神咒，一宿誦滿五遍，除滅身中百千萬億劫生死重罪。觀世音菩薩復白佛言，世尊若諸人天，誦持大悲章句者，臨命終時十方諸佛皆來授手，欲生何等佛上，隨願皆得往生……善男子此觀世音菩薩，不可思議威神之力，已於過去無量劫中，已作佛竟號正法明如來……一切人天常須供養專稱名號，得無量福滅無量罪，命終往生阿彌陀佛國。」

〔大意〕修念大悲咒者臨命終時十方諸佛皆現身，伸手迎接，欲往生哪一位佛淨土，就能往生該淨土。又觀世音菩薩，早已成佛，名叫正法明如來。修念觀世音菩薩聖號，命終往生西方極樂世界。

3.藥師法門

《藥師經》說：「彼佛土，一向清淨……亦如西方極樂世界，功德莊嚴，等無差別。……諸有信心善男子、善女人，應當願生彼佛世界……咒一百八遍，與彼服食，所有病苦悉皆消滅。若有所求，志心念誦，皆得如是無病延年；命終之後，生彼世界，得不退轉，乃至菩提。

〔大意〕若人至心皈依、勤念藥師琉璃光如來的聖號，勤修念藥師佛的咒語--藥師灌頂眞言，即能消除病苦，延年益壽，所求如願，命終之後往生藥師佛的東方琉璃淨土。

4.修其他佛法也能往生淨土

(1)《妙法蓮華經》說：「若有女人，聞是經典，如説修行，於此命終即往安樂世界①，阿彌陀佛，大菩薩眾，圍繞住處，生蓮華中，寶座之上。不復爲貪欲所惱，亦復不爲瞋恚愚痴所惱，亦復不爲憍慢嫉妒諸垢所惱。」

〔大意〕依法修持《妙法蓮華經》命終，就能隨願往生西方極樂世界。

〔註解〕①安樂世界：西方極樂世界的別名。

(2)《實相般若波羅蜜經》說：「我此經典難可得聞，若有得聞乃至極少至於一字，應知是人過去已曾供養諸佛，於諸佛所種諸善根。何況有人具足聽聞讀誦之者，當知是人決定已曾供養恭敬尊重讚歎八十億那由他恒河沙等諸佛。若是經典所在之處，此地則為有諸佛塔。若復有人愛重此經，常隨守護不離身者，是人應受一切世間恭敬供養；是人當得宿命智通，能知過去無量劫事；不為一切天魔波旬之所擾亂，四天大王及餘諸天常隨衛護；一切諸佛及諸菩薩恒共攝受，十方淨土隨願往生。」

〔大意〕聽聞、讀誦本經，十方淨土隨願往生。推測佛意，聽聞、讀誦《大般若波羅蜜多經》、《金剛經》、《心經》等般若經典，也是十方淨土隨願往生。

(3)《大乘莊嚴寶王經》說：「若人得聞如是經王而能讀誦。是人若有五無間業皆得消除。臨命終時有十二如來。而來迎之告是人言。善男子勿應恐怖汝既聞是大乘莊嚴寶王經。示種種道往生極樂世界。有微妙蓋天冠珥璫上妙衣服現如是相。命終決定往生極樂世界。」

〔大意〕若人讀誦《大乘莊嚴寶王經》迴向求生淨土，命終往生西方極樂世界。

(4)《大寶積經》說：「阿難，若他國眾生發菩提心，雖不專念無量壽佛，亦非恆種眾多善根，隨己修行諸善功德，回向彼佛願欲往生。此人臨命終時，無量壽佛即遣化身，與比丘眾前後圍繞，其

所化佛光明相好與真無異，現其人前攝受導引，即隨化佛往生其國，得不退轉無上菩提。」

〔大意〕發起成佛，度眾生的菩提心之人，即使不專念阿彌陀佛，也不經常種善根，但能隨自己修習的善業功德，發願回向，而往生極樂世界。

（5）《佛說無量壽經》云：「何因何緣，彼國人民，胎生？……若有眾生，以疑惑心，修諸功德，願生彼國。不了佛智……疑惑不信。然猶信罪福，修習善本，願生其國。此諸眾生，生彼宮殿，壽五百歲；常不見佛，不聞經法……是故於彼國土，謂之胎生。」

〔大意〕行善迴向願生淨土，也能往生淨土。所以只要真心想往生（至心發願，也就是發下往生淨土的誓願），做善事功德迴向願生淨土，無論採用什麼方法，都能往生淨土。

三、禪淨雙修，乃第一善根

1.《雜阿含經·550 經》說：「聖弟子念如來、應、等正覺所行法淨，如來、應、等正覺、明行足、善逝、世間解、無上士、調御丈夫、天人師、佛世尊。聖弟子念如來、應所行法故，離貪欲覺、離瞋恚覺、離害覺①。如是，聖弟子出染著心。何等為染著心？謂五欲功德②，於此五欲功德離貪、恚、痴，安住正念正智，乘於直道，修習念佛，正向涅槃。」

〔大意〕修習念佛法門，能遠離貪欲心、瞋恨心及害人之心，到達解脫、涅槃境界。在小乘《雜阿含經》就存在，念佛能使人邁向解脫、涅槃的道理。這跟佛在大乘經的說法，互相輝映。

〔註解〕①害覺：想要加害別人的意向。②五欲功德：色欲、聲欲、香欲、味欲、觸欲的作用。

2.《楞嚴經‧大勢至菩薩圓通章》說：「若眾生心憶佛念佛……都攝六根，淨念相繼，得三摩地，斯為第一！」

〔大意〕念佛人，把六根（眼耳鼻舌身意）收攝起來，專心念佛，心無雜念，持續不斷，久而久之，就能得到三摩地的境界，這個修行功德最為第一。

3.《大乘金光明經‧捨身品》說：「是舍利者，是無量六波羅蜜功德所重。」又說：「舍利者，是戒定慧之所薰修，甚難可得，最上福田。」

〔大意〕舍利子由戒定慧薰修而成。許多念佛人，往生後能燒出舍利子，證明念佛一樣能成就戒定慧，熄滅貪瞋癡。

4.《占察善惡業報經》說：「應於一切時一切處，常勤誦念我之名字。若得一心①，善根增長，其意猛利。當觀我法身②，及一切諸佛法身，與己自身，體性平等，無二無別，不生不滅，常樂我淨③，功德圓滿，是可歸依。又復觀察己身心相④，無常、苦、無我、不淨，如幻如化，是可厭離。若能修學如是觀者，速得增長淨信之心，所有諸障，漸漸損減。何以故？此人名為學習聞⑤我名者，亦能學習聞十方諸佛名者；名為學至心禮拜供養我者，亦能學至心禮拜供養十方諸佛者；名為學受持讀誦大乘深經者；名為學遠離邪見，於深正義中不墮謗者；名為於究竟甚深第一實義中學信解者；名為能除諸罪障者；名為當得無量功德聚者。此人捨身，終不墮惡道、八難⑥之處，還聞正法，習信修行，亦能隨願往生他方淨佛國土。

復次，若人欲生他方現在淨國者，應當隨彼世界佛之名字，專意誦念，一心不亂⑦，如上觀察者，決定得生彼佛淨國，善根增長，速獲不退。當知如上一心繫念⑧，思惟諸佛平等法身，一切善根中，其業最勝。

〔淺釋〕地藏王菩薩說：應於一切時，一切處，勤念我地藏王菩薩名號，如果念我名號，而能淨念相續，得到一心的話（這是修止—奢摩他），就會增長定慧，思想敏捷銳利。另外也應該觀察我的法身，與一切諸佛的法身，體性平等，無二無別（這是修觀—毘婆舍那）。法身，不生不滅，常樂我淨，圓滿具足，所以法身（佛性、如來藏）就是修道者的依止處。又觀察自己的身心相（五蘊色受想行識）：無常、苦、非我、不淨、如幻如化，這是該厭離的。如果能這樣修習止觀，就能破煩惱開智慧，迅速增長淨信之心，所有業障漸漸消滅。為什麼呢？因為此人被稱為，聞信地藏菩薩名號功德者，也就是聞信十方諸佛名號功德者（念地藏菩薩名號，如同念諸佛名號）；又稱為，至誠禮拜供養我者，以及至誠禮拜供養十方諸佛者；又稱為，受持讀誦大乘甚深經典者；又稱為，遠離邪見，了解深奧真理者、不誹謗正法者；又稱為，對於究竟甚深第一義諦，深信悟解者；又稱為，能除各種罪障者；又稱為，得到無量功德聚集者。此人命終後，絕對不會墮入惡道，及八難之處。此人能聽聞正法，信受奉行，也能隨著自己意願往生他方佛國淨土。

如果想往生他方佛國淨土，應該念彼佛名號，專注念佛，心不散亂。這樣念佛，修止觀，定能往生彼佛淨土，而且善根快速增長，獲得菩薩不退轉位。所以應如以上所說，一心繫念，佛的名號，思維自己與諸佛法身平等，這樣在一切善根之中，此善第一。

慧律法師表示：持名念佛，猶如持金磚敲門（開悟之門）。意思是你一心念佛，就算沒有開悟，但也一定往生極樂世界。所以用念佛來修禪定，是最穩妥的方法，是最上乘的修行。

〔註解〕①一心：專注、純一的心。專注於某種對象，不起妄念，稱為一心。一心有時也是「定」的別名。②法身：自性之身。即諸佛所證的真如法性之身。法身，又稱如來藏、真心、真我。如《勝鬘經》說：「如來法身，不離煩惱藏，名如來藏。」在《央掘魔羅經》說：「如來常及恒，第一不變易，清淨極寂靜，正覺妙法身，甚深如來藏，畢竟無衰老。」③常樂我淨：法身具有四德：一常，法身永恆常住，不滅不變。二樂，法身住涅槃之大樂。三我，法身即真我。四淨，法身清淨無染。④身心相：五蘊身心及世界相。即色、受、想、行、識的五蘊身心與世界外境之互動。⑤聞：聽聞而信解之，稱為聞。⑥八難：八個難以學佛的地方，指地獄、餓鬼、畜生、長壽天（長壽安穩。外道修行多生此處，障於見聞佛法）、北拘盧洲（此處樂報殊勝，貪享樂不受教化，不得見聞佛法）、聾啞（見佛聞法難）、邪見（雖然聰利，但耽習外道經書，不信正法）、佛前佛後，中間無佛法之時。⑦一心不亂：心志專一，心不散亂。⑧繫念：掛念、思念、惦記、想念。

所謂勤修習者，漸漸能向一行三昧①，若到一行三昧者，則成廣大微妙行心，名得相似無生法忍。以能得聞我名字故，亦能得聞十方佛名字故。以能至心禮拜供養我故，亦能至心禮拜供養十方諸佛故。以能得聞大乘深經故，能執持書寫供養恭敬大乘深經故。能受持讀誦大乘深經故，能於究竟甚深第一實義中不生怖畏，遠離誹謗，得正見心。能信解故，決定除滅諸罪障故，現證無量功德聚故。所以者何？謂無分別菩提心，寂靜智②現，起發方便業種種願行故。能聞我名者，謂得決定信利益行故，乃至一切所能者，皆得不退一乘③因故。若雜亂垢心④，雖復稱誦我之名字，而不名為聞，以不能生決定信解，但獲世間善報，不得廣大深妙利益。如是雜亂垢心，隨其所修一切諸善，皆不能得深大利益。

〔淺釋〕如上所說，勤念地藏王菩薩名號，就能漸漸趨向一行三昧。若「證一行三昧」就能成就廣大微妙心行，此人即被稱為，

得相似無生法忍。能聞信地藏王菩薩名號，具足無量功德；也能聞信，十方諸佛名號具足無量功德。能以至誠心禮拜供養地藏王菩薩，也能以至誠心禮拜供養十方諸佛。能聞信大乘深奧經典，所以能修持、書寫供養大乘深奧經典。能受持讀誦大乘深奧經典，所以對於究竟甚深第一義諦，不生恐懼，並遠離誹謗正法，得正知見。能淨信理解第一義諦，所以必能消除各種業障，當下證得無量功德。爲什麼呢？因爲發菩提心者，當他「證一行三昧」得到定慧後，自然會生起救度眾生的廣大行願。能聞信地藏名號功德者，能得到決定的信心、利益，乃至於得到一切佛法的力量，最後將會成佛。所以說，專念一佛名，或一菩薩名，證一行三昧，乃是成佛之因。

如果以雜亂心、煩惱心來念地藏菩薩名號，雖然念菩薩名號，卻缺乏定力和智慧，所以無法聞信地藏菩薩說的法，所以不能生起決定的信心和理解。以雜亂心、煩惱心修持佛法，只能獲得世間福報，無法得到廣大深妙利益。以雜亂心、煩惱心，修一切善法，都不能得到深遠廣大的利益。

〔註解〕①一行三昧：念佛三昧的別名。指專心念地藏王菩薩名號（念其他佛菩薩名號也一樣），心與名號融爲一體，其他念頭不起：此時便進入正定狀態，具足定力和智慧。三昧，三昧即是正定，即具足定慧。如佛在《文殊般若經》說：「若善男子善女人，欲入一行三昧，應處空閑，捨諸亂意，不取相貌，繫心一佛，專稱名字，隨佛方所，端身正向，能於一佛，念念相續，即是念中，能見過去未來現在諸佛。」②寂靜智：定慧、靜慧。身口意三業靜止，所生的智慧。③一乘：佛乘。乘，載運之義。指佛雖然說五乘（人乘、天乘、聲聞乘、緣覺乘、菩薩乘），但最終目的是要引導眾生成佛。「人乘」做人處世的道理。「天乘」生天的道理爲十善。聲聞乘、緣覺乘、菩薩乘，解脫輪迴的道理。如佛在《法華經》說：「無數諸法門，其實爲一乘。」④雜亂垢心：雜亂心，及心中充滿煩

惱。垢，指貪瞋痴心垢。

善男子！當知如上勤心修學無相禪者①，不久能獲深大利益，漸次作佛。深大利益者，所謂得入堅信之位②，成就信忍③故；入堅修位④，成就順忍⑤故；入正眞位，成就無生忍故。又成就信忍者，能作如來種性⑥故；成就順忍者，能解如來行故；成就無生忍者，得如來業故。漸次作佛者，略說有四種。何等爲四？一者，信滿法故作佛。所謂依種性地，決定信諸法不生不滅，清淨平等，無可願求故。二者，解滿法故作佛。所謂依解行地，深解法性，知如來業，無造無作，於生死涅槃，不起二想，心無所怖故。三者，證滿法故作佛。所謂依淨心地，以得無分別寂靜法智⑦，及不思議自然之業，無求想故。四者，一切功德行滿足故作佛。所謂依究竟菩薩地，能除一切諸障，無明夢盡故。

〔淺釋〕善男子，應當知道依上面所說，一心念佛（修止），靜觀法身（修觀），證念佛三昧，心不著相，即是「勤心修學無相禪」之人。此人不久就能獲得深廣大利益，逐漸邁向成佛。所謂深廣大利益，即此人，入堅信位，對於佛法眞理，堅信不疑，成就「信忍」。入堅修位，堅定修持佛法，對一切境界逆來順受，安於忍受，成就「順忍」。入正眞位，無所貪著，一切煩惱不生、諸惡不造，成就「無生法忍」。又成就「信忍」者，佛性種子顯現。成就「順忍」者，能悟解佛道修行。成就「無生法忍」者，得佛之業行。於是逐漸邁向成佛，簡單說有四種，哪四種呢？

一、對佛說的道理，有百分之百信心，必能成佛。所謂依靠自己本有，不生不滅，清淨平等的佛性，心無願求，就能成佛。

二、了解佛法，臻於圓滿，必能成佛。所謂解行並重，深解佛法，了知眾生本來成佛，因心病故有輪迴。心病去除就能成佛。所以成佛是「無造無作」的無爲之道，所以面對生死輪迴或涅槃解

脫，心無所懼。

三、修行佛法，臻於圓滿，必能成佛。所謂依靠，淨化自心，得到定力和智慧，及眞心之自然智。即使心無所求，亦能成佛。

四、修行功德，臻於圓滿，必能成佛。所謂依究竟菩薩道修行，就能消除一切業障，從無明幻夢覺醒而成佛。

〔註解〕①無相禪：一心念佛（修止），靜觀五蘊身心世界（修觀），證念佛三昧，得清淨心，心不著相，故稱無相禪。如佛在《大寶積經》說：「一切諸法本性皆空……以無相故，彼得清淨。」在《摩訶般若波羅蜜經》說：「菩薩知是三昧無相、無所有性。」②堅信之位：信佛法僧及戒。歸依後，具有根力，其信堅固不壞，故謂堅信之階位。③信忍：對佛法眞理，信受不疑。④堅修位：堅定修行之位階。⑤順忍：深信眞理後，對一切境界皆能逆來順受，心中隨順眞理，安忍於心，順趣菩提。⑥種性：具有顯現佛性種子之人，爲證得佛道之本性。⑦寂靜法智：身口意三業止息，所生的大智慧。寂靜，身口意三業止息。

第9章 「活著」往生眞善美的淨土世界

一、「活著」往生淨土世界

修持淨土法門者，臨命終時，佛菩薩現前接引「活著」往生淨土。淨空法師說：念佛人往生時，沒有病苦，預知時至……往生是活著往生的，不是死了往生……所以到極樂世界是活著去的。

〔實例〕我的啓蒙老師林看治居士《念佛感應見聞記》作者。老師於往生前 2 年，每日勤念 6 萬聲阿彌陀佛，往生前一週即向蓮友說：「吾將回家矣！」並連續說：「眞實有極樂世界」。往生前一日說：「已見阿彌陀佛，定蒙接引往生」。次日晨 7 時 20 分，在蓮友及眷屬助念阿彌陀佛聖號中，正念分明，頃刻之間，隨佛往生。見其滿面笑容，見聞者咸讚歎不已。老師火化後得舍利子數百餘顆。詳《林看治老居士往生記》。

林看治居士，預先知道自己什麼時候往生淨土。這叫「預知時至」。往生前後記憶沒中斷，往生後知道自己過去、現在、未來發生的事，所以是「活著」往生淨土。如佛在《阿彌陀三耶三佛薩樓佛檀過度人道經》說：「若其人壽欲終時，我即與諸菩薩阿羅漢，共飛行迎之。即來生我國，則作阿惟越致菩薩，智慧勇猛……悉皆洞視徹聽，見知八方上下去來現在之事……自知前世所從來生億萬劫時宿命善惡存亡，現在卻知無極①。」

〔註解〕①知道自己過去億億年無數次生死輪迴的一切經歷，從現在到遙遠未來會發生甚麼事都知道。

二、真善美的「身、心、世界」

（一）身：身體強健、美貌、妙音、壽命無量

　　{以下淺釋、註解，參考大安法師、智圓法師、淨界法師、徐醒民老師、雲水等之著作。}

1.《佛說無量壽經》

　　《佛說無量壽經》說：「國中天人①，壽命無能限量，除其本願修短自在②……悉成滿三十二大人相③……得金剛那羅延身④……具足如是清淨色身，諸妙音聲，神通功德……

　　〔淺釋〕往生淨土的天道或人道眾生，壽命都是無量。除了一種例外，就是他發願要捨淨土壽命，去穢土世界救度眾生。……身體像佛一樣具備三十二種尊貴的相貌……擁有強健的金剛不壞之身。身體清淨，說話聲音美妙，有神通功德，頭頂有光明。

　　〔註解〕①國中天人：剛到淨土所以稱為天人。②除其本願修短自在：譬如有人發願，往生淨土馬上返回人間救度眾生。但沒有證果就回來，救度眾生的能力就比較小。③三十二大人相：如佛的三十二大人相：1.腳掌圓滿，蹈地安隱。2.手掌和足掌有千幅光明相照。3.腳跟長，腳踝圓起。4.手指和腳指纖長。5.手指和腳指間有網縵，像鵝王。6.皮膚細緻柔軟。7.腳背、手背、雙肩、頸後七處都飽滿。8.腿肚子，像鹿王的腿肚子圓滿結實。9.男根隱藏在內，如良馬

王。10.上半身像獅王的上身寬闊。11.肩膀和脖子沒有凹陷，而是隆起渾圓。12.身體膀臂渾圓結實，脊背平直。13.手臂柔軟，伸手超過膝蓋，不必俯身。14.身體後面有清淨無垢的圓光。15.胸有卍字。16.臉頰像獅王的平廣相。17.牙齒上下各有二十顆。18.牙齒緊密無間。19.牙齒，方整齊平。20.牙齒潔白，像海螺。21.吐出舌頭能覆蓋臉部。22.身體有無量殊勝妙味。23.語言妙相，包括一自然發出像迦陵頻伽鳥那樣悅耳的音聲。二聲音非常清澈，在極遠處都聽得非常清楚。24.修長眼睛，如青蓮葉般的黑白分明。25.睫毛像牛王的睫毛，濃密、油黑。26.雙眉間有白毫柔軟細澤，右旋而住。27.佛的肉髻見不到頂端，即使以神通也見不到頂。28.皮膚爲黃金色，光滑、清淨、細薄，不受塵穢。29.身體每個毛孔生一根毛髮，很細很柔，向上右旋。30.紺青色的頭髮，像無垢的琉璃色澤。31.身體長寬比例，和諧對稱。32.金剛不壞之身：一堅固不壞、二正直、三各方面都具足莊嚴。如佛在《中阿含經·三十二相經》說：「三十二相者……大人足安平立。」在《長阿含經》說：「說三十二相……」④得金剛那羅延身：擁有力量強大的金剛不壞之身。金剛，喻堅固不壞。那羅延爲大力士天神的名字，喻強健無比。

　　顏貌端正，超世稀有，容色微妙，非天非人，皆受自然①虛無之身②，無極之體③。……

　　他們的身體顏色好看、相貌端正，超過他方世界眾生，這種身體在十方世界中極爲稀少。他們的身體結構不像天神也不像人類。他們得到的身體就像「虛」空一樣「無」老病死之變化，身體壽命「無」有「極」限。

　　〔註解〕①自然：自然，指蓮花化生，自然美貌，非人工美化。如佛在《佛說無量清淨平等覺經》說：「生阿彌陀佛國者，皆於七寶水池，蓮華中化生，便自然長大。亦無乳養之者，皆食自然之飲食。其身體亦非世間人之身體，亦非天上人之身體；皆積眾善之

德，悉受自然虛無之身、無極之體，甚姝好無比。」②虛無之身：指身體像「虛」空那樣，「無」老病死變化。來去自如，可隱可現，「無」有障礙。③無極之體：身體壽命無極限。

計如帝王，雖人中尊貴，形色端正，比之轉輪聖王①，甚爲鄙陋，猶彼乞人在帝王邊。轉輪聖王，威相殊妙，天下第一，比之忉利天王②，又複醜惡，不得相喻萬億倍也。假令天帝，比第六天王③，百千億倍不相類也。設第六天王，比無量壽佛國菩薩、聲聞，光顏容色，不相及逮④，百千萬億不可計倍。」

〔淺釋〕極樂世界的眾生，好看到什麼程度？佛作個比喻。譬如相貌端正的帝王，站在轉輪聖王身旁，就像乞丐站在帝王身邊那樣醜陋、憔悴。雖然轉輪聖王的威嚴、相貌天下第一，但跟天帝（忉利天王）相比，又比天帝醜陋萬億倍。天帝相貌跟第六天王相比，又輸百千億倍。假使第六天王的光明、面貌、神色跟極樂世界的菩薩、聲聞相比又輸百千萬億倍。

〔註解〕①轉輪聖王：往古統治世界之君主。彼王擁有四種兵及七寶：飛輪、象、馬、珠、女、居士、主兵臣。具足四德：健康、長壽、容貌第一、國土豐饒人民和樂。②忉利天王：欲界第二天之天王。又稱天帝、釋提桓因、因陀羅等名。③第六天王：娑婆世界有三界（欲界、色界、無色界），欲界包括三惡道、人道、天道。欲界有六層天，一層比一層好，最高第六層叫他化自在天，此天王乃欲界天中相貌、神色最好的。④不相及逮：比不上的意思。

2.《阿彌陀三耶三佛薩樓佛檀過度人道經》

《阿彌陀三耶三佛薩樓佛檀過度人道經》說：「我國中諸菩薩身，皆紫磨金色。三十二相，八十種好①，皆令如佛……皆智慧勇猛，頂中皆有光明……女人往生，即化作男子……其諸菩薩阿羅

漢。面目皆端正。淨潔絕好。悉同一色。無有偏醜惡者也。……其
語言音響，如三百鍾聲②……諸生阿彌陀佛國者，皆於七寶水池蓮
華中化生，便自然長大，亦無乳養之者，皆食自然之飲食。其身體
亦非世間人之身體，亦非天上人之身體。皆積眾善之德，悉受自然
虛無之身，無極之體，甚姝好無比……帝王雖於人中好無比者，當
令在遮迦越王③邊住者，其面形類甚醜惡不好，比如乞人在帝王邊
住耳。其帝王面目，尚復不如遮迦越王面色姝好，百千億萬倍。如
遮迦越王於天下絕好無比，當令在第二天王邊住者，其面甚醜不
好，尚復不如帝釋面類端正姝好，百千億萬倍。如天帝釋，令在第
六天王邊住者，其面類甚醜不好，尚復不如第六天王面類端正姝
好，百千億萬倍。如第六天王，令在阿彌陀佛國中諸菩薩阿羅漢邊
住者，其面甚醜，尚復不如阿彌陀佛國中，菩薩阿羅漢面類端正姝
好，百千億萬倍……身體輕便，終無痛痒，極時行步坐起，悉皆才
健勇猛……諸菩薩阿羅漢頂中，皆悉自有光明。」

　　〔註解〕①八十種好：八十隨好。如佛在《大般若波羅蜜多
經》說：「云何如來、應、正等覺八十隨好？善現！世尊指爪狹長薄
潤，光潔鮮淨如花赤銅，是為第一。世尊手足指圓纖長，䏶直柔軟
節骨不現，是為第二。世尊手足各等無差，於諸指間悉皆充密，是
為第三。世尊手足圓滿如意，軟淨光澤色如蓮華，是為第四。世尊
筋脈盤結堅固深隱不現，是為第五。世尊兩踝俱隱不現，是為第
六。世尊行步直進庠審如龍象王，是為第七。世尊行步威容齊肅如
師子王，是為第八。世尊行步安平庠序，不過不減猶如牛王，是為
第九。世尊行步進止儀雅猶如鵝王，是為第十。世尊迴顧必皆右
旋，如龍象王舉身隨轉，是第十一。世尊支節漸次䏶圓妙善安布，
是第十二。世尊骨節交結無隙猶若龍盤，是第十三。世尊膝輪妙善
安布堅固圓滿，是第十四。世尊隱處其文妙好，威勢具足圓滿清
淨，是第十五。世尊身支潤滑柔軟，光悅鮮淨塵垢不著，是第十
六。世尊身容敦肅無畏常不怯弱，是第十七。世尊身支堅固稠密善
相屬著，是第十八。世尊身支安定敦重，曾不掉動圓滿無壞，是第

十九。世尊身相猶如仙王，周匝端嚴光淨離翳，是第二十。世尊身有周匝圓光，於行等時恒自照曜，是二十一。世尊腹形方正無欠，柔軟不現眾相莊嚴，是二十二。世尊臍深右旋，圓妙清淨光澤，是二十三。世尊臍厚不窊不凸周匝妙好，是二十四。世尊皮膚遠離疥癬，亦無黶點、疣贅等過，是二十五。世尊手掌充滿柔軟，足下安平，是二十六。世尊手文深長明直潤澤不斷，是二十七。世尊脣色光潤丹暉，如頻婆果上下相稱，是二十八。世尊面門不長不短、不大不小如量端嚴，是二十九。世尊舌相軟薄廣長如赤銅色，是第三十。世尊發聲威震深遠，如象王吼明朗清徹，是三十一。世尊音韻美妙具足如深谷響，是三十二。世尊鼻高脩而且直，其孔不現，是三十三。世尊諸齒方整鮮白，是三十四。世尊諸牙圓白光潔漸次鋒利，是三十五。世尊眼淨青白分明，是三十六。世尊眼相脩廣，譬如青蓮華葉甚可愛樂，是三十七。世尊眼睫上下齊整稠密不白，是三十八。世尊雙眉長而不白緻而細軟，是三十九。世尊雙眉綺靡順次紺琉璃色，是第四十。世尊雙眉高顯光潤形如初月，是四十一。世尊耳厚廣大脩長輪埵成就，是四十二。世尊兩耳綺麗齊平離眾過失，是四十三。世尊容儀能令見者無損無染皆生愛敬，是四十四。世尊額廣圓滿平正形相殊妙，是四十五。世尊身分上半圓滿，如師子王威嚴無對，是四十六。世尊首髮脩長紺青稠密不白，是四十七。世尊首髮香潔細軟潤澤旋轉，是四十八。世尊首髮齊整無亂亦不交雜，是四十九。世尊首髮堅固不斷永無褫落，是第五十。世尊首髮光滑殊妙塵垢不著，是五十一。世尊身分堅固充實逾那羅延，是五十二。世尊身體長大端直，是五十三。世尊諸竅清淨圓好，是五十四。世尊身支勢力殊勝無與等者，是五十五。世尊身相眾所樂觀嘗無厭足，是五十六。世尊面輪脩廣得所，皎潔光淨如秋滿月，是五十七。世尊顏貌舒泰光顯，含笑先言唯向不背，是五十八。世尊面貌光澤熙怡，遠離顰蹙青赤等過，是五十九。世尊身皮清淨無垢常無臭穢，是第六十。世尊所有諸毛孔中常出如意微妙之香，是六十一。世尊面門常出最上殊勝之香，是六十二。世尊首相周圓妙好，如末達那亦猶天蓋，是六十三。世尊身毛紺青光淨，如孔雀項

紅暉綺飾色類赤銅，是六十四。世尊法音隨眾大小不增不減應理無差，是六十五。世尊頂相無能見者，是六十六。世尊手足指約分明，莊嚴妙好如赤銅色，是六十七。世尊行時其足去地如四指量而現印文，是六十八。世尊自持不待他衛，身無傾動亦不透逸，是六十九。世尊威德遠震一切，惡心見喜恐怖見安，是第七十。世尊音聲不高不下，隨眾生意和悅與言，是七十一。世尊能隨諸有情類言音意樂而爲說法，是七十二。世尊一音演說正法，隨有情類各令得解，是七十三。世尊說法咸依次第，必有因緣言無不善，是七十四。世尊等觀諸有情類，讚善毀惡而無愛憎，是七十五。世尊所爲先觀後作，軌範具足令識善淨，是七十六。世尊相好，一切有情無能觀盡，是七十七。世尊頂骨堅實圓滿，是七十八。世尊顏容常少不老好巡舊處，是七十九。世尊手足及胸臆前俱有吉祥喜旋德相，文同綺畫色類朱丹，是第八十。善現！是名八十隨好。」②其語言音響，如三百鍾聲：說話音聲清澈悅耳，在極遠處都聽得非常清楚。③遮迦越王：轉輪聖王。

3.《佛說阿彌陀經》

《佛說阿彌陀經》說：「彼佛壽命，及其人民，無量無邊阿僧祇劫①，故名阿彌陀。」

〔註解〕①阿僧祇劫：極久遠的時間。「阿僧祇」爲印度一種數目名稱，爲極大之數。「劫」是一極長的時間單位。

4.《稱讚淨土佛攝受經》

《稱讚淨土佛攝受經》說：「極樂世界淨佛土中，佛有何緣名無量壽？舍利子！由彼如來及諸有情，壽命無量無數大劫①：由是緣故，彼土如來名無量壽。」

〔註解〕①大劫：世界成、住、壞、空，四個中劫相續循環一次為一大劫。成劫（世界形成期）、住劫（世界安穩存住期）、壞劫（世界毀壞期）、空劫（世界空無期）。

（二）心：心住禪定，無比的智慧、神通、快樂、辯才

1.《佛說無量壽經》

《佛說無量壽經》說：「識宿命……知百千億那由他諸劫事。……得天眼……見百千億那由他諸佛國……得天耳……聞百千億那由他諸佛所說。……得見他心智……知百千億那由他諸佛國中眾生心念。……得神足……能超過百千億那由他諸佛國。

〔淺釋〕極樂世界的眾生，具有一「宿命通」能知自、他過去無量劫中所造的一切善惡果報。二「天眼通」能見無量世界一切事，不論遠近粗細都能看見。三「天耳通」普聞十方世界音聲，能聽到十方諸佛說法。四「他心通」能清楚知道十方世界眾生之心想。五「神足通」又名心如意通，具有分身變化自在的能力，且能於極短時間內，想到那裡就到那裡。

若起想念貪計身①者，不取正覺。……住定聚②，必至滅度③。……演說一切智④……得辯才智慧……常修梵行至成佛道。……

〔淺釋〕對自己美好的身體，不會生起貪愛執著的念頭，心住於正定，最後必能滅除一切煩惱，到達涅槃彼岸。遍知世間諸法，善巧演說一切佛法。得到無礙的智慧辯才。守戒清淨，直到完成佛道。

〔註解〕①貪計身：貪計身，就是身見，凡夫因貪愛這個身體，才會造業輪迴。②住定聚：眾生往生，心立即安住在正定、三摩地的境界中。如佛在《佛說無量壽經》說：「其有眾生，生彼國者，皆悉住於正定之聚。所以者何？彼佛國中，無諸邪聚，及不定聚。」③滅度：「滅」是熄滅一切貪瞋痴煩惱（心病）。「度」是從生死此岸，度到解脫彼岸。滅度與涅槃、圓寂、寂滅同義。如佛在《中阿含經》說「彼到安隱樂，現法得滅度。」在《大樓炭經》說「得安隱甚快樂，即見在得滅度。」在《增壹阿含經》說「一切行無常，生者必有盡，不生則不死，此滅爲最樂。」④一切智：佛智。了知一切法。如佛在《梵摩渝經》說：「得一切智，尊號爲佛也。」

國中天人，所受快樂，不如漏盡比丘①者，不取正覺……彼佛國土，清淨安穩，微妙快樂，次於無爲泥洹之道②。

〔淺釋〕極樂世界的眾生，所受的快樂不輸給阿羅漢。在無量壽佛淨土，一切清淨安全穩當，且有極微妙的快樂，這種妙樂，僅比完全斷除貪瞋痴煩惱進入涅槃之聖者，次一等而已。反觀我們人類，無論多麼有錢，地位多麼崇高，都無法到達「坦然自在不復憂慮的境界」。

〔註解〕①漏盡比丘：「漏盡」煩惱斷盡，證阿羅漢者叫漏盡比丘。阿羅漢有多快樂？我們不知道。但參加佛法共修，心靜之時，就能體驗法喜禪悅，像泉水不斷湧出，這種妙樂勝過世俗之樂。②無爲泥洹之道：「泥洹」即涅槃。涅槃是斷除貪瞋痴（心病）後產生的極樂。爲何說「無爲」？因涅槃不是修出來的，「心的原樣」就是涅槃、就是極樂。

……智慧成滿，深入諸法……神通無礙①，諸根明利②。

〔淺釋〕因爲智慧成就圓滿，所以能夠深入了解一切法。……擁有神通自在的本領，沒有任何侷限和障礙。六根敏銳，無論多麼遙遠都能馬上看到、聽到、知道。

〔註解〕①神通無礙：鬼、神或外道成就者，多少有神通，但修練到極處只有五神通，又這些神通不僅有障礙、侷限，還會隨轉世或其他因緣而消失。極樂世界的羅漢、菩薩有無礙、無侷限的六神通，所以神通永不消失。②諸根明利：諸根，指六根。明利，明白敏銳。譬如我們透過手機，才能遠距溝通；極樂世界的人，六根明利，無論多遙遠都能馬上看到、聽到、知道。

2.《阿彌陀三耶三佛薩樓佛檀過度人道經》

《阿彌陀三耶三佛薩樓佛檀過度人道經》説：「令我國中，諸菩薩、阿羅漢①，皆同一心。所念所欲，言者豫相知意……皆無有淫泆之心……終無有瞋怒愚痴者。……皆令心相敬愛，終無相嫉憎者……皆坐禪一心②……皆智慧勇猛，自知前世億萬劫時，宿命所作，善惡卻知，無極皆洞視徹，知十方去來現在之事。……皆心淨潔，無所貪慕，終無瞋怒淫泆之心，愚痴之態。無有邪心念婦女意，悉皆智慧勇猛，和心歡樂好喜經道，自知前世所從來生億萬劫時，宿命善惡存亡，現在卻知無極。」

〔註解〕①國中諸菩薩、阿羅漢：往生到佛國淨土，自然成爲菩薩或阿羅漢。②坐禪一心：因爲坐禪一心，便生大智慧，所以無淫欲心、瞋怒心、愚痴心，及具備各種神通。

3.《佛説阿彌陀經》

《佛説阿彌陀經》説：「彼土何故名爲極樂？其國眾生，無有眾苦，但受諸樂，故名極樂。……極樂國土，眾生生者，皆是阿鞞跋

致①。」

〔註解〕①阿鞞跋致：修行不退轉，也就是修行會不斷進步。

4.《稱讚淨土佛攝受經》

《稱讚淨土佛攝受經》說：「何因何緣，彼佛世界名爲極樂？……由彼界中諸有情類，無有一切身心憂苦，唯有無量清淨喜樂，是故名爲極樂世界。……若諸有情生彼土者皆不退轉，必不復墮諸險惡趣、邊地下賤蔑戾車中，常遊諸佛清淨國土，殊勝行願念念增進，決定當證阿耨多羅三藐三菩提①。」

〔註解〕①決定當證阿耨多羅三藐三菩提：往生者一定會成佛。阿耨多羅三藐三菩提，譯爲無上正等正覺，即成佛。

（三）世界：衣食自然、良師益友、六塵說法療癒心病

1.《佛說無量壽經》

《佛說無量壽經》說：「攝取二百一十億諸佛妙土清淨之行……自地以上，至於虛空，宮殿樓觀，池流華樹。國土所有一切萬物，皆以無量雜寶百千種香而共合成。嚴飾奇妙，超諸天人①，其香普熏十方世界。菩薩聞者，皆修佛行②……

〔淺釋〕極樂世界挑選 210 億世界之優點建構而成。……從地面以上，一直到虛空，有一層一層的宮殿、樓閣之類的高大建築物。建築物外面有池塘、流水、鮮花、樹木。國土一切萬物，全都以無量珍寶及百千種好聞的香味組合而成。這種莊嚴紋飾非常奇妙，超過一切天道、人道所擁有的珍品。香氣普熏十方世界，十方

世界的菩薩，一聞到這個氣味，全都引發修持佛法的心思。香氣能改變心思？是的，就像寺院供佛的香，就能引發修道的心思，這是正香。另外像有些味道，能引發淫心，那是邪香。

　　國中天人，欲得衣服，隨念即至，如佛所贊應法妙服，自然在身……

　　淨土眾生，想要得到衣服，念頭一起衣服就到。如同佛所稱讚合宜的、看起來美觀、舒適的衣服，不必動手，它自然就穿在身上了。

　　其佛國土，自然七寶①，金、銀、琉璃、珊瑚、琥珀、硨磲、瑪瑙合成爲地，恢廓曠蕩，不可限極。悉相雜廁，轉相間入，光赫煜爍，微妙奇麗，清淨莊嚴，超踰十方一切世界眾寶中精，其寶猶如第六天寶。……無四時春夏秋冬，不寒不熱，常和調適。

　　〔淺釋〕極樂世界由自然生成的七寶（金、銀、琉璃、珊瑚、琥珀、硨磲、瑪瑙）合成爲大地。極樂世界空間廣大，沒有界線，無法用長寬來形容它。七寶互相融合的大地會發出燦爛光明，微妙希奇美麗，清淨莊嚴，超過十方世界一切寶物。淨土七寶猶如第六天的寶物。爲什麼說像第六天的天寶呢？因爲有神通的佛弟子都能看見第六天的天寶。……極樂世界沒有春夏秋冬四季，溫度冷熱適中，永遠都是那樣的涼爽舒適。

　　〔註解〕①七寶：「七」是表徵。極樂世界的寶物種類繁多不止七種，而且七寶質地也跟人間的七寶不同。

　　又無量壽佛其道場樹，高四百萬里①，其本周圍五千由旬②，枝葉四布二十萬里③。一切眾寶自然合成。以月光摩尼持海輪寶，眾寶之王，而莊嚴之。周匝條間，垂寶瓔珞④，百千萬色，種種異

變，無量光炎，照曜無極。

〔淺釋〕極樂世界遍佈七寶樹，其中以無量壽佛的道場樹最爲奇特。道場樹高四百萬里，靠根部的幹周圍長五千由旬，枝葉向四周伸展達二十萬里。道場樹全由無量的珍寶自然融合生成，樹上裝飾著眾寶之王「月光摩尼持海輪寶」。於枝條之間懸掛著由珠玉串成的瓔珞，呈現出百千萬種色彩及各種變化，並發出如同火焰般的無量光明，遍照十方沒有極限。

〔註解〕①四百萬里：930,000 公里。計算方式 4000000÷30 里＝133333.33 由旬×7公里＝930,000公里。一由旬有三十里、四十里、五十里、六十里等四種說法，在此採三十里計算。一由旬約 7、8 公里，採7公里計。②五千由旬：35,000 公里。5000×7公里＝35,000公里。一由旬約 7、8 公里，採7公里計。③二十萬里：4,667公里。④瓔珞：用珠玉穿成的裝飾物。

珍妙寶網，羅覆其上，一切莊嚴，隨應而現。微風徐動，吹諸寶樹，演出無量妙法音聲，其聲流布，徧諸佛國。聞其音者，得深法忍①，住不退轉②，至成佛道。耳根清澈，不遭苦患③。目睹其色，鼻知其香，口嘗其味，身觸其光，心以法緣，皆得甚深法忍，住不退轉至成佛道。六根清澈，無諸惱患。

〔淺釋〕又以珍妙寶網覆蓋於道場樹之上，寶網顯現一切莊嚴景象，隨著眾生的心念想看就能看到，不想看就看不到。微風徐徐吹拂，吹動樹上的枝葉、瓔珞、月光摩尼持海輪寶，而發出無量的妙法音聲，音聲遍傳他方世界。譬如有人臨命終時聽到天樂盈空，就是極樂世界傳來的妙法音聲。凡是聽到這種清淨法音的眾生，就能證得甚深法忍，安住在不退轉的菩薩階位上，直到成佛。聽到這清淨法音，耳根就清淨了，耳根清淨六根也就跟著清淨，六根接觸六塵，不再生起貪瞋痴，不造惡業，所以也就遠離一切苦患。又眾

生的眼睛看到道場樹的景色，鼻子嗅到道場樹的芳香，口嘗到道場樹的果實的味道，身體接觸到道場樹放出的光明，心感受到道場樹的妙法因緣。六根被道場樹的「清淨六塵」去除污垢，於是全都契入甚深的無生法忍，持續進步，直到成佛。六根清淨後，就不再貪戀六塵而造惡業，所以一切苦惱禍患也就沒有了。

〔註解〕①法忍：忍，指忍波羅蜜，忍是智慧、體悟，這一念心能夠安住在佛法之中，叫法忍。忍波羅蜜有五義（一）伏忍：三賢位菩薩，能依止對真如的信心，調伏煩惱使令不起。（二）信忍：初地到三地的菩薩，對真如佛性產生真實不退的信心。（三）順忍，四地到六地菩薩，念念之間能夠隨順真如佛性，念念觀照真如佛性。（四）無生忍，七地到九地菩薩，證悟空性，不造諸業，得大神通。（五）寂滅忍，就是十地菩薩以上乃至於成佛，這時惑業斷盡，身心寂靜，清淨無為。如佛在《仁王護國般若波羅蜜多經》說：「諸菩薩摩訶薩依五忍法以為修行，所謂：伏忍、信忍、順忍、無生忍——皆上中下，於寂滅忍而有上下，名為菩薩修行般若波羅蜜多。」②不退轉：入不退轉位，有三不退：一位不退，既修得之果位不退失。二行不退，於所修之行法不退失。三念不退，正念永不退失。③耳根清徹不遭苦患：耳根清澈，就是耳根清淨。由於六根互用，耳根清淨六根也就跟著清淨。眼耳鼻舌身意稱為六根，也就是神經官能。凡夫的六根被六塵染污，所以眼根貪形色、耳根貪聲、鼻根貪香、舌根貪味、身根貪細滑、意根貪樂境；就這樣六根成為六塵奴隸，成為造業受苦的導火線。六根清淨後，六根不受六塵幻象所惑和支配，不再造業、輪迴，也就遠離一切苦患。

阿難！若彼國土天人，見此樹者，得三法忍：一者音響忍①；二者柔順忍②；三者無生法忍③。此皆無量壽佛威神力故，本願力故，滿足願故，明瞭願故，堅固願故，究竟願故。

〔淺釋〕阿難尊者！如果往生淨土的天道、人道眾生，接觸道場樹的「清淨六塵」說法，就能得到三種法忍：一音響忍，道場樹發出自然妙法音聲，震撼身心，心垢貪瞋痴即被清除，得音響忍。二柔順忍，道場樹放光，去除心垢，身心柔軟，剛強習氣，馬上被調柔，淨信佛法，隨順正見，得柔順忍。三無生法忍，道場樹的「清淨六塵」，令人證入無生法忍，從此貪瞋痴和我執皆熄滅。照見五蘊皆空，不造諸業，了知諸法如夢如幻，得殊勝大神通，即使遭人咒罵、刀杖殺害，也不起一念怨恨心。

為何接觸道場樹，能使六根清淨、得三法忍？因這是無量壽佛六種威神、願力加持的緣故：（一）威神力：無量壽佛具有無上的威德神通力，一旦往生淨土就能獲得佛力加持，故能得三法忍。（二）本願力：極樂世界裡的一切依正莊嚴，全部來自無量壽佛，因地發四十八願，經兆載永劫積累的功德力，故能令往生者見道場樹，便能證得三法忍。（三）滿足願：佛的大悲願能滿足眾生所求，雖然自己沒做什麼，但道場樹具無量功德，能攝受你的六根，加被你的心，滿足賜予你遠離煩惱垢染，顯發自性功德之大利。（四）明瞭願：佛力能開明眾生的本心，透過道場樹的光色、音聲、香氣加持，能立即開明本心智慧，照見諸法實相，得三法忍。（五）堅固願：佛願堅固，意在摧毀眾生無明，故六根接觸道場樹之清淨六塵，就能令人六根清淨，正見堅固不壞，得三法忍。（六）究竟願：無量壽佛因地發願，目的是為了普度眾生究竟成佛，所以道場樹具備巨大的能量、加持力，能夠使無量眾生六根清淨、得三法忍，邁向究竟成佛之路。

〔註解〕①音響忍：聽到妙法音聲，心垢貪瞋痴即被清除，心中喜樂，得音響忍。如佛在《七佛所說神咒經》說：「三種毒箭（貪瞋痴）自然拔出，得音響忍，法音光明入毛孔中，所有蘊蒸三垢重罪自然湧出。」在《佛說如來興顯經》說：「何謂為音響忍？諸所聞音，不懷恐怖，不畏不懅，喜樂思順，諸所遵行，無所違失，是音

響忍。」②柔順忍：觸其光明，心垢貪瞋痴被清除，身心柔軟，淨信佛法，隨順正見。如佛在《大乘造像功德經》說：「心生淨信，獲柔順忍。」在《佛藏經》說：「一切凡夫都無正見，但有隨順正見得柔順忍。」在《佛說如來興顯經》說：「何謂柔順法忍？菩薩隨順應遊法生，而觀察法。造立行等，不爲逆亂設使諸法。應柔順者，當度度之。志性清淨，遵修平等，勤加精進，順入成就，是柔順法忍。」③無生法忍：證無生法忍者，不起我執，不生貪瞋痴煩惱，不造惡業，觀諸法如幻，得殊勝大神通，假使遭人咒罵或殺害，亦不起一念瞋心。證無生忍即是七地到九地菩薩。如佛在《大般若波羅蜜多經》說：「云何名爲無生法忍？……乃至少分惡不善法亦不得生，是故說名無生法忍。此令一切我及我所、慢等煩惱究竟寂滅，如實忍受諸法如夢、如響、如像、如光影、如陽焰、如幻事、如尋香城、如變化事，此忍名智，得此智故說名獲得無生法忍……既得菩薩無生法忍，便得菩薩殊勝神通。既得菩薩殊勝神通……假使一切有情各持種種刀杖、瓦石競來加害，是菩薩摩訶薩不起一念忿恨之心。……云何名爲無生法忍？謂令一切煩惱不生，微妙智慧常無間斷，及觀諸法畢竟不生，是故名爲無生法忍。」在《妙法蓮華經》說：「不復爲貪欲所惱，亦復不爲瞋恚愚痴所惱，亦復不爲憍慢嫉妒諸垢所惱，得菩薩神通、無生法忍。」在《大方廣佛華嚴經》說：「菩薩摩訶薩已習七地微妙行慧……入諸法本來無生、無起、無相、無成、無壞、無來、無去、無初、無中、無後，入如來智，一切心、意、識憶想分別，無所貪著；一切法如虛空性，是名菩薩得無生法忍，入第八地，入不動地，名爲深行菩薩。」

　　……佛告阿難：世間帝王有百千音樂，自轉輪聖王，乃至第六天上，伎樂音聲，輾轉相勝千億萬倍。第六天上萬種樂音，不如無量壽國諸七寶樹一種音聲千億倍也！亦有自然萬種伎樂，又其樂聲，無非法音。清暢哀亮①，微妙和雅，十方世界音聲之中，最爲第一。

〔淺釋〕佛告訴阿難，人間帝王有百千種音樂。自轉輪聖王到欲界第六層天：第一層四大王天、第二層忉利天、第三層夜摩天、第四層兜率天、第五層化樂天、第六層他化自在天。他們的音樂一層比一層天，好聽勝千億萬倍。可是如果拿最好聽的第六層天音樂，來跟極樂世界比，極樂世界七寶樹的一種音聲，就勝過第六層天萬種音樂千億倍！

在無量壽佛的國土，還有自然而成的萬種音樂。這些樂聲全都是說法的音聲。這些法音非常的清淨，猶如佛菩薩對眾生所發的慈悲、憐愛的聲音，法音微妙和諧優雅，在十方世界的所有音聲之中，排名第一。

〔註解〕①哀亮：亮，很響亮。哀，指像佛菩薩心裏發出，對眾生慈悲、憐愛的聲音。

其講堂①、精舍②、宮殿、樓觀③，皆七寶莊嚴，自然化成，復以眞珠、明月、摩尼眾寶以爲交絡覆蓋其上。內外左右有諸浴池④。或十由旬，或二十三十，乃至百千由旬。縱廣深淺，皆各一等。八功德水⑤，湛然盈滿，清淨香潔味如甘露。

〔淺釋〕極樂世界的講堂、精舍、宮殿與樓觀，全都由七寶自然合成，又以眞珠、明月珠、如意珠等眾多珍寶交織、裝飾在這些建築物上面。這些建築物的裏外四周，有很多七寶浴池，其大小，從十由旬、二十由旬、三十由旬，直到百千由旬，每個浴池的長寬深淺，各有適當比例。七寶池充滿八功德水，水質澄澈明亮，清淨香潔，味道像甘露一樣。

〔註解〕①講堂：說法的地方。②精舍：修行的地方。③宮殿、樓觀：居住的地方。宮殿，泛指高大華麗的房屋。樓觀，泛指樓殿之類的高大建築物。④浴池：其他經譯爲，七寶池或七妙寶

池。如佛在《稱讚淨土佛攝受經》說：「極樂世界淨佛土中，處處皆有七妙寶池，八功德水彌滿其中。」⑤八功德水：此水具有八種功能利益，如佛在《稱讚淨土佛攝受經》說：「何等名爲八功德水？一者澄淨（清澈潔淨），二者清冷（清涼），三者甘美（味道甜美），四者輕軟（輕柔），五者潤澤（滋潤），六者安和（不會泛濫成災），七者飲時除飢渴等無量過患，八者飲已定能長養諸根四大（滋養六根身體）；增益種種殊勝善根，多福眾生常樂受用。」

黃金池者底白銀沙。白銀池者底黃金沙。水精池者底琉璃①沙。琉璃池者底水精沙。珊瑚池者底琥珀②沙。琥珀池者底珊瑚沙。車磲③池者底瑪瑙沙。瑪瑙池者底車磲沙。白玉池者底紫金④沙。紫金池者底白玉沙。或二寶三寶。乃至七寶轉共合成。其池岸上有栴檀樹，華葉垂布香氣普熏。天優缽羅華、缽曇摩華、拘物頭華、分陀利華。雜色光茂彌覆水上。

〔淺釋〕七寶浴池由各種珍寶組成：黃金池的池底，鋪滿白銀沙；白銀池的池底，鋪滿黃金沙；水晶池的池底，鋪滿琉璃沙；琉璃池的池底，鋪滿水晶沙；珊瑚池的池底，鋪滿琥珀沙；琥珀池的池底，鋪滿珊瑚沙；磲磲池的池底，鋪滿瑪瑙沙；瑪瑙池的池底，鋪滿磲磲沙；白玉池的池底，鋪滿紫金沙；紫金池的池底，鋪滿白玉沙；又有以兩種、三種以至七種寶物轉換共同合成。又有些浴池由二種、三種乃至由七種珍寶共同組成。

七寶池岸邊有很多紫檀香木，樹上的花葉，垂下來散發香味，到處都聞得到。七寶池上有青色蓮花、紅色蓮花、黃色蓮花與白色蓮花，這些蓮花都會放光，多種色光，互相輝映，彌漫覆蓋於水面上。另外，我們只要發願往生極樂世界，七寶池裡，就會生出一朵蓮花來，這朵蓮花隨著我們的修行一天一天的增長茂盛。

〔註解〕①琉璃：青色寶玉。②琥珀：松柏等樹脂的化石。③
硨磲：車渠乃海中大蛤，外殼上有似壟之紋，如車輪之渠，其殼內
白皙如玉。後世多以大蛤及白珊瑚所製之物爲硨磲。④紫金：一種
珍貴礦物。

彼諸菩薩及聲聞眾，若入寶池，意欲令水沒足，水即沒足；欲
令至膝，即至於膝；欲令至腰，水即至腰；欲令至頸，水即至頸；
欲令灌身，自然灌身；欲令還復，水輒還復。調和冷暖，自然隨
意，開神悅體，蕩除心垢①。

那裡的所有菩薩及聲聞，如果進入七寶池洗澡，水會隨著意念
而流動：想水到腳水就到腳；想水到膝部水就到膝部；想水到腰部
水就升到腰部；想水到頸部水就升到頸部；想灌洗全身，水就灌洗
全身，想要復原，水就恢復原狀。還有池水的冷熱，完全隨心所
欲。經沐浴後，精神爽朗、身體舒暢，所有的心垢（貪、瞋、痴、
慢、疑、邪見等）都蕩除淨盡。

〔註解〕①蕩除心垢：心垢，指貪、瞋、痴、慢、疑、邪見諸
煩惱，這些就像污泥一樣，把真心一層一層的垢蔽。在七寶池裏洗
澡，就能將羅漢、菩薩的心垢一層一層洗淨，恢復真心的萬德萬
能。

清明澄潔，淨若無形，寶沙映徹，無深不照。微瀾回流，轉相
灌注，安詳徐逝，不遲不疾。波揚無量自然妙聲，隨其所應，莫不
聞者。或聞佛聲，或聞法聲，或聞僧聲、或寂靜聲①、空無我聲
②、大慈悲聲、波羅蜜聲，或十力無畏③不共法④聲、諸通慧⑤
聲、無所作⑥聲、不起滅⑦聲、無生忍聲、乃至甘露灌頂，眾妙法
聲。如是等聲，稱其所聞，歡喜無量。

〔淺釋〕七寶池的水質非常潔淨、透明，好像沒有形體似的。池底寶砂晶瑩剔透，無論多深都能照見。池水生起微小波紋，波紋互相激盪，水流安詳慢慢消逝，不慢也不快。忽然掀起波浪，池水發出自然美妙法音，隨著個人的根性程度，每個人都能聽到屬於自己的妙法聲音：或聽到佛說法的聲音，或聽到八萬四千法的聲音，或聽到聖僧說法的聲音，或聽到寂靜之音，或聽到空無我聲，或聽到大慈悲聲，或聽到六波羅蜜聲（布施、持戒、忍辱、精進、禪定、般若）。或聽到如來的十力、四無畏、十八不共法聲，或聽到各種神通智慧聲，或聽到無為之聲，或聽到無生滅變化之聲，或聽到無生法忍聲。乃至於聽到佛灌頂之聲。以上十種微妙法音，都能對應每個人而得法益，產生無量歡喜。

〔註解〕①寂靜聲：音聲性寂靜，引人進入寂靜狀態。寂靜，指身口意三業靜止的狀態，也就是禪定狀態。②空無我聲：聞空無我聲，能得諸空定甚深三昧。空，不是沒有，而是無量、無障礙的有。空是一種證量，言語道斷。若認為空是沒有，就會否定因果，更大膽造惡業！「無我」指五蘊（身心活動）感知的我，不是真我。真我（又稱真心、佛性）凡夫感知不到。如佛在《悲華經》說：「微風吹此金多羅樹出微妙聲，所謂苦、空、無我、無常等聲，聞是聲者，皆得光明三昧，以三昧力故，得諸空定甚深三昧。」在《小品般若波羅蜜經》說：「甚深相者，即是空義，即是無相，無作無起，無生無滅……無量者，即是空義……若空即是無盡，若空即是無量……但以名字方便故說……諸法實相不可得……一切法空相，不可得說。」在《大乘本生心地觀經》說：「我以眾喻明空義……如空飛鳥無所礙……若能觀心體性空，惑障不生便解脫。……若執空理為究竟者。空性亦空，執空作病亦應除遣。何以故？若執空義為究竟者，諸法皆空無因無果。」在《增壹阿含經》說：「無我者空。以空無我、彼空。如是智者之所觀也。痛、想、行、識亦復無常、苦、空、無我。其實空者彼無我空。如是智者之所學也，此五盛陰皆空」。③無畏：佛說法時具有四種無畏：（一）

一切智無所畏：一切法門無所不知，對大眾說法無所畏懼。（二）漏盡無所畏：佛已斷盡一切煩惱，故永無恐懼心。（三）說障法無畏：對任何非難、障害佛道的一切法門，通曉無礙，而能對機說法，降伏外道，無所畏懼。（四）說出道無畏：宣說出離生死苦海之正道而無所畏。④不共法：十八不共法。指唯佛獨有的功德：（一）身無失。（二）口無失。（三）意無失。（四）無異想。（五）無不定心。（六）無不知捨心。（七）欲無減。（八）精進無減。（九）念無減。（十）慧無減。（十一）解脫無減。（十二）解脫知見無減。（十三）一切身業隨智慧行。（十四）一切口業隨智慧行。（十五）一切意業隨智慧行。（十六）智慧知過去世無礙。（十七）智慧知未來世無礙。（十八）智慧知見現在世無礙。這叫十八不共法。如佛在《雜阿含經》說：「如來成就十種力，得四無畏，知先佛住處，能轉梵輪，於大眾中震師子吼言：此有故彼有，此起故彼起，謂緣無明行……廣說乃至純大苦聚集，純大苦聚滅。」在《勝天王般若波羅蜜經》說：「坐菩提樹，為成就十力，四無畏，十八不共法，轉大法輪，作師子吼，以法布施，令諸眾生皆悉飽滿；為欲清淨眾生法眼，無上正法降伏外道。」⑤諸通慧聲：諸通，指六種神通，神足通、天眼通、天耳通、他心通、宿命通、漏盡通。神通以慧為體。如佛在《長阿含經》說：「云何六證法。謂六神通。一者神足通證。二者天耳通證。三者知他心通證。四者宿命通證。五者天眼通證。六者漏盡通證。」在《普曜經》說：「成一切智慧，以逮諸通慧。」⑥無所作：無造作之意。如佛在《長阿含經》說：「身得止息樂，心得善解脫，無為無所作，正念不傾動，了知一切法，不起諸亂覺。」⑦不起滅：無因緣造作（因此也不會隨因緣而滅）。離生滅變化而絕對常住之法。例如涅槃。

隨順清淨離欲寂滅真實之義，隨順三寶、力、無所謂、不共之法，隨順通慧菩薩，聲聞所行之道。無有三塗苦難之名，但有自然快樂之音，是故其國，名曰極樂。

〔淺釋〕聽聞微妙法音之後，即能隨著這些音聲，得到清淨、離欲、滅除煩惱，照見諸法實相的利益。以及隨順佛法僧三寶、十力、四無畏、十八不共法，而得到這些道法。亦能隨順諸通慧菩薩、羅漢所行的道法，而得到這些法益。又那裡沒有三惡道，沒有苦難，只有自然快樂之聲，所以這個佛國淨土，名爲極樂世界。

阿難！彼佛國土，諸往生者，具足如是清淨色身，諸妙音聲，神通功德。所處宮殿，衣服飲食，眾妙華香，莊嚴之具，猶第六天自然之物。若欲食時，七寶缽器，自然在前。金、銀、琉璃、硨磲、瑪瑙、珊瑚、琥珀、明月、眞珠，如是諸缽，隨意而至。百味飲食，自然盈滿。雖有此食，實無食者，但見色聞香，意以爲食①，自然飽足。身心柔軟，無所味著，事已化去，時至複現。

〔淺釋〕阿難！往生到無量壽佛淨土的眾生，都具足清淨身體，說話聲音美妙，擁有神通功德。他們所居住的宮殿，穿的衣服，吃的食物，以及種種香花與裝飾用品，都類似第六天的自然形成的物品。爲什麼拿第六天作比喻呢？因爲人間的東西沒辦法比，只好舉出天上最美的來比喻。

當他們要吃飯的時候，七寶合成的餐具，自然出現在眼前。金、銀、琉璃、硨磲、瑪瑙、珊瑚、琥珀、明月、眞珠各種餐具，想要那種餐具，那種餐具就隨念出現。百種美味的食物、飲料，自然裝滿在餐具裡。雖然有這些美食，但不像人間用嘴巴去吃，只是看看食物的形狀顏色，聞聞氣味，這樣就自然飽足了。吃飽後身心柔軟，也不會執著食物的美味。用餐完畢，餐具、食物就自動消失，到了下次要吃飯的時候，那些七寶餐具、飲食又再出現。

〔註解〕①意以爲食：眾生有四種食：（1）段食：如人吃飯菜，由嘴巴、牙齒分段咀嚼、吞嚥吃下去，故稱段食。（2）觸食：如雞蛋需母雞覆觸溫暖才會順利孵化。《集異門足論》說：「如鵝、

雁、孔雀、鸚鵡、鴿、春鸎、離黃、命命鳥等，既生卵已，時時親附，時時覆育，時時溫暖，令生樂觸。（3）思食：又稱念食、意食，如佛在《長阿含經》說：「有眾生因念食得存，諸根增長，壽命不絕。」（4）識食：如無色界天神即以識爲食。如佛在《增一阿含經》說：「云何爲識食？所念識者，意之所知，梵天爲首，乃至有想無想天，以識爲食。」

彼佛國土，清淨安隱，微妙快樂，次於無爲泥洹之道。彼佛國土，清淨安隱，微妙快樂，次於無爲泥洹之道。其諸聲聞菩薩天人，智慧高明，神通洞達，咸同一類，形無異狀①，但因順餘方，故有天人之名。顏貌端正，超世希有；容色微妙，非天非人。皆受自然虛無之身，無極之體。

〔淺釋〕無量壽佛的淨土清淨無染、安全穩當，充滿微妙之樂，這種妙樂只比涅槃之樂，次一等而已。在淨土的聲聞、菩薩、天人，全都具足高明智慧，無礙的神通力，而且全部具足三十二相、八十種好，及紫磨眞金色身，在相貌上也沒有好醜之別。由於順應他方世界習慣，所以仍有天人名稱。他們的身體顏色好看、相貌端正，超過他方世界眾生，這種身體在十方世界中極爲稀少。他們的身體是自然形成的，就像虛空，無老病死之變化，且壽命無有極限。

〔註解〕①咸同一類，形無異狀：所有聖眾全具有紫磨眞金色身。又身體在形貌、光色上也完全平等，沒有高矮、胖瘦、美醜的差別。如佛在《無量壽經說》說：「設我得佛，國中天人，不悉眞金色者，不取正覺。……設我得佛，國中天人，形色不同，有好醜者，不取正覺。」

佛告阿難：無量壽國，其諸天人，衣服、飲食、華香、瓔珞、繒蓋幢幡①、微妙音聲、所居舍宅宮殿樓閣，稱其形色，高下大

小，或一寶二寶，乃至無量眾寶，隨意所欲，應念即至。又以眾寶妙衣，遍佈其地，一切天人踐之而行。無量寶網，彌覆佛土，皆以金縷、眞珠、百千雜寶奇妙珍異，莊嚴校飾，周匝四面，垂以寶鈴，光色晃曜，盡極嚴麗。

〔淺釋〕佛告訴阿難尊者，在無量壽佛國的眾生，穿的衣服、吃的飲食、花、香、裝飾珠玉、幢幡寶蓋、各種微妙法音，以及居住的房舍、宮殿、樓閣，這些建築物的形狀、顏色、高低、大小都恰到好處。還有生活上的各種用品、寶物，不必尋找，只要動個念頭，用品寶物自然出現眼前。又以眾多珍寶妙衣遍佈地上，一切天人踩在上面行走。無量寶網覆蓋大地，寶網有金絲、眞珠、百千種奇珍異寶，莊嚴地裝飾。四周垂掛寶鈴，發出鮮明光色，莊嚴美麗到了極點。

〔註解〕①繒蓋幢幡：繒蓋，傘狀或圓形的寶蓋，由高貴布料製成。幢幡，一個很高的竿子，竿頂裝上珠寶、裝飾品，然後用很細的絲織品垂下來，長條形旗幟。繒蓋幢幡，代表一種威德、力量。表徵佛菩薩現身時，所用的儀仗器具。

自然德風，徐起微動。其風調和，不寒不暑，溫涼柔軟。不遲不疾吹諸羅網，及眾寶樹，演發無量微妙法音，流布萬種溫雅德香。其有聞者，塵勞垢習①，自然不起。風觸其身，皆得快樂，譬如比丘，得滅盡三昧②。

〔淺釋〕自然和風，微微吹動，和諧流暢，不冷不熱，吹在身上柔軟舒適。和風不慢也不快，吹向眾寶網、寶樹，演奏出無量微妙法音，以及吹送萬種溫潤典雅的香氣。凡聞到聲音、香氣的眾生，他的一切煩惱、習氣自然不會生起。微風吹到身上，就感到無比快樂。這種快樂，就像比丘入了滅盡定，那樣的快樂！

〔註解〕①塵勞垢習：貪瞋痴的污垢、習氣，致使身心疲勞不已。「塵勞」，煩惱的別名。因煩惱能染心猶如塵垢，又能驅使身心疲勞。②滅盡三昧：又稱滅盡定。六識心所已滅之精神統一狀態，此時身口意三業活動已經停止，但識不離身，仍然活著，且有體溫。此為九次第定之最高境界。如佛在《雜阿含經》說：「滅盡定者，身、口、意行滅，不捨壽命，不離於暖，諸根不壞，身命相屬。」

又風吹散華，遍滿佛土，隨色次第，而不雜亂，柔軟光澤，馨香芬烈。足履其上，蹈下四寸，隨舉足已，還複如故。華用已訖，地輒開裂，以次化沒，清淨無遺。隨其時節，風吹散華，如是六反①。

〔淺釋〕又和風吹拂七寶行樹，樹上的妙花隨風飄散，遍滿整個極樂國土。飛花飄落，依照不同顏色，在地面上形成各種美妙圖案，沒有絲毫雜亂。妙花的質地柔軟還具有光澤，並且會散發出濃郁的芳香。腳踩在花上，便陷下四寸，腳提起來又恢復原狀。妙花使用完畢，大地自然裂開，妙花埋入地下，地上又是一片乾淨，不留一點痕跡。隨著時辰變化，風又再次吹起，花又再次落下，像這樣每天循環六次。

〔註解〕①六反：極樂世界晝夜分六個時辰。這六個時辰會從天空落下天花。如佛在《稱讚淨土佛攝受經》說：「極樂世界，淨佛土中，晝夜六時，常雨種種，上妙天花，光澤香潔，細軟雜色。」

又眾寶蓮華，周滿世界。一一寶華，百千億葉，其華光明，無量種色。青色青光、白色白光，玄黃朱紫，光色赫然，煒燁煥爛，明曜日月。一一華中，出三十六百千億光，一一光中，出三十六百千億佛，身色紫金，相好殊特。一一諸佛，又放百千光明，普為十方說微妙法。如是諸佛，各各安立無量眾生於佛正道。

〔淺釋〕又有眾寶所成的蓮花，鋪滿整個極樂世界，每一朵蓮花，各有百千億片的花瓣。蓮花發出光明，呈現出無量種光色。青色的花發出青光，白色的花發出白光，黑色、黃色、紅色、紫色，每種花，都發出非常醒目的光色。光明燦爛，如同日月。每一朵寶花，都發出三十六百千億道光，每一道光，都現出三十六百千億尊佛，每一尊佛身紫磨真金色，相貌美好殊特。每一尊佛，又放百千道光明，並廣為十方眾生演說微妙佛法。像這樣眾多的佛，各各接引無量眾生安立在佛法的正道上。

……佛語阿難，彼國菩薩，承佛威神①，一食之頃，往詣十方無量世界，恭敬供養，諸佛世尊。隨心所念，華香、伎樂、衣蓋、幢幡，無數無量供養之具，自然化生，應念即至。珍妙殊特，非世所有，輒以奉散諸佛，及諸菩薩聲聞之眾。在虛空中化成華蓋②，光色昱爍，香氣普熏。其華周圓四百里者，如是轉倍，乃覆三千大千世界，隨其前後，以次化沒。其諸菩薩僉然③欣悅，於虛空中，共奏天樂，以微妙音，歌歎佛德，聽受經法，歡喜無量。供養佛已，未食之前，忽然輕舉，還其本國。」

〔淺釋〕佛對阿難說：極樂世界的菩薩，承受無量壽佛的威神助力。能夠於一頓飯的時間內，前往十方無量世界拜訪、恭敬供養諸佛。又隨其心念，所有的花、香、伎樂、衣蓋、幢幡等無量供養物品都自然出現，並隨著意念立即到來。這些供品珍妙奇特，非世間所有。他們就以這些供品分別獻給諸佛、菩薩及聲聞眾。

他們獻出的花朵，在每尊佛世界的虛空中化成花蓋，花蓋光色閃耀，香氣普熏十方。花蓋圓周四百里，然後不斷放大倍增，直到遍覆三千大千世界。隨著獻花先後次序，花蓋依次化沒。所有菩薩全都歡欣喜悅，並在虛空之中合奏天樂，以微妙的聲音，歌頌讚嘆佛的功德。結束後，聽佛講經說法，領受經典義理，感到無限歡喜。供養諸佛結束後，便於用餐之前，輕舉雙足，飛回極樂世界。

〔註解〕①威神：威，威德，指道德力量。神，指神通力量。
②在虛空中化成華蓋：每尊佛教化的世界是一個三千大千世界，在
那個大千世界的虛空之中化成花蓋。③斂然：和諧貌。

佛語阿難：無量壽佛，爲諸聲聞菩薩天人頒宣法時，都悉集會
七寶講堂，廣宣道教①，演暢②妙法，莫不歡喜，心解得道。即時
四方自然風起，吹七寶樹，出五音聲。無量妙華，隨風四散，自然
供養，如是不絕。一切諸天，皆齎天上百千華香，萬種伎樂，供養
其佛，及諸菩薩聲聞之眾。普散華香，奏諸音樂，前後來往，更相
開避，當斯之時，熙怡③快樂，不可勝言。」

〔淺釋〕佛告訴阿難：無量壽佛要爲聲聞、菩薩、天人說法之
時，他們全都會來七寶講堂集會。無量壽佛廣說成佛之道，詳細解
說微妙佛法，每個人聽了都很歡喜，而且全都心開意解，證得道
果。就在此時各地自然起風，吹動七寶樹，奏出五種音樂。寶樹上
無量妙花，隨風飄散，供養無量壽佛，及會場大眾，像這樣的大自
然供養相繼不絕。這時所有天人獻上百千種香花，萬種伎樂，供養
無量壽佛、所有菩薩、聲聞聖眾。他們遍撒妙花、妙香，演奏各種
音樂，前後往來互相禮讓。正當此時，充滿和樂喜悅，這種快樂，
不是語言可以形容。

〔註解〕①道教：成佛之道的教育。道，成佛之道。教，教
導。②演暢：闡明、詳細說明。③熙怡：和樂、喜悅的意思。

佛告阿難：生彼佛國諸菩薩等，所可講說，常宣正法，隨順智
慧，無違無失。於其國土所有萬物，無我所心①，無染著心②。去
來進止，情無所系。隨意自在，無所適莫③，無彼無我，無競無
訟。于諸眾生，得大慈悲饒益之心。柔軟調伏，無忿恨心。離蓋④
清淨，無厭怠心。等心。勝心。深心。定心。愛法樂法喜法之心。
滅諸煩惱，離惡趣心。究竟一切菩薩所行，具足成就無量功德。得

深禪定⑤，諸通明慧⑥，遊志七覺⑦，修心佛法。

〔淺釋〕佛對阿難說：往生極樂世界的所有菩薩，常在合適的時間地點爲眾生宣講正法，他們說的都能契合無量壽佛的智慧，沒有違背也無忘失。對於淨土萬物，既沒有想要據爲己有的心，也沒有貪愛迷戀的心。無論去留心中沒有牽掛，一切隨意自在，無論到那裡都好。不執著於我，也不執著於他，不與人競爭，也不與人爭論。對所有眾生，都以大慈悲心關懷救度，不管眾生多惡劣，不堪教化，都能心情柔軟平靜，即使眾生惡言相向，也不生忿怒憎恨心。因爲菩薩心，已經遠離五蓋（貪欲、瞋恚、睡眠、掉舉、懷疑）所以心境永遠清淨；在幫助眾生時，也從不生起厭惡或懈怠心。

淨土菩薩常懷「等心」視一切眾生平等。「勝心」生起殊勝菩提心。「深心」深入諸法實相。「定心」心住定中。「愛法、樂法、喜法之心」對正法充滿愛樂歡喜之心。「滅諸煩惱，離惡趣心」消除貪瞋痴煩惱，心不迷惑、不造惡業，故遠離惡道輪迴。他們修滿一切菩薩六度萬行，具足和成就無量功德，得甚深禪定，獲得六通、三明智慧，能自在安住於七覺支，及修心的佛法之上。

〔註解〕①我所心：這是我的，那也是我的，就是我所心。我執，就是造惡的因。②無染著心：心不被沾染黏著，因爲靜定，心無所求。③無所適莫：無論到哪裡都好，沒有適合或不適合。④蓋：五蓋。心、佛、眾生三無差別，因爲五蓋：貪欲蓋、瞋恚蓋、睡眠蓋、掉舉蓋（心浮動靜不下來）、懷疑蓋，把心的本性給遮蓋，而無法證得佛的智慧、神通、快樂。⑤得深禪定：往生淨土之人，在獲得智慧、神通之前，必然經過「得深禪定」的過程。⑥諸通明慧：「諸通」指六神通：天眼通、天耳通、神足通、他心通、宿命通、漏盡通。「明」指三明。⑦遊志七覺：遊志，謂將注意力投向某一方面。七覺，又名七覺支、七菩提分。「七覺支」指覺悟的七個要

素。「支」即要素的意思。七覺支的次序：⑴念覺支，思憶、領悟佛法真理。⑵擇法覺支，領悟佛理後，選擇一個適合自己修行的法門。⑶精進覺支，擇法後，一直精進不懈的修行下去。⑷猗覺支，又譯為輕安覺支。精進的結果，身心輕鬆安穩。⑸喜覺支，輕安後，進一步法喜充滿。⑹定覺支，再來是入「定」，心不散亂。⑺捨覺支，有定慧之後，便無欲、無憂，平等，捨離放下。如佛在《雜阿含經》說：「有七覺支，能作大明，能為目，增長智慧，為明、為正覺，轉趣涅槃。何等為七？謂念覺支、擇法覺支、精進覺支、猗（輕安）覺支、喜覺支、定覺支、捨覺支。為明、為目，增長智慧，為明、為正覺，轉趣涅槃。」

　　肉眼①清澈，靡不分了；天眼②通達，無量無限；法眼③觀察，究竟諸道；慧眼④見真，能度彼岸；佛眼⑤具足，覺了法性，以無礙智⑥為人演說。等觀三界，空無所有；志求佛法，具諸辯才，除滅眾生煩惱之患⑦。」

　　〔淺釋〕淨土菩薩的肉眼，清明透徹，無論遠近、粗細、晝夜，沒有什麼看不清楚的；淨土菩薩具足天眼，能看清楚六道眾生，及其死後去處；淨土菩薩具足法眼，徹見佛法正理，了知眾生差別，及對治之法，故能廣度眾生；淨土菩薩具足慧眼，照見真實，了知眾生根器、諸法平等、性空，故能度眾生至彼岸；淨土菩薩具足佛眼，通達諸法本性，無所不知。以無礙智慧，為眾生說法。淨土菩薩平等觀照三界，了悟諸法畢竟是空，如夢如幻，但仍志求佛道，具備各種智慧辯才，為眾生去除煩惱苦厄。

　　〔註解〕①肉眼：肉眼，菩薩五眼（肉眼、天眼、慧眼、法眼、佛眼）之一。淨土菩薩之肉眼能見極遙遠、極微細的東西，無論晝夜都能看清楚。如佛在《華嚴經》說：「肉眼，見一切色故」在《眾許摩訶帝經》說：「菩薩兩目清淨，明朗遠視，見一由旬，微細塵色，過於天眼，晝夜無異。」在《大般若波羅蜜多經》說：「云何

菩薩摩訶薩得淨肉眼？……菩薩摩訶薩得淨肉眼，明了能見大千世界。舍利子！是爲菩薩摩訶薩得淨肉眼。」②天眼：菩薩天眼能看到地獄、餓鬼、動物、人類、天神等眾生，及其死後之去處。如佛在《華嚴經》說：「天眼，見一切眾生死此生彼故。」在《過去現在因果經》說：「菩薩以天眼力，觀察五道。」在《大般若波羅蜜多經》說：「云何菩薩摩訶薩得淨天眼？……菩薩摩訶薩得淨天眼，能見一切四大王眾天天眼所見，亦如實知；能見一切三十三天、夜摩天、覩史多天、樂變化天、他化自在天天眼所見，亦如實知……一切四大王眾天乃至色究竟天所得天眼皆不能見亦不能知。舍利子！諸菩薩摩訶薩得淨天眼，能見十方殑伽沙等諸世界中，諸有情類死此生彼，亦如實知。舍利子！是爲菩薩摩訶薩得淨天眼。」③法眼：徹見一切佛法正理，了知眾生種種差別，及對治的佛法，故能度眾生修行證道。如佛在《華嚴經》說：「法眼，見一切法眞實相故。」在《大般若波羅蜜多經》說：「云何菩薩摩訶薩得淨法眼？……菩薩摩訶薩得淨法眼，能如實知補特伽羅種種差別。謂如實知：此是隨信行，此是隨法行，此是無相行，此住空，此住無相，此住無願。「又如實知：此由空解脫門起五根，由五根起無間定，由無間定起解脫智見，由解脫智見永斷三結，得預流果。薩迦耶見、戒禁取、疑，是謂三結。復由初得修道，薄欲貪、瞋，得一來果。復由上品修道，盡欲貪、瞋，得不還果。復由增上修道，盡五順上分結，得阿羅漢果。……諸菩薩摩訶薩得淨法眼能如實知……或生剎帝利大族，或生婆羅門大族，或生長者大族，或生居士大族，……住如是處成熟有情，隨諸有情心所愛樂，能施種種上妙樂具，亦能嚴淨種種佛土……是爲菩薩摩訶薩得淨法眼。」④慧眼：照見眞實，了知眾生根器、諸法平等、性空，故能度眾生至彼岸。如佛在《華嚴經》說：「慧眼，見一切眾生諸根故。」在《大般若波羅蜜多經》說：「云何菩薩摩訶薩得淨慧眼？……菩薩摩訶薩得淨慧眼，不見有法若有爲、若無爲，不見有法若有漏、若無漏……乃至一切法若自性、若差別都無所見。舍利子！是菩薩摩訶薩得淨慧眼，於一切法非見非不見、非聞非不聞、非覺非不覺、非識非不

識。舍利子！是爲菩薩摩訶薩得淨慧眼。」⑤佛眼：佛眼無所不見、無所不聞、無所不覺。如佛在《華嚴經》說：「佛眼，見如來十力故」在《大般若波羅蜜經》說：「云何菩薩摩訶薩得淨佛眼？……菩薩摩訶薩菩提心無間，入金剛喻定，得一切相智，成就佛十力、四無所畏、四無礙解、大慈、大悲、大喜、大捨、十八佛不共法等無量無邊不可思議殊勝功德，爾時成就無障無礙解脫佛眼。諸菩薩摩訶薩由得如是清淨佛眼，超過一切聲聞、獨覺智慧境界，無所不見、無所不聞、無所不覺、無所不識，於一切法見一切相。舍利子！是爲菩薩摩訶薩得淨佛眼。舍利子！諸菩薩摩訶薩要得無上正等菩提乃得如是清淨佛眼。」⑥無礙智：自在無礙的智慧，即佛的智慧。如佛在《大集經》說：「無礙智慧無有邊，善解眾生三世事。」在《佛說無量壽經》說：「佛眼具足，覺了法性，以無礙智爲人演說。」⑦等觀三界，空無所有；志求佛法，具諸辯才，除滅眾生煩惱之患：這段是講菩薩的權實二智。「等觀三界，空無所有」爲實智，也就是菩薩觀三界一切法皆緣起性空，如夢幻泡影，空無所有，這是照見空性的實智。「志求佛法，具諸辯才，除滅眾生煩惱之患」是權智（善巧之智），也就是度生的智慧。雖然三界是幻象，但眾生因造業、迷惑的力量，仍然像做惡夢一樣，遭受各種苦厄。菩薩爲了救度眾生，立志尋求一切佛法，具足了「法無礙辯、義無礙辯、辭無礙辯、樂說礙辯」四種無礙辯才，目的是爲了除滅眾生心中的煩惱苦難。

　　……身色相好，功德辯才具足莊嚴，無與等者。恭敬供養無量諸佛，常爲諸佛所共稱歎。究竟菩薩諸波羅蜜，修空、無相、無願三昧①，不生不滅諸三昧門，遠離聲聞緣覺之地。阿難！彼諸菩薩，成就如是無量功德，我但爲汝略言之耳。若廣說者，百千萬劫不能窮盡。」

　　〔淺釋〕淨土菩薩具足以上種種智慧神通力量。他們的色身、相貌美好，懷有無量功德、辯才，具足一切莊嚴，沒有眾生能夠跟

他們相提並論。他們恭敬供養無量諸佛，常被諸佛所稱歎。他們圓滿六波羅密行，修成空三昧、無相三昧、無願三昧，及安住在不生不滅的定慧等持之境界，成就遠超過阿羅漢、辟支佛之境界。阿難！那些菩薩成就如此無量功德，以上我只是對你略說而已，若要詳說即使有百千萬劫的時間，也說不盡。

〔註解〕①空、無相、無願三昧：指空三昧、無相三昧、無願三昧。三昧是心住一境，定慧等持之境界。「空三昧」靜觀世間一切法皆因緣生，故無我、無我所，空掉我及我所，名空三昧。「無相三昧」又稱無想三昧。靜觀世間一切形相都是虛假，故於一切諸法皆無想念，亦不可見，名無相三昧。「無願三昧」靜觀一切法皆是幻有，故無所願求，名無願三昧。如佛在《雜阿含經》說：「云何空三昧？謂聖弟子世間空，世間空如實觀察，常住不變易，非我、非我所，是名空心三昧」在《增壹阿含經》說：「彼云何名爲空三昧？所謂空者，觀一切諸法，皆悉空虛，是謂名爲空三昧。彼云何名爲無想三昧？所謂無想者，於一切諸法，都無想念，亦不可見，是謂名爲無想三昧。云何名爲無願三昧？所謂無願者，於一切諸法，亦不願求。是謂，名爲無願三昧。」

2.《阿彌陀三耶三佛薩樓佛檀過度人道經》

《阿彌陀三耶三佛薩樓佛檀過度人道經》說：「選擇二百一十億佛國土中，諸天人民之善惡。國土之好醜……即選擇心中所願。……第三願。使某作佛時。令我國土。自然七寶。廣縱甚大曠蕩。無極自軟好。所居舍宅。被服飲食。都皆自然。皆如第六天王所居處。得是願乃作佛。不得是願終不作佛。……第十三願。使某作佛時。令我國中諸菩薩。欲共供養八方上下。無央數諸佛。皆令飛行。即到欲得自然萬種之物。即皆在前。持用供養諸佛。悉皆遍已後。日未中時。即飛行還我國。得是願乃作佛。不得是願終不作佛。第十四願。使某作佛時。令我國中。諸菩薩阿羅漢欲飯時。即

皆自然七寶鉢中。有自然百味飯食在前，食已自然去。得是願乃作
佛。不得是願終不作佛。……其國地皆自然七寶。其一寶者白銀。
二寶者黃金。三寶者水精。四寶者琉璃。五寶者珊瑚。六寶者琥
珀。七寶者車渠。是為七寶。皆以自共為地。曠蕩甚大無極。皆自
相參。轉相入中。各自焜煌參明。極自軟好。甚姝無比。……終無
天雨時。亦無有春夏秋冬。亦無大寒。亦無大熱。常和調中適，甚
快善無比。皆有自然萬種之物。百味飯食，意欲有所得，即自然在
前，所不用者，即自然去。比如第六天上自然之物。恣若自然即皆
隨意。……但有諸菩薩阿羅漢無央數。悉皆洞視徹聽。悉遙相見。
遙相瞻望。遙相聞語聲。悉皆求道善者。同一種類。無有異人。其
諸菩薩阿羅漢。面目皆端正。淨潔絕好。悉同一色。無有偏醜惡者
也。諸菩薩阿羅漢。皆才猛黠慧，皆衣自然之衣。……諸菩薩阿羅
漢所居舍宅。皆復以七寶金銀水精琉璃珊瑚虎珀車碟瑪瑙化生。轉
共相成其舍宅。悉各有七寶樓觀欄楯。……阿彌陀佛講堂精舍。及
諸菩薩阿羅漢。所居舍宅中。內外處處。皆復有自然流泉浴池。皆
與自然七寶俱生。……浴池中水皆清香潔。池中皆有香華。悉自
然生百種華。種種異色。色異香華。枝皆千葉甚香無比也。香不可
言。……諸菩薩阿羅漢。中有但欲聞經者。中有但欲聞音樂者。中
有但欲聞華香者。有不欲聞經者。有不欲聞音樂聲者。有不欲聞華
香者。其所欲聞者。輒即獨聞之。不欲聞者。則獨不聞。隨意所欲
喜樂。不違其願也。浴訖各自去。行道中有在地講經者。誦經者。
說經者。口受經者。聽經者。念經者。思道者。坐禪者。經行者。
中有在虛空中講經者。誦經者。說經者。口受經者。聽經者。念經
者。思道者。坐禪一心者。經行者。……意欲得萬種自然之物。在
前即自然。百種雜色華。百種雜繒綵。百種劫波育衣。七寶燈火。
萬種伎樂。悉皆在前。其華香萬種自然之物。亦非世間之物。亦非
天上之物也。是萬種物。都八方上下。眾自然合會化生耳。意欲得
者。即自然化生。意不用者。即化去。……

佛言。阿彌陀佛及諸菩薩阿羅漢欲食時。即自然七寶机。劫波育罽疊以爲座。佛及菩薩皆坐前。悉有自然七寶。鉢中有百味飲食。飲食者亦不類世間。亦非天上。此百味飲食。八方上下。眾自然飲食中精味。甚香美無比。自然化生耳。欲得甜酢在所欲得。……食訖諸飯具鉢机座。皆自然化去。欲食時乃復化生耳。諸菩薩阿羅漢。皆心淨潔。所飲食但用作氣力爾。皆自然消散摩盡化去。

佛告阿難。阿彌陀佛。爲諸菩薩阿羅漢說經時，都悉大會講堂上。諸菩薩阿羅漢。及諸天人民無央數。都不可復計。皆飛到阿彌陀佛所。爲佛作禮卻坐聽經。其佛廣說道智大經。皆悉聞知。莫不歡喜踊躍心開解者。即四方自然亂風起。吹七寶樹。皆作五音聲。七寶樹華。覆蓋其國。皆在虛空中下向。其華之香遍一國中。皆散阿彌陀佛。及諸菩薩阿羅漢上。華墮地皆厚四寸。小萎即亂風吹。萎華自然去。四方亂風。吹七寶樹華。如是四反。即第一四天王。第二忉利天上。至三十二天上。諸天人皆持天上萬種自然之物。百種雜色華。百種雜香。百種雜繒綵。百種劫波育疊衣。萬種伎樂轉倍好相勝。各持來下。爲阿彌陀佛作禮。供養佛及諸菩薩阿羅漢。諸天人皆復大作伎樂。樂阿彌陀佛及諸菩薩阿羅漢。當是時。快樂不可言。……諸菩薩阿羅漢所居。七寶舍宅中。有在虛空中者。有在地者。中有欲令舍宅最高者。舍宅即高中。有欲令舍宅最大者。舍宅即大中。有欲令舍宅在虛空中者。舍宅即在虛空中。皆自然隨意在所作爲。……其作菩薩者。皆欲令悉作佛。作佛已。轉復教授。八方上下。諸天人民。及蜎飛蠕動之類。皆復欲令作佛。作佛已。復教授諸無央數天人民。蜎飛蠕動之類。皆令得泥洹道去。諸可教授弟子者。展轉復相教授。轉相度脫。至令得須陀洹。斯陀含。阿那含。阿羅漢。辟支佛道。轉相度脫。皆得泥洹之道悉如是。」

3.《佛說阿彌陀經》

《佛說阿彌陀經》說：「極樂國土，七重欄楯，七重羅網，七重行樹，皆是四寶周匝圍繞，是故彼國名爲極樂……極樂國土，有七寶池，八功德水，充滿其中，池底純以金沙布地，四邊階道，金、銀、琉璃、玻璃合成。上有樓閣，亦以金、銀、琉璃、玻璃、硨磲、赤珠、瑪瑙而嚴飾之。池中蓮花大如車輪，青色青光、黃色黃光、赤色赤光、白色白光，微妙香潔……彼佛國土，常作天樂。黃金爲地。晝夜六時，雨天曼陀羅華。其土眾生，常以清旦，各以衣裓盛眾妙華，供養他方十萬億佛，即以食時，還到本國，飯食經行。……彼國常有種種奇妙雜色之鳥：白鶴、孔雀、鸚鵡、舍利、迦陵頻伽、共命之鳥，是諸眾鳥，晝夜六時，出和雅音。其音演暢五根、五力、七菩提分、八聖道分，如是等法，其土眾生，聞是音已，皆悉念佛、念法、念僧。……是諸眾鳥，皆是阿彌陀佛，欲令法音宣流，變化所作……彼佛國土，微風吹動諸寶行樹，及寶羅網，出微妙音，譬如百千種樂，同時俱作。聞是音者，自然皆生念佛、念法、念僧之心。……彼佛有無量無邊聲聞弟子，皆阿羅漢，非是算數之所能知。諸菩薩眾，亦復如是。……極樂國土，眾生生者，皆是阿鞞跋致，其中多有一生補處，其數甚多，非是算數所能知之……舍利弗。眾生聞者，應當發願，願生彼國，所以者何？得與如是諸上善人俱會一處①。」

〔註解〕①得與如是諸上善人俱會一處：慧律法師表示：「與諸上善人，俱會一處」這句話最吸引我。在這世界上，再好的朋友，甚至親人都會爲了錢、權而背叛你，甚至刀棍相向，畢竟未斷無明的凡夫就是這樣。

4.《稱讚淨土佛攝受經》

《稱讚淨土佛攝受經》說：「極樂世界淨佛土中，處處皆有七重行列妙寶欄楯、七重行列寶多羅樹，及有七重妙寶羅網，周匝圍繞，四寶莊嚴：金寶、銀寶、吠琉璃寶、頗胝迦寶，妙飾間綺⋯⋯極樂世界淨佛土中，處處皆有七妙寶池，八功德水彌滿其中⋯⋯是諸寶池底布金沙，四面周匝有四階道，四寶莊嚴甚可愛樂。諸池周匝有妙寶樹，間飾行列香氣芬馥，七寶莊嚴甚可愛樂⋯⋯是諸池中常有種種雜色蓮華，量如車輪，青形青顯青光青影，黃形黃顯黃光黃影，赤形赤顯赤光赤影，白形白顯白光白影，四形四顯四光四影⋯⋯極樂世界淨佛土中，自然常有無量無邊眾妙伎樂，音曲和雅甚可愛樂。諸有情類聞斯妙音，諸惡煩惱悉皆消滅，無量善法漸次增長，速證無上正等菩提⋯⋯極樂世界淨佛土中，周遍大地真金合成，其觸柔軟，香潔光明，無量無邊妙寶間飾⋯⋯極樂世界淨佛土中，晝夜六時常雨種種上妙天華，光澤香潔，細軟雜色，雖令見者身心適悅而不貪著，增長有情無量無數不可思議殊勝功德。⋯⋯極樂世界淨佛土中，常有種種奇妙可愛雜色眾鳥，所謂：鵝鴈、鶖鷺、鴻鶴、孔雀、鸚鵡、羯羅頻迦、命命鳥等。如是眾鳥，晝夜六時恒共集會，出和雅聲，隨其類音宣揚妙法，所謂：甚深念住、正斷、神足、根、力、覺、道支等無量妙法。彼土眾生聞是聲已，各得念佛、念法、念僧無量功德熏修其身。⋯⋯極樂世界淨佛土中，常有妙風吹諸寶樹及寶羅網出微妙音。譬如百千俱胝天樂同時俱作，出微妙聲甚可愛玩；如是彼土常有妙風吹眾寶樹及寶羅網，擊出種種微妙音聲說種種法。彼土眾生聞是聲已，起佛、法、僧念作意等無量功德⋯⋯極樂世界淨佛土中，有如是等無量無邊不可思議甚希有事。假使經於百千俱胝那庾多劫，以其無量百千俱胝那庾多舌，一一舌上出無量聲讚其功德亦不能盡，是故名為極樂世界。」

第 10 章　應弘護，大小乘，誹謗定墮地獄

　　佛教有大乘（北傳佛教）、小乘（南傳佛教、聲聞乘）、密乘（藏傳佛教），與眾多宗派。一切佛法，都能解脫生死。也能專修、複修、交替修。因此諸法平等，彼此不能誹謗。可是目前卻有許多修行人在誹謗佛法。例如修禪定貶低淨土；修淨土貶低禪定；密教貶低顯教；顯教貶低密教。大乘說小乘壞話，小乘說大乘經典不是佛說的。佛說，誹謗佛法之人，就是在消滅佛法，若親近這種人，必定跟謗法者，一起墮無間地獄。

　　慧律法師表示：「各宗派、法門，要互相尊重，不能起高傲之心，只要是佛說的法，都是平等無有高下……打死也不可謗佛、謗法、謗僧。……誹謗三寶，讓眾生對佛法沒信心，這是斷眾生的法身慧命，這比殺生罪過重百千萬倍。」虛雲老和尚說：「何得把禪淨強分為二呢？……不能融會貫通，視禪淨之法，如水火冰炭。虛雲對此，不能無言……為挽救末法根劣的人，故究淨土……倘能法法皆通，則是最高尚的修行」。聖嚴法師說：「佛教雖有藏傳、南傳與漢傳等傳承的不同，在修行方式上有所差別，但佛法的基本精神與原則都是一致的。」以下我們看佛經怎麼說？

一、佛隨眾生根器，說三乘，最終目的是成佛

1.《大乘大集地藏十輪經》說：「普應弘護三乘法①，欲得三乘最上乘②，應善觀察三乘法。歡喜爲他普開示，當得成佛定無疑。破戒慳嫉懷憍慢，自讚毀他號大乘。捨離此人依智者，定當成佛度三界。於三乘器隨所宜，慈悲爲說三乘法。隨願令滿無慳嫉，當得成佛定無疑。知蘊界處皆空寂，無所依住譬虛空。說法等攝諸有情，當獲妙覺無邊智。破戒意樂懷惡心，聞說大乘勝功德。詐號大乘爲名利，如弊驢披師子皮。我今普告一切眾，若欲疾得勝菩提。當善修持十善業，護持我法勿毀壞。我昔諸餘契經說，應求大覺③行大乘④，捨離聲聞⑤、獨覺乘⑥，爲清淨者說斯法。曾供無量俱胝佛，斷惡勤勞修淨心。我爲勸進彼眾生，故說一乘⑦無第二。今此眾具三乘器，有但堪住聲聞乘。心極憂怖多事業，彼非上妙菩提器。有痴樂靜住獨覺，彼非上妙菩提器。有堪安住上妙智，故隨所樂說三乘。」

〔大意〕佛弟子若要成佛，應當普遍弘揚、護持三乘：小乘（南傳佛教、自稱上座部佛教）、獨覺乘、大乘（北傳佛教、漢傳佛教），密宗爲大乘佛教的分支也要護持。若要很快的得到解脫成佛，應當修十善業，護持一切佛法，不要誹謗小乘、大乘、密乘（大乘分支）。我過去曾說，應該捨小乘，修大乘，這是針對修小乘內心清淨之人說的話。由於眾生有小乘、獨覺乘、大乘三種根器，所以我才隨他們的根器、興趣、志向說三乘法。解脫輪迴後，不是到此爲止，還要進一步修佛乘，也就是廣度眾生，福慧雙修，直到圓滿成佛，這才是佛教的目的。

〔註解〕①三乘法：乘，乘載眾生至彼岸之意。佛教修行方法，分三種：聲聞乘（小乘、南傳佛教、上座部佛教、自稱原始佛教）、獨覺乘、菩薩乘（大乘佛教、北傳佛教）。修三乘法能證阿羅漢、辟支佛、菩薩而解脫輪迴。但這只是階段性目標，還要繼續修

一佛乘，自利利他圓滿成佛。之後繼續廣度眾生。②最上乘：佛乘。又稱佛乘、一乘。即成佛之道。③大覺：佛。佛具無上智慧。④大乘：菩薩乘，是指修六度而悟道者，它的果位是十地菩薩。⑤聲聞：聲聞乘，指聞四聖諦悟道者，它的果位是須陀洹、斯陀含、阿那含、阿羅漢。⑥獨覺乘：獨覺乘有二，一是聞佛說十二因緣而悟道者，稱緣覺。二是宿世聞法，於無佛時代，自我領悟十二因緣而悟道者，稱獨覺。它的果位是辟支佛。⑦一乘：又稱佛乘、一佛乘。

2.《華嚴經》：「若諸眾生應以大乘而調伏①者，爲說種種菩薩乘道②，不爲演說聲聞乘道。二、若諸眾生應聲聞乘③而調伏者，爲說種種聲聞乘道，不爲演說菩薩乘道。三、若諸眾生應以佛乘④而調伏者，爲說如來一切智⑤道，不爲演說獨覺乘道。四、若諸眾生應獨覺乘而調伏者，爲說種種獨覺乘道⑥，不爲演說一切智道。五、若諸眾生執著我法，爲說無我及諸法空，不說我、人、眾生、壽命、士夫養育補特伽羅⑦、假、我、法道。六、若諸眾生執著有無，爲說處中離邊際法⑧，不說有無墮邊際法。七、若諸眾生其心散亂，爲說寂靜諸奢摩他、毘鉢舍那，不說種種散亂道法。八、若諸眾生愛樂世法，爲說出世如如智道，不說愚癡嬰兒之道⑨。九、若諸眾生樂處生死，爲說涅槃出生死道，不說住世化眾生道。十、若諸眾生執法空等，不行正道，爲說正直無棘刺法，不說棘刺諸邪險道。善男子！若諸菩薩具此十法，得入正道，善能了知無邪謬說，所言誠實。」

〔大意〕佛說法，是因材施教，針對不同根機，講不同道理。這個人喜好什麼，佛就跟他講什麼法門。所以無論修大乘、小乘、禪定、淨土，都能解脫生死。

〔註解〕①調伏：調教、馴服，身口意三業制伏惡行，出離生死。②菩薩乘道：修六波羅蜜（六度萬行），解脫到達十地菩薩之道

法。③聲聞乘道：修四聖諦、四念處、五根、七覺支、八正道的教法。④佛乘：成佛的道法。⑤一切智道：成佛之道。一切智，即佛智。⑥獨覺乘道：十二因緣的道法。⑦補特伽羅：六道輪迴之眾生。⑧處中離邊際法：不執著有，也不執著空的中道法。⑨愚痴嬰兒之道：追求五欲之樂，被比喻為愚痴嬰兒遊戲。

　　3《法華經》說：「聲聞若菩薩，聞我所說法，乃至於一偈，皆成佛無疑。十方佛土中，唯有一乘法，無二亦無三，除佛方便說。但以假名字，引導於眾生。無數諸法門，其實為一乘①。」

　　〔大意〕佛說，一切的聲聞，或菩薩，只要肯聽佛說法，佛法的力量就會引導你，不斷的進步，總有一天就會成佛。為什麼呢？因為十方世界中，只有成佛的法，沒有只停留在聲聞，或菩薩的法。

　　換句話說，佛說無量法門的目的，不是為求個人解脫、安樂而已。佛教的目的其實是要一切眾生皆能成佛、度眾生。即使證阿羅漢或往生淨土。也需繼續利益眾生，福慧雙修，圓滿成佛，這才是佛陀說法度眾生的目的。

　　〔註解〕①一乘：又名一佛乘。令人成佛的教法。

二、大乘、小乘，都只是佛法的一部分

　　1.《大方便佛報恩經》說：「八萬法者……如樹，根、莖、枝、葉名為一樹。」

　　〔大意〕佛教的八萬四千法門，就像一棵樹的根、莖、枝、葉。大乘、小乘、密乘，與眾多法門，就是這棵大樹的一部分。

2.《楞嚴經》說：「歸元①性②無二，方便有多門。」

〔大意〕成佛回歸涅槃境界，有多種方便法門。但入門之後，仍然沿著戒定慧，福慧雙修這條路而成佛。如佛在《大集經》說：「智者常精進，修行爲福慧。」

〔註解〕①歸元：修道成佛，回歸清淨覺性。覺悟的心就是「佛」。②性：指佛性、眞心。

三、不小心，就會誹謗佛法

《遍攝一切研磨經》說：「曼殊師利①，毀謗正法，業障細微②。曼殊師利，若於如來所說聖語③，與其一類，起善妙④想；與其一類，起惡劣⑤想，是爲謗法。」在《佛說四十二章經》說：「學佛道者，佛所言說，皆應信順⑥。譬如食蜜，中邊皆甜，吾經亦爾。」

〔大意〕誹謗佛法的行爲，非常微細，一不小心就會誹謗佛法。譬如你認爲哪一些佛經、法門，很「善妙」，哪一些佛經、法門，很「粗劣」，起這種心想就是誹謗佛法。凡是佛說的經法，都應該恭敬、信受，只要依著經典指示去修行，就能解脫生死。就好像吃蜜一樣，中間甜、旁邊也甜，無論哪個部位都甜。夢參法師說：我是念佛的，說誦經的不對，這是謗法。我講這部經，說那部經不對，這也是謗法。慈誠羅珠堪布說：比如，學顯宗的人認爲密宗不是佛陀宣說的，並數落密宗的種種不是；或者學密宗的人認爲顯宗低劣，這些都是謗法。

〔註解〕①曼殊師利：文殊菩薩。②業障細微：謗法行為，細微不易覺察；謗法業障，嚴重者永不成佛，故曰謗法闡提（闡提為不成佛之義），例如誹謗大乘非佛說，此業乃毀滅佛法，之最重罪。③如來所說聖語：佛說的法，包括小乘（南傳）、大乘（北傳）、密乘之佛經。④善妙：善，良好、讚許。妙，美好、神奇。⑤惡劣：惡，不好、不善。劣，壞的、低下的。⑥皆應信順：凡是佛經都應該相信、順從，不可違背。

四、誹謗大小乘，師徒一起墮地獄

1.《大乘大集地藏十輪經》說：「毀謗佛正法者，亦為違逆三世諸佛。破三世佛一切法藏①，焚燒斷滅皆為灰燼。斷壞一切八支聖道②，挑壞無量眾生法眼。

〔淺釋〕誹謗佛法，就是忤逆三世諸佛。就是破壞三世諸佛的經典，以及消滅佛法。就是阻斷眾生成佛的道路。就是挑撥、破壞，無量眾生看見真理的眼睛。

〔註解〕①法藏：佛所說的教法、經典。②八支聖道：八正道（正見、正思維、正語、正業、正命、正精進、正念、正定）。

……聲聞乘法、獨覺乘法及大乘法，不應輕毀①，於三乘中隨意所樂發願精進隨學一乘。於所餘乘不應輕毀。若於三乘隨輕毀一下至一頌。不應親近，或與交遊，或共住止，或同事業。若有親近或與交遊或共住止或同事業，俱定當墮無間地獄。善男子，是故若欲於三乘中隨依一乘，求出生死欣樂安樂厭危苦者，應於如來所說正法，或依聲聞乘所說正法，或依獨覺乘所說正法，或依大乘所說正法，普深信敬，勿生謗毀，障蔽隱沒②，下至一頌。常應恭敬讀

誦聽聞，應發堅牢正願求證。

〔淺釋〕小乘、獨覺乘與大乘經典都是佛說的法，人們不應該貶低、誹謗它。人們應該依自己興趣，選擇其中一類佛經，精進修行。對其餘的佛經，不應貶低、誹謗。如果有人略微貶低、誹謗三乘經典一下子，或貶低、誹謗其中一段經文。這種人就不應該親近、往來、共住、同事，如果跟這種人親近、往來、共住、同事，就必定會跟他一起墮入無間地獄。善男子，由於這緣故，所以欲求解脫之人，應該對三乘經典，全面的深信、尊敬，不可貶低、批評、說它壞話。也不能刻意的去遮蔽、隱藏經文段落，使人產生誤解。我們應該以恭敬心，讀誦佛經，聽法師說法，及發起堅定的心願，親證佛說的經法。

〔註解〕①輕毀：輕，微小、稍微。毀，批評、說人壞話。②障蔽隱沒：為使本書容易閱讀，編者僅摘錄佛經段落，若讀者發現，有障蔽隱沒佛經「真意」之處，敬請通知以便修正。

謗毀三乘隨一法者，不應共住下至一宿，不應親近諮稟聽法，若諸有情隨於三乘毀謗一乘，或復親近謗三乘人諮稟聽受。由此因緣，皆定當墮無間地獄，受大苦惱難有出期。何以故？善男子，我於過去修菩薩行精勤求證無上智時，或為求請依聲聞乘所說正法下至一頌，乃至棄捨自身手足血肉皮骨頭目髓腦。或為求請依獨覺乘所說正法下至一頌，乃至棄捨自身手足血肉皮骨頭目髓腦。或為求請依於大乘所說正法下至一頌，乃至棄捨自身手足血肉皮骨頭目髓腦。如是勤苦，於三乘中下至求得一頌法已，深生歡喜恭敬受持。如說修行時無暫廢。經無量劫修行一切難行苦行。乃證究竟無上智果①。復為利益安樂有情。宣說開示三乘正法。以是義故。不應謗毀，障蔽、隱沒下至一頌。常應恭敬讀誦聽聞。應發堅牢正願求證善男子。如是三乘出要正法。一切過去未來現在。過殑伽沙諸佛同說。大威神力共所護持。為欲拔濟一切有情生死大苦。為欲紹隆三

實種姓令不斷絕。是故於此三乘正法。應普信敬，勿生謗毀、障蔽，隱沒，若有謗毀障蔽隱沒三乘正法下至一頌。決定當墮無間地獄。」

〔大意〕毀謗三乘佛教中的任一法門，我們就不該與他共處、親近、向他請法、聽他說法，若有眾生親近這種人、向他請法、聽他說法，由此因緣，都一定會墮入無間地獄，受極大苦。為什麼？因為我過去修菩薩道時，為了求學三乘正法，歷盡艱辛，甚至拋棄生命。得到三乘正法時，我又非常歡喜恭敬受持，依法修持，經過很長的時間，才成就無上智慧（成佛）。接著又為了利益眾生，宣說三乘正法。因為這些緣故，所以不應誹謗佛經，障蔽隱沒佛經。三乘解脫正法是過去、現在、未來三世諸佛共同說的法。是諸佛大威神力共同護持的法，這是為了拯救沉淪生死輪迴眾生。所以說小乘、獨覺乘、大乘的佛經與任一法門，應當全面的相信、尊敬。不要去貶低、毀謗、說它壞話，否則一定會墮入無間地獄。

〔註解〕①究竟無上智果：即無上智慧，也就是成佛。

2.《月燈三昧經》：「所有一切閻浮處①，毀壞一切佛塔廟，若有譭謗佛菩提②，其罪廣大多於彼。」

若有殺害阿羅漢，其罪無量無邊際，若有誹謗修多羅③，其罪獲報多於彼。」

〔大意〕破壞佛法的罪，比破壞一切佛寺的罪還重。誹謗佛經的罪，比殺死阿羅漢的罪還要重。

〔註解〕①閻浮處：我們住的世界。②佛菩提：解脫成佛的法門。③修多羅：佛經。

NOTE

NOTE

國家圖書館出版品預行編目資料

佛教醫學：根除身病、心苦與死亡的無上醫學／
張金鐘著. --初版.-臺中市：張金鐘，2024.9
面；　公分
ISBN 978-626-01-0650-8（平裝）

1.CST：癌症　2.CST：佛教修持
417.8　　　　　　　　　　　111016830

佛教醫學：根除身病、心苦與死亡的無上醫學

編　　者　張金鐘

校　　對　張金鐘

出版發行　張金鐘

　　　　　電話：0936-239177

　　　　　聯絡編者：Line ID：0936239177（請多利用Line簡訊）

設計編印　白象文化事業有限公司

　　　　　專案主編：黃麗穎　　經紀人：徐錦淳

經銷代理　白象文化事業有限公司

　　　　　412台中市大里區科技路1號8樓之2（台中軟體園區）

　　　　　出版專線：（04）2496-5995　　傳真：（04）2496-9901

　　　　　401台中市東區和平街228巷44號（經銷部）

　　　　　購書專線：（04）2220-8589　　傳真：（04）2220-8505

印　　刷　基盛印刷工場

初版一刷　2024 年 9 月

定　　價　600 元

白象文化　印書小舖　PressStore出版滿意　出版・經銷・宣傳・設計

www.ElephantWhite.com.tw　f 自費出版的領導者　購書 白象文化生活館